古典文獻研究輯刊

七 編

潘美月・杜潔祥 主編

第 8 冊

從五體末篇看《史記》的特質
——以〈平準〉、〈三王〉、〈今上〉三篇爲主

呂 世 浩 著

國家圖書館出版品預行編目資料

從五體末篇看《史記》的特質——以〈平準〉、〈三王〉、〈今上〉
三篇為主／呂世浩著 — 初版 — 台北縣永和市：花木蘭文化出
版社，2008〔民 97〕

目 2+242 面；19×26 公分（古典文獻研究輯刊 七編：第 8 冊）

ISBN：978-986-6657-58-0（精裝）
1. 史記　2. 研究考訂
610.11　　　　　　　　　　　　　　　　　97012662

ISBN - 978-986-6657-58-0

古典文獻研究輯刊
七　編　第八冊　　　　ISBN：978-986-6657-58-0

從五體末篇看《史記》的特質
——以〈平準〉、〈三王〉、〈今上〉三篇爲主

作　　者　呂世浩
主　　編　潘美月　杜潔祥
總 編 輯　杜潔祥
企劃出版　北京大學文化資源研究中心
出　　版　花木蘭文化出版社
發 行 所　花木蘭文化出版社
發 行 人　高小娟
聯絡地址　台北縣永和市中正路五九五號七樓之三
　　　　　電話：02-2923-1455／傳眞：02-2923-1452
電子信箱　sut81518@ms59.hinet.net
初　　版　2008 年 9 月
定　　價　七編 20 冊（精裝）新台幣 31,000 元

從五體末篇看《史記》的特質
——以〈平準〉、〈三王〉、〈今上〉三篇爲主

呂世浩　著

作者簡介

呂世浩 福建省金門縣人，1971 年 12 月生。先後受業於臺灣大學歷史學系阮芝生教授，及北京大學考古文博學院宿白、徐蘋芳教授。並獲得北京大學考古學及博物館學博士，及臺灣大學歷史學博士。

著有《敦煌地區發現的漢代郵傳遺迹和簡牘的考古學研究——以懸泉置遺址為主》（北大博士論文）、《史記》到《漢書》的轉變：轉折過程與歷史意義（臺大博士論文），並先後於兩岸《燕京學報》及《漢學研究》等著名學術刊物，發表論文及書評多篇。現任國立故宮博物院器物處助理研究員。

提　要

　　古人著書，常於篇章首尾有所寓義。而阮芝生先生首言《史記》五體首篇皆寓「貴讓」之意後，對於五體末篇是否亦有寓意，便成為研究上值得注意的問題。本書之目的，在於透過論析書體、世家體、本紀體之末篇作意，及結合前人對表體、列傳體末篇之相關成果，來研究此一主題。

　　書體末篇是〈平準書〉，其於平準設置之原由，首尾凡敘三十七變，以明天子患貧求利之心日漸急迫，詐力之術輾轉相生而無窮，其極則以「平準」籠天下之利，世風亦因此而大壞。太史公將古今兩次世變，並列於正文及贊語之中，以明世變陵遲之因，在於天子一人之多欲。

　　世家體末篇為〈三王世家〉，太史公以編列公文書之作法，欲採武帝及群臣「自供之詞」，以彰武帝讓虛促實、好欲爭利之心。其於正文內不發一言，正可襯托出武帝君臣文辭之「爛然可觀」，又何言哉！

　　本紀體末篇為〈今上本紀〉，此篇雖亡，然由《史記》各篇對武帝之記述，則不難明太史公之意，在譏刺武帝之所為實與始皇無異。而由〈今上本紀〉亡佚的相關史料來看，此篇極可能為漢廷所刪削。日後《史記・今上本紀》與《漢書・武帝紀》一亡一存，實乃因其作意不同所致。

　　是故知太史公欲以五體首末對照：以〈五帝〉之公讓，明〈今上〉之私欲；以〈三代〉之非爭貴讓，刺〈漢興〉之德薄私天下；以〈禮書〉之盡性通王，防〈平準〉之爭利不已；以〈吳太伯〉之口不言讓而讓心真誠，譏〈三王〉之讓讓不已而心實欲之；以〈伯夷〉之奔義，諷〈貨殖〉之爭利。然後知撥亂反正之法，惟有「以禮義防於利」。知此寓意，則《史記》「論治之書」、「百王大法」之特質，於是明矣！

誌　　謝

　　承蒙花木蘭出版社的邀請，將我的碩士論文收入「古典文獻研究輯刊」之中，而有了公開發表本書的機會。這是我第一本正式出版的文史著作，對我個人而言具有重要的意義。

　　《史記》是中國史學名著，古今中外只要有志於學習中華文化者，沒有人不讀《史記》。但兩千多年來讀《史記》者不可勝數，也沒有一個人敢說完全讀懂了《史記》。《史記》之博大精深，由此可見一斑。個人資質駑鈍，於台灣大學求學期間，幸蒙導師阮芝生教授收入門下，故得一窺《史記》之堂奧。這本碩士論文，便是跟隨導師研讀《史記》的一點心得，希望能夠作為求學生涯中的一次小結。

　　本書得以完成，首先最要感謝的，自然是恩師阮芝生先生。先生多年來細心的教導和栽培，引領我一步步進入研究《史記》的門徑。如果不是先生對《史記》五體之首的精深研究，萬萬不能啟發我對本書的構想。而本書的每一章節，先生都曾親自反覆閱讀，為我一再訂正訛誤、改正錯字、修訂病句、調整段落，耳提面命更是不計其數。先生為人望之儼然，即之也溫，跟隨先生十多年，每一次的談話都令我獲益良多。可以說我的《史記》研究，完全是站在先生多年來奠定的基礎上才得以進行，如果將來在這方面能夠取得任何成績，也要完全歸功於我的導師。

　　而在本書撰述的過程中，得到了許多老師和前輩學者的指導，在此致上個人誠摯的謝意。感謝我在北京大學的導師徐蘋芳先生，先生不僅對本書在方法論上給予極為重要的啟發，使我得以開啟通往歷史考古學之門；更重要的是，先生溫良恭儉讓的人品，及對我治學態度上的許多建議，令我至今仍受益無窮。感謝安徽師範大學的袁傳璋先生、江西南昌大學的易平先生、臺灣大學的閻鴻中先生及新加坡國立大學的徐威雄博士，都曾撥冗閱讀本書的部分內容，並且給予寶貴的建議。另外，本文的第二章和第三章，曾部分分別發表於《燕京學報》新九期（2000.11）和新十二期（2002.5）。像《燕京學報》這樣中外著名的學術刊物，願意接納一個研究生的論文，並予惠賜篇幅刊登，這對我來說是莫大的鼓勵。還要感謝金門高中的許維權老師和周成來老師，因為有他們的鼓勵和長久以來的無私幫助，才讓我踏入了學習歷史的道路。另外，花木蘭出版社的杜潔祥總編及其他編輯先生小姐，願意為拙作的校稿和排版，花費了如此多的心力，都在此一併致上謝意。

　　最後要感謝的還有我的妻子彭佳芳女士，十餘年來不離不棄，始終毫無怨言的在背後給予我最大的支持。如果我的人生中能夠有任何成就，都希望能和她一起分享。

目

次

第一章　前　言

太史公在《史記‧太史公自序》中，曾自述其書之作意曰：

先人有言：「自周公卒五百歲而有孔子，孔子卒後至於今五百歲，有能紹明世，正《易》傳，繼《春秋》，本《詩》、《書》、《禮》、《樂》之際？」

意在斯乎！意在斯乎！小子何敢讓焉。

是故《史記》一書，本爲「繼《春秋》」而作。而《春秋》一書，始於「以元統天」，終於「西狩獲麟」；此與《易》六十四卦之始於「乾」，而終於「未濟」，用意相通，其中皆有深義存焉。熊十力先生對兩經終始之義，曾有極精闢的分析：

《春秋》與《大易》相表裏，《易》首建乾元，明萬化之原也。而《春秋》以元統天，與《易》同旨。（《讀經示要》，頁781）

是故《大易》終於「未濟」。「未濟」，人道之窮也。《春秋》以「西狩獲麟」終。「獲麟」，歎道窮也。嗚呼！窮矣，而有無窮者存。無窮者，願欲也。當其窮，而有無窮之願欲。所以窮則變，變則通，通則久也。《易》、《春秋》所寄意，甚深微妙，其至矣哉！（《讀經示要》，頁114）

而太史公在《史記‧外戚世家》中，也曾談到：

故《易》基〈乾〉、〈坤〉，《詩》始〈關雎〉，《書》美釐降，《春秋》譏不親迎。夫婦之際，人道之大倫也。《禮》之用，唯婚姻爲兢兢，夫《樂》調而四時和。陰陽之變，萬物之統也，可不慎與！

此段明指《易》、《詩》二經之書首有義，可見古人著書，常於篇章次序之中有所寓義，乃當時之基本共識，非後人妄加附會也。而《史記》既自言上繼《春秋》，故其首末各篇是否存有寓義，便是一個值得後人注意的問題。

《史記》一書，共分五體：本紀、表、書、世家、列傳。所謂「五體首篇」，

即指《史記》各體之第一篇，即本紀體首篇〈五帝本紀〉〔註1〕，表體首篇〈三代世表〉，書體首篇〈禮書〉，世家體首篇〈吳太伯世家〉，列傳體首篇〈伯夷叔齊列傳〉。而所謂「五體末篇」，指的是史記各體之最後一篇，即本紀體末篇〈今上本紀〉，表體末篇〈漢興以來將相名臣年表〉，書體末篇〈平準書〉，世家體末篇〈三王世家〉及列傳體末篇〈貨殖列傳〉〔註2〕。而在五體首篇之中，本紀首〈五帝〉，世家首〈吳太伯〉，列傳首〈伯夷叔齊〉，此三篇皆寓有「貴讓」之意，前輩學者如葛洪〔註3〕、沈括〔註4〕、何喬新〔註5〕、黃佐〔註6〕、包世臣〔註7〕、周濟〔註8〕、曾文正〔註9〕、孫德謙〔註10〕、羅元鯤〔註11〕等多已發之。如包世臣言：「史公知化爭莫如讓，紲利莫如義，是故〈太伯〉冠世家，〈伯夷〉冠列傳，重讓也」；羅元鯤言：「本紀之詎始堯舜也，世家之托始太伯也，列傳之托始伯夷也，皆貴其讓國讓天下，以誅夫民賊之產業天下也」。然而，首先提出《史記》五體首篇——本紀首〈五帝〉，十表首〈三代世表〉，八書首〈禮書〉，世家首〈吳太伯〉，列傳首〈伯夷〉——皆寓「貴讓」之意者，為阮芝生先生〈《史記》的特質〉〔註12〕一文，其對此有詳盡的論述：

> 列傳首〈伯夷〉，世家首〈吳太伯〉，……，本紀首〈五帝〉，……，有貴讓崇德之意。十表首〈三代〉，〈三代世表〉記載的第一件事為『帝啟伐有扈，作〈甘誓〉』。帝啟為何要伐有扈？因為『有扈氏不服』。有扈氏為何不服？因為帝啟父死子續為家天下之始，與堯舜禪讓不同。……不服者，當服之以德，今乃以戰服之；為爭天下而戰，不用命則『孥戮汝』，其德

〔註1〕太史公在《史記》全書首篇的〈五帝本紀〉，就提到了這樣的概念：「太史公曰：『學者多稱五帝，尚矣。……非好學深思，心知其意，固難為淺見寡聞道也。余并論次，擇其言尤雅者，故著為本紀書首』」。此實為史公所言，非後人所敢附會。

〔註2〕《史記》末篇〈太史公自序〉，乃全書的自序和目錄，故〈貨殖列傳〉實際上是全書之終與列傳末篇。見阮芝生〈貨殖與禮義——《史記·貨殖列傳》析論〉，《國立臺灣大學歷史學系學報》第19期，頁20。

〔註3〕見《西京雜記》卷四。

〔註4〕見《補筆談》卷一。

〔註5〕見《何文蕭公文集》卷二〈諸史〉。

〔註6〕見《庸言》卷九。

〔註7〕見《安吳四種》卷九〈論史記六國表序〉。

〔註8〕見《求志堂存稿彙編·味雋齋史義·自序》。

〔註9〕見《求闕齋讀書錄》卷三〈張耳陳餘列傳〉。

〔註10〕見《太史公書義法·序》。

〔註11〕氏著《史學概要》第140頁〈(西漢之史學)〉，轉引自《歷代名家評史記》。

〔註12〕阮芝生，〈《史記》的特質〉，《中國學報》29期，頁67，漢城：韓國中國學會，1986，

可知。要把這兩條文字比較對看，才知道司馬遷的微意。這條表文，顯然以帝啓爲非；以帝啓爲非，則史公崇堯舜德讓之意可知。……十表之後又有八書，八書首〈禮〉，『讓者，禮之實也。』……總合來看，《史記》五體之首都寓有貴讓崇禮、禮讓爲國之意。

由此可知，太史公之所以置此五篇爲各體首篇，就是爲了表達《史記》一書有「貴讓崇禮」之寓意。

然《史記》不僅五體首篇有義，列傳體與書體之首末，乃至於全書之首末亦皆有義。阮芝生先生在〈貨殖與禮義——《史記·貨殖列傳》析論〉〔註13〕一文中，曾經對此有精闢的分析：

前人多言〈貨殖傳〉與〈平準書〉相表裡；列傳終於〈貨殖〉，猶如八書終於〈平準〉，皆非偶然。趙汸說：「〈平準書〉是譏人臣橫斂以佐人主之欲，〈貨殖傳〉是譏人主好賞，使四方皆變其俗趨利。」前者譏上之失政，後者譏下之末俗，二者有相應之處。……〈貨殖傳〉是列傳之末，列傳之首爲〈伯夷傳〉，而史公〈敘目〉云：「末世爭利，唯彼奔義，作伯夷列傳第一。」劉光蕡說：「伯夷傳是欲義之極，此傳是欲利之極。」奔義與爭利，正是要與〈貨殖傳〉對照首末。〈貨殖傳〉是全書之終，而全書之首爲〈五帝本紀〉，五帝見治不見亂，全篇言五帝之「德」，尤重堯舜之禪讓，〈敘目〉曰：「維昔黃帝，法天則地，四聖遵序，各成法度，唐堯遜位，虞舜不台，厥美帝功，萬事載之，作五帝本紀第一。」是五帝皆法天則地，所貴在德，尤重禪讓。此篇與〈貨殖〉首末，隱示「德、讓」與「利、爭」之對比與成效，亦猶〈大學〉所示貴德賤貨之意。

而在知道《史記》五體首篇，及書體、列傳體末篇有義後，則會產生這樣的疑問：《史記》尚有本紀、表、世家三體，本紀體末篇爲〈今上本紀〉，表體末篇爲〈漢興以來將相名臣年表〉，世家體末篇爲〈三王世家〉，此三體是否如前面兩體，亦皆有其含義？

事實上，如果我們以五體末篇與《史記》它篇相比較，就會發現它們在內容和形式上皆有極爲特殊之處。〈漢興以來將相名臣年表〉有「倒書」，此乃其他九表所未見；〈三王世家〉全採奏議封策編列而成，而不敘三王之事，其體例與其餘二十九世家迥然相異；〈平準書〉正文始於漢興，全不敘漢前之制度流變，而篇末「太史公曰」則全敘漢前之事，此與書體他篇依時間順序排列的慣例完全不同。而太史公之

〔註13〕阮芝生，〈貨殖與禮義——《史記·貨殖列傳》析論〉，《國立臺灣大學歷史學系學報》第 19 期，頁 24。

所以在此數篇中，採用特殊之寫法，是否正代表它們有特殊之寓義？如果有義，其義為何？各體末篇之義，是個別義，抑或有其共同義？如果有共同義，和五體首篇所含意義是否有關係？如果有關係，則這樣的關係，是否能幫助我們對《史記》一書有更進一步的瞭解？

對於上述的問題，在近代《史記》研究上，可說是只有極少數人注意過。在目前所能找到的專著或論文中，除阮芝生先生〈貨殖與禮義——《史記・貨殖列傳》析論〉一文，曾經論及書體、列傳體及全書末篇有義外，對於《史記》五體末篇的意義，幾乎是無人論及。而此文雖提及書體末篇〈平準書〉有義，但因非全文主題，故未加以深入分析。因此本文希望在前人的基礎上，對《史記》五體末篇的寓義作進一步之考察與分析，以求對這些問題有更深入的瞭解。

必須先作聲明的是，由於〈漢興以來將相名臣年表〉之分析，已有阮芝生先生「《史記》十表新研究」之國科會計畫，從事相關研究；而〈貨殖列傳〉之作意，亦有阮芝生先生〈貨殖與禮義——《史記・貨殖列傳》析論〉一文已加以深析。故本書之重點，在針對過去未曾研究的本紀、書、世家三體末篇，進行深入研究。而於最後總論五體末篇之寓意時，納入表及列傳二體末篇之既有研究成果，再作綜合討論。

本書擬分五章，第一章為前言，將針對問題緣起、研究目的及全書結構加以敘述，並整理前人對此的研究成果。第二章是「平準與世變——書體末篇〈平準書〉析論」，主要是透過〈平準書〉的作法及內容作為切入點，重新探討〈平準書〉的作意。第三章是「三王與文辭——世家體末篇〈三王世家〉析論」，將針對今本〈三王世家〉之真偽問題，全盤作一深入考證，並且對〈三王世家〉之作意加以分析。第四章是「今上與孝武——本紀體末篇〈今上本紀〉討論」，由於〈今上本紀〉已然亡佚，故本章在作法上將先針對〈今上本紀〉亡佚問題進行相關討論，然後全面彙整《史記》中其他有關武帝的材料，藉此瞭解太史公心中的「今上」究竟是何形象？同時也希望與〈漢書〉中所記「孝武」作一比較，以期對馬、班與《史》、《漢》有更進一步的瞭解。第五章則是結論，將以正文三章的個別探究為基礎，擬就《史記》五體末篇的意涵，及由此所見《史記》一書的特質，作一綜合討論。

第二章　平準與世變──書體之末〈平準書〉析論

　　昔江淹有言：「修史之難，無出於志」〔註1〕，而正史志體之濫觴，實出於《史記》之八書。蓋《史記》八書內容宏富，所記皆天下之大政大法與古今之制度流變，各書皆爲專門知識，學者多難兼通。故後世官書每以眾成，私史常缺志體，其因在此。而太史公以父子兩代之力，卻能於八書總攬並包，推明本始，並及古今之變，其淹通博貫，孰能及之？

　　書體之內容既爲敘古今之制度，則必須詳述其沿革終始，方成典要。而所謂的「沿革終始」，其實就是制度之「變」。《史記‧太史公自序》曰：「書以道事」〔註2〕，《易‧繫辭上》云：「通變之謂事」，因此書體之目的，就是敘制度之「變」及其所以變之故。故書體作法之要義，則貴在「詳而有要」。而八書之中，敘「變」最詳者，則莫過於〈平準書〉。〈平準書〉於「平準」設置之原由，其敘述凡歷三十七變〔註3〕，正合太史公〈自序〉所言作〈平準書〉「以觀事變」〔註4〕、「承敝通變」〔註5〕之意。而通篇以鑄錢爲主，先後串入馬政、轉粟、商賈、賣爵，又復間之以吏治、風俗、

〔註1〕 鄭樵《通志‧總序》引，台北：臺灣商務印書館景印文淵閣四庫全書，1983年。

〔註2〕 此又見於《史記‧滑稽列傳》，原指《尚書》。史公「書」體之名，實乃仿自《尚書》。關於這一點，請參閱阮芝生，〈論《史記》五體及「太史公曰」的述與作〉，《國立臺灣大學歷史學系學報》第6期，1979年。

〔註3〕 此據清代學者吳齊賢所作分析，轉引自《史記評林補標》卷三十，〔明〕凌稚隆輯校，李光縉增補，〔日〕有井範平補標，台北：地球出版社影本，1992年。

〔註4〕 《史記‧太史公自序》敘目云：「作〈平準書〉，以觀事變，第八」，北京：中華書局點校本，1959年。以下《史記》引文皆出此本，不另註出。

〔註5〕 《史記‧太史公自序》云：「禮樂損益，律曆改易，兵權山川鬼神，天人之際，承敝通變，作八書」，此乃是言八書之大旨。「禮樂損益」指〈禮書〉、〈樂書〉，「律曆改易」指〈曆書〉，「兵權」指〈律書〉，「山川」指〈河渠書〉，「鬼神」指〈封禪書〉，「天人之際」指〈天官書〉。因此可知，「承敝通變」指的正是〈平準書〉。

刑罰、戰爭，可說是內容宏富、詳而有要。故歷代學者多對〈平準書〉抱持著濃厚的興趣，而〈平準書〉也因此成為《史記》的名篇之一。

近代以來，關於〈平準書〉的研究專著及論文，為數相當可觀。除了對〈平準書〉本身的斠證〔註6〕、校對〔註7〕、譯注〔註8〕、辨偽〔註9〕之外，焦點大多集中在漢代經濟的相關問題上〔註10〕。有的透過〈平準書〉研究漢代經濟措施、財政賦稅〔註11〕、貨幣制度〔註12〕、專賣制度〔註13〕；有的討論太史公的經濟思想〔註14〕、貨幣思想〔註15〕；有的研究其中的人物〔註16〕、經濟史實〔註17〕，或

〔註6〕 王叔岷，《史記斠證》，台北：中央研究院歷史語言研究所，1983年。

〔註7〕 陳連慶，《〈史記・平準書・貨殖列傳〉與《漢書》有關部份的校對》，收入《中國古代史研究》，長春：吉林文史出版社，1992年。

〔註8〕 有關〈平準書〉所見注譯有二：1.李慶善，《史記注譯・平準書》，王利器主編，北京：新華書店，1988；2.加藤繁，《〈史記・平準書〉、〈漢書・食貨志〉譯注》，日本：岩波文庫，1942年。另外，《漢書食貨志集釋》（金少英集釋，李慶善整理，北京：中華，1986）一書，雖針對《漢書・食貨志》作集釋，但薈萃各家，考定精審，實為研究《史記・平準書》不可不看之重要著作。

〔註9〕 曲穎生，〈史記八書存亡真偽疏辨〉，《大陸雜誌》9卷12期，1954年，頁15～18。

〔註10〕 在此僅能列舉與〈平準書〉相關之重要論著及論文，至於其他相關論著，將採隨文注出方式引用。

〔註11〕 根據〈平準書〉研究漢代經濟、財政及賦稅制度方面的論著有：1.馬大英，《漢代財政史》，北京：中國財政經濟，1983年；2.鄭學檬，《中國賦役制度史》，廈門：廈門大學，1994年；3.王成柏，孫文學，《中國賦稅思想史》，中國財政經濟，1995；4.談敏，《中國財政思想史教程》，上海：上海財經大學，1999年；5.林甘泉主編，《中國經濟通史・秦漢經濟卷》，北京：經濟日報，1999年；6.薛振愷〈試論漢武帝的斂財政策〉，《北京師範大學學報》社科版1997年第4期。

〔註12〕 根據〈平準書〉研究漢代貨幣制度的論著有：1.彭信威，《中國貨幣史》第二章〈兩漢的貨幣〉，上海：群聯，1954年；2.宋敘五，《西漢貨幣史初稿》，香港：中文大學，1971年；3.李祖德，〈論西漢的貨幣改制——兼論西漢的「重農抑商」政策〉，《歷史研究》1965年3期。此外，蔣若是《秦漢錢幣研究》（北京：中華書局，1997年）一書，利用了大量的考古出土材料和考古學方法，使秦漢錢幣研究進入新的階段，為研究〈平準書〉所記幣制之重要參考書。

〔註13〕 影山剛，〈西漢的鹽專賣制〉，收入《日本學者研究中國史論著選譯》第三冊，北京：中華書局，1993年。

〔註14〕 根據〈平準書〉討論太史公經濟思想的論文有：1.穗積文雄，〈史記平準書に見はれたる經濟思想〉，《經濟論叢》49卷3期，1939；2.姜樹，〈試論司馬遷關於農工商虞的整體構思：讀〈平準書〉和〈貨殖列傳〉〉，《齊齊哈爾社會科學》1991年第3期；3.彭清深，〈司馬遷經濟思想準則：《史記・平準書・貨殖列傳》學習札記〉，《青海民族學院學報》1992年第4期。

〔註15〕 穗積文雄，〈史記・平準書にあらはれたる貨幣思想〉，《經濟論叢》55卷6期，1942年。

〔註16〕 《中國財政思想史稿》第六章〈桑弘羊的財政思想〉，周伯隸，福州：福建人民，1984

勤作札記〔註18〕等等。至於專門討論〈平準書〉的作意及作法的文章，近代僅見兩篇：一是仰庵的〈司馬遷〈平準書〉中所含的思想〉〔註19〕一文（1923），然篇幅不長，且性質爲登於報紙副刊之雜文，非學術論文；一是日人中村嘉弘《史記・平準書》の考察──司馬遷の武帝時代に對する批判について〉〔註20〕一文（1962），他認爲太史公寫〈平準書〉，是爲了批判武帝的對外擴張政策，全文只有寥寥數頁，不論是在廣度或深度上都有不足。然而，上述諸作或只重經濟史料價值，或雖談及作意而內容簡短。事實上，〈平準書〉之價值不止於經濟史料，即使將它放在《史記》研究的領域中，也有許多特殊而值得注意的地方：

第一，正史中記經濟民生制度之篇章，無不以「食貨」爲名〔註21〕，惟獨《史記》名之曰「平準」。兩者相較，「平準」乃理財之術，「食貨」兼農末而言，自是後者範圍較廣；而「平準」之名始自漢武，亦不如「食貨」之名出於《尚書》〔註22〕，更爲堂皇正大。太史公自稱「載籍極博，猶考信於六藝」（〈伯夷列傳〉）。，爲何會捨棄範圍較廣、出於六藝之名稱而不用，卻以一時之理財制度命名其篇？

第二，八書多由五帝三代起敘〔註23〕，內容皆依時代先後順序。唯獨〈平準書〉始於「漢興，接秦之獘」〔註24〕，而終於平準制度之設立，漢前之事一

年。

〔註17〕根據〈平準書〉研究漢代經濟實態的論著有：1.陳直，《兩漢經濟史料論叢》，西安：陝西人民，1958 年；2.劉澤根，《史記・平準書》大觀及若干經濟史實》，《陝西財經學院學報》，1985 年。另外，《九章算術》與漢代社會經濟》（宋杰，北京：首都師範大學，1994 年）一書中討論的許多問題，亦與〈平準書〉的內容相關，是一部值得參考的著作。

〔註18〕施之勉，〈讀《史記會注考證》札記──〈封禪書〉第六、〈河渠書〉第七、〈平準書〉第八〉，《大陸雜誌》41 卷 3 期，1970 年 8 月，頁 9～23。

〔註19〕仰庵，〈司馬遷〈平準書〉中所含的思想〉，《時事新報副刊──學燈》10 期，1923 年。

〔註20〕中村嘉弘，《史記・平準書》の考察──司馬遷の武帝時代に對する批判について〉，《漢文學會會報》21，1962 年。

〔註21〕爲經濟民生修志（書）者，廿五史中凡十四見。除《史記》外，其他十三部（《漢書》、《晉書》、《魏書》、《隋書》、《舊唐書》、《新唐書》、《舊五代史》、《宋史》、《遼史》、《金史》、《元史》、《明史》、《清史稿》）皆名「食貨志」。

〔註22〕《尚書・洪範》：「八政：一曰食，二曰貨，……」。見《十三經注疏》，台北：啓明書局影清阮元刻本，1959 年。

〔註23〕〈禮書〉：「余至大行禮官，觀三代損益，……」；〈樂書〉：「余每讀〈虞書〉，……」；〈律書〉：「昔黃帝有涿鹿之戰，……」；〈曆書〉：「神農以前尚矣。蓋黃帝考定星曆，……」；〈封禪書〉：「《尚書》曰，舜在璇璣玉衡，……」；〈河渠書〉：「〈夏書〉曰：禹抑洪水十三年，……」。〈天官書〉則敘天文而不言制度，故不在此例之中。

〔註24〕由於本文引用〈平準書〉之內容極多，因此凡正文引號內文字，不另註出處者，皆

字未提。反而是篇末「太史公曰」從上古起敘，卻又至秦而止，漢代史事一字未提。這和前幾篇依時間順序敘述的作法，可以說是大異其趣。〈平準書〉這種特殊的寫法，是否別有寓義？

第三，既以「平準」命名，則〈平準書〉當以平準制度為全文重心。然細察其文，「平準」之設僅置於正文之末，略敘兩段文字而已。反而是平準之前其它種種事變，太史公卻不厭其煩的加以詳述。這樣的結構安排，其用意何在？

本章之目的，旨在透過上述的幾個問題作為切入點，希望能重新深入探討〈平準書〉的作意與微旨，並進一步研究〈平準書〉與《史記》全書的關係。凡此皆有賴於對〈平準書〉通篇內容之確實掌握，以下即從解析篇章結構開始。

一、篇章結構解析

〈平準書〉正文自漢初起敘，而止於平準之設置。前人雖將武帝一朝之事分為三十七變，然實未涵蓋全篇。且〈平準書〉有一段而分敘數事者，有數段而合敘一事者，亦有因事行文不依時間排列者，是以內容錯綜繁多。故在此僅能論次其要目，又以吳齊賢所列三十七變並列於下方，以求篇章結構之一目瞭然。〈平準書〉全文共可分四大段四十三小節，茲分析如下：

（一）承弊易變

1. 接秦之弊（漢興接秦之弊──馬一匹則百金）

2. 量用賦民（天下已平──歲不過數十萬石）

3. 民自鑄錢（至孝文時──而鑄錢之禁生焉）

4. 輸粟拜爵（匈奴數侵盜北邊──益增修矣）

（二）物盛而衰

5. 物盛而衰（至今上即位數歲──固其變也）

6. 中外騷擾（自是之後──興利之臣自此始也）

　　初變：四方有事，中外騷擾

7. 府庫益虛（其後漢將──始於此）

　　二變：擊匈奴，通西南夷，入奴婢入羊

8. 官職耗廢（其後四年──則官職耗廢）

　　三變：擊匈奴，武功爵

出〈平準書〉。

9. 法嚴令具（自公孫弘——稍騖於功利矣）

　　四變：公孫弘、張湯開嚴刑之始

10. 渾邪來降（其明年——是歲費凡百餘巨萬）

　　五變：迎渾邪，賞賜有功

11. 塞河穿渠（初先是往——費亦各巨萬十數）

　　六變：塞河穿渠

12. 養馬關中（天子爲伐胡——乃調旁近郡）

　　七變：養馬

13. 衣食降者（而胡降者——以贍之）

　　八變：衣食降人

14. 救荒賑民（其明年——於是縣官大空）

　　九變：救荒賑貧民

（三）竭財奉上

15. 造幣鑄金（而富商大賈——不可勝數）

　　十變：造幣鑄金，禁盜鑄

16. 三臣言利（於是以——言利事析秋豪矣）

　　十一變：咸陽、孔僅、弘羊言利

17. 適吏作池（法既益嚴——作昆明池）

　　十二變：用武力，適故吏

　　十三變：作昆明池

18. 馬死財匱（其明年——頗不得祿矣）

　　十四變：擊胡賞賜，馬死財匱

19. 鑄五銖錢（有司言——令不可磨取鎔焉）

　　十五變：鑄五銖錢

20. 鹽鐵官賣（大農上鹽鐵丞——而多貫人矣）

　　十六變：興鹽鐵，官富賈

21. 請算緡錢（商賈以幣之變——沒入田僮）

　　十七變：算緡錢軺車

22. 尊顯卜式（天子乃思——拜爲齊王太傅）

23. 稍置均輸（而孔僅——郎至六百石）

24. 酷吏用事（自造白金——夏蘭之屬始出矣）

十八變：初置均輸

十九變：入穀補郎

二十變：赦盜鑄，舉兼併

25. 腹誹之法（而大農──多詔諛取容矣）

二十一變：嚴刑腹誹

26. 告緡鑄錢（天子既下──而民不思）

二十二變：告緡錢

二十三變：鑄赤側，廢白金

27. 鑄三官錢（其後二歲──乃盜為之）

二十四變：三官錢，銷廢錢

28. 告緡沒財（卜式相齊──用益饒矣）

二十五變：告緡酷刑，沒財破家

29. 廣關修池（益廣關──由此日麗）

二十六變：置關

二十七變：置水衡

二十八變：修昆明池，治樓船，作柏梁台

30. 沒田徙奴（乃分緡錢──及官自糴乃足）

二十九變：田沒田，徙奴婢，官糴穀

31. 株送博徒（所忠言──郎選衰矣）

三十變：株送徒，入財補郎

32. 下粟賑災（是時山東──下巴蜀粟以振之）

三十一變：下粟賑災

33. 巡幸郡國（其明年──用充仞新秦中）

三十二變：巡幸之費

34. 望以待幸（既得寶鼎──而望以待幸）

三十三變：治道供具

35. 征越擊羌（其明年──以贍之）

三十四變：征南越西羌，開田斥塞

36. 令吏出馬（車騎馬乏絕──歲課息）

三十五變：畜馬出馬

37. 酎金失侯（齊相卜式──乃拜式為御史大夫）

38. 不悅卜式（式既在位──上由是不悅卜式）

39. 創郡誅討（漢連兵三歲——不敢言擅賦法矣）

　　三十六變：創郡、誅討，仰給大農

40. 許置平準（其明年——皆取足大農）

　　三十七變：置平準

41. 天下用饒（弘羊又請——黃金再百斤焉）

42. 亨羊乃雨（是歲小旱——天乃雨）

（四）太史公曰

43. 太史公曰（太史公曰——曷足怪焉）

二、三十七變與平準

　　要瞭解〈平準書〉，必須先明白「平準」的意義。「平」原有平坦之義，《爾雅・釋地》：「大野曰平」；由此又引伸出「平均」、「公平」的意義來，如《尚書・洪範》：「王道平平，無反無側」，《周易・謙卦・象》：「君子以裒多益寡，稱物平施」。

　　天下之至平者，莫過於水，而以水求「平」的工具就叫「準」，也就是建築工程所使用的水準器。如《管子・水地》云：「準也者，五量之宗也。是以水者，萬物之準也」〔註25〕，《莊子・天道》：「水靜則明燭鬚眉，平中準，大匠取法焉」〔註26〕，《呂氏春秋・不苟論》：「欲知平直，則必準繩」〔註27〕。故「準」為求平之工具，「平」為用準之目的，其原意是用在工程測量之上，而後又引申為對物價的平抑。

　　《漢書・食貨志》引管子言曰：「歲有凶穰，故穀有貴賤；令有緩急，故物有輕重。人君不理，則畜賈游於市，乘民之不給，百倍其本矣。……民有餘則輕之，故人君斂之以輕；民不足則重之，故人君散之以重。凡輕重斂散之以時，則準平。守準平，……，故大賈畜家不得豪奪吾民矣。」〔註28〕蓋物價本有高低，量多則價低，量少則價高，此乃基本的經濟原理。但商賈常利用這種特性，囤積貨物，待價而沽，使原本的物價差距擴大，更加劇了物價的不平。因此管子認為人君如能輕重斂之以

〔註25〕《管子校正》，清戴望校正，台北：世界書局，1958年。
〔註26〕《莊子》，晉郭象注，上海：上海古籍影本，1989年。
〔註27〕《呂氏春秋校釋》，陳奇猷校釋，上海：學林出版社，1984年。
〔註28〕此亦見於《管子・國蓄》，但文字稍有出入。今本《管子・輕重》尚有另外一段話：
　　「桓公曰：『齊西，水潦而民飢，齊東，豐庸而糴賤，欲以東之賤被西之貴，為之有道乎？』管子對曰：『今齊西之粟，釜百泉，則鏂二十泉也，齊東之粟，釜十泉，則鏂二泉也，請以令籍人三十泉，得以五穀菽粟決其籍，若此，則齊西出三斗而決其籍，齊東出三釜而決其籍，然則釜十之粟，皆實於倉廩。西之民飢者得食，寒者得衣，無本者予之陳，無種者予之新，若此，則東西之相被，遠近之準平矣。』」，亦用「準平」一詞，可以作為參考。

時，就能平抑物價，此即謂之「準平」。「平準」一詞，其原當由《管子》之「準平」
而來〔註29〕。

武帝中期，國家財匱，百姓貧苦。桑弘羊認為，其因在於富商大賈操縱物價，
獲取暴利所致。所以他設計了「平準」之法，由朝廷來買賣天下貨物，把商賈之利
收為國家之用，同時可以平抑物價。《鹽鐵論・本議》〔註30〕桑弘羊云：

> 開委府於京師〔註31〕，以籠貨物。賤即買，貴則賣。是以縣官不失實，商
> 賈無所牟利，故曰「平準」。

《史記・平準書》：

> 置平準于京師，都受天下委輸。……大農之諸官盡籠天下之貨物，貴即賣
> 之，賤則買之。如此，富商大賈無所牟大利，則反本，而萬物不得騰踊。
> 故抑天下物，名曰「平準」。

因此所謂「平準」者，實即以朝廷自為商賈，買賣天下貨物，名為平抑天下物價，
實則藉此牟利之措施也。

〈平準書〉雖以「平準」為名，但全文對「平準」制度的敘述甚少，反而對其前
的種種事變一一詳述。清代學者吳齊賢，曾經將〈平準書〉分為三十七變，而「置平
準」僅是最後一變。由這一點來看，與其說〈平準書〉的內容在敘述「平準」制度，
還不如說是闡明「平準」設置之原由。是以欲明太史公對「平準」制度之看法，則應
對「平準」設置前之事變作一瞭解。今茲以吳齊賢所分三十七變為準，詳釋如下：

1. 初變：四方有事，中外騷擾

武帝即位之初，天下殷富，〈平準書〉對此有極為生動的描述：

> 至今上即位數歲，漢興七十餘年之間，國家無事，非遇水旱之災，民則人
> 給家足，都鄙廩庾皆滿，而府庫餘貨財。京師之錢累巨萬，貫朽而不可校。
> 太倉之粟陳陳相因，充溢露積於外，至腐敗不可食。眾庶街巷有馬，阡陌
> 之間成群，而乘字牝者儐而不得聚會。守閭閻者食粱肉，為吏者長子孫，
> 居官者以為姓號。故人人自愛而重犯法，先行義而後絀恥辱焉。

〔註29〕另外，「平準」一詞亦見於《尹文子・大道》（上海：上海書店影本，1989），其云：
「……法有四呈，……四曰平準之法，律度權量是也。」但這裡所說的「平準之法」，
似指度量衡方面，與桑弘羊之術關係不大。

〔註30〕《鹽鐵論校注》，漢桓寬撰，王利器校注，北京：中華書局，1992年。

〔註31〕「委府」即京師掌理平準制度運作的機構，《漢書・百官公卿表》（北京：中華書局
點校本，1962年）有「平準令丞」一職，為大司農屬官之一。《後漢書・孝靈帝紀》
（北京：中華書局點校本，1965年）注引《漢官儀》曰：「平準令一人，秩六百石
也。」

但武帝即位之後，這種局面開始改變。改變的主因，就是武帝頻繁的對外戰爭。建元三年（138B.C.），閩越發兵圍東甌，東甌向武帝求援。太尉田蚡反對出兵，認爲「越人相攻擊，固其常，又數反覆，不足以煩中國往救也」。但中大夫莊助贊成出兵救東甌，武帝對莊助說：「太尉未足與計。吾初即位，不欲出虎符發兵郡國」，乃遣其以節發會稽兵救東甌，後徙東甌於江淮之閒，這是武帝一朝用兵的開始〔註32〕。

爲何武帝要說「太尉未足與計」呢？因爲武帝心中有其大計。自高祖以來，漢朝久爲匈奴所欺壓，武帝的大計就是要「北討彊胡，南誅勁越」〔註33〕，以雪恥復讎〔註34〕。

要征伐匈奴，對內需要彊兵，武帝自即位之初，就開始重視武備〔註35〕，親信韓嫣即因「先習胡兵」而深獲賞識〔註36〕；對外則需要外援，故建元三年（138B.C.）武帝又遣張騫出使，以聯合月氏夾擊匈奴〔註37〕。從這幾件事來看，武帝在即位之初，就有對外征伐的全盤規劃。而閩越擊東甌之事，正好給了他一個宣揚武威的機會。而後建元六年（135B.C.），武帝又發兵擊閩越，淮南王安即上書諫阻，與田蚡持同一意見：「越人名爲藩臣，貢酎之奉不輸大內，一卒之用不給上事。自相攻擊而陛下發兵救之，是反以中國而勞蠻夷也。且越人愚戇輕薄，負約反覆，其不用天子之法度，非一日之積也。壹不奉詔，舉兵誅之，臣恐後兵革無時得息也」〔註38〕。

而後的發展果如淮南王所料，武帝自此開始用事四夷，「兵革無時得息」。建元六年（135B.C.），爲伐南越，唐蒙、司馬相如開路西南夷〔註39〕，巴蜀之民爲之疲敝。

〔註32〕《史記·東越列傳》。
〔註33〕《史記·建元以來侯者年表·序》。
〔註34〕《史記·匈奴列傳》太初四年詔曰：「高皇帝遺朕平城之憂，高后時單于書絕悖逆。昔齊襄公復九世之讎，春秋大之。」
〔註35〕《漢書·東方朔傳》：「建元三年……八九月中，與侍中常侍武騎，及待詔隴西、北地良家子能騎射者，期諸殿門。故有『期門』之號自此始。」
〔註36〕《史記·佞幸列傳》：「上即位，欲事伐匈奴，而（韓）嫣先習胡兵，以故益尊貴。」韓嫣後爲竇太后賜死，而竇太后崩於建元六年，故韓嫣習胡兵事必在建元年間。
〔註37〕《史記·大宛列傳》：「張騫，漢中人。建元中爲郎。是時天子問匈奴降者，皆言匈奴破月氏王，以其頭爲飮器，月氏遁逃而常怨仇匈奴，無與共擊之。漢方欲事滅胡，聞此言，因欲通使。道必更匈奴中，乃募能使者。騫以郎應募，使月氏，與堂邑氏胡奴甘父俱出隴西。……留歲餘，單于死（《集解》引徐廣曰：「元朔三年」），左谷蠡王攻其太子自立，國內亂，騫與胡妻及堂邑父俱亡歸漢。……去十三歲，唯二人得還。」由元朔三年（126B.C.）上推十三年，可知騫之初使在建元三年（138B.C.）。
〔註38〕《漢書·嚴朱吾丘主父徐嚴終王賈傳》。
〔註39〕《史記·西南夷列傳》唐蒙上書武帝曰：「南越王黃屋左纛，地東西萬餘里，名爲外臣，實一州主也。今以長沙、豫章往，水道多絕，難行。竊聞夜郎所有精兵，可得

元朔元年（128B.C.），置滄海郡〔註40〕，燕齊之民因此騷擾。而影響最大的，莫過於元光二年（133B.C.）的「馬邑之謀」。武帝即位之初，漢與匈奴的關係十分和諧親密〔註41〕。武帝利用這種局勢，在馬邑設下埋伏，準備一舉消滅匈奴，沒想到匈奴單于發覺漢謀而退兵。從此之後，「匈奴絕和親，侵擾北邊，兵連而不解」，漢正式捲入和匈奴的長期戰爭中。

「用事四夷」乃漢代前期由盛而衰的關鍵，國家自此多事。與此前「漢興七十餘年之間，國家無事」對照，實乃一大變局。故太史公在〈平準書〉中用「自是之後」一句分別前後，以明事變之所始也。

2. 二變：擊匈奴，通西南夷，入奴婢入羊

「馬邑之謀」失敗，而武帝滅匈之心已大白於世，於是匈奴不斷入侵騷擾〔註42〕。埋伏誘敵既不可行，則不得不出兵遠征，遠征則不得不長途補給，故支出不得不繁，府庫不得不虛。

如元光六年（129B.C.）、元朔元年（128B.C.）、二年，衛青連續三年將數萬騎出擊匈奴，遂取河南地。自關東運糧至前線，「率三十鍾而致一石」〔註43〕。也就是說一百九十二石的糧食，運到前線就只剩一石可供軍用，足見其消耗之驚人〔註44〕。通西南夷，「作者數萬人，千里負擔饋糧，率十餘鍾致一石」，「士卒多物故，費以億萬計」〔註45〕。置滄海郡，其費與通西南夷相當。元朔三年（126B.C.），又興十餘萬人築朔方城〔註46〕，「費數十百巨萬」〔註47〕。在這十年之間，不管是物資或勞動力都消耗嚴重。文景之積至此一空。而朝廷仍舊多事，故勢必另出途徑以闢財源。

十餘萬，浮船牂柯江，出其不意，此制越一奇也。誠以漢之彊，巴蜀之饒，通夜郎道，為置吏，易甚。」其下又曰「蜀人司馬相如亦言西夷邛、筰可置郡。」

〔註40〕《漢書·武帝紀》：「元朔元年，東夷薉君南閭等口二十八萬人降，為蒼海郡」。

〔註41〕《史記·匈奴列傳》：「匈奴自單于以下皆親漢，往來長城下」。

〔註42〕《史記·匈奴列傳》：「攻當路塞，往往入盜於漢邊，不可勝數」。

〔註43〕《史記·平津侯主父列傳》中主父偃言昔秦之攻胡，「又使天下蜚芻輓粟，起於黃、腄、琅邪負海之郡，轉輸北河，率三十鍾而致一石」。

〔註44〕《史記·平準書·集解》引《漢書音義》曰：「鍾，六石四斗」，《漢書·嚴朱吾丘主父徐嚴終王賈傳》顏注：「六斛四斗為鍾」。由是可知一石即當一斛，三十鍾當一百九十二石，其損耗比率為 192 分之 1。

〔註45〕《漢書·司馬相如傳》。

〔註46〕《漢書·武帝紀》：元朔三年秋「城朔方城」。

〔註47〕巨萬，萬萬也。《漢書食貨志集釋》頁 179，金少英按：「謂數十萬萬以至百萬萬也。《漢書·項籍傳》：『籍所擊殺數十百人』，顏注『數十百人者，八九十乃至百也』。〈衛青傳〉：『畜數十百萬』，顏注『數十萬乃至百萬』。句法與此相同。」

朝廷始則募豪民入粟、入錢，來補充物資；繼則募民入奴婢，來補充勞動力。願意入財者，可換取終身免役的權利，已爲郎者則可增秩〔註48〕。募民入穀、入錢、入奴婢、入羊，乃武帝一朝征利之始，此又一變。

3. 三變：擊匈奴，武功爵

武帝得朔方後，又以騎兵遠征匈奴主力。元朔五年春（124B.C.）、六年春二月、六年夏四月，兩年之內再命衛青率十餘萬眾三次遠征，前後共計斬捕首虜三萬四千級以上，但漢軍士馬死者亦十餘萬。龐大的軍費，對俘虜供給衣食與厚賞，再加上賞賜將士達黃金二十餘萬斤，使漢廷的財政已經瀕臨破產。前線軍隊「留蹛無所食」，朝廷則「藏錢經耗，賦稅既竭，猶不足以奉戰士」，要解決這樣的困境，只有另闢財源，於是「武功爵」便應運而生。

所謂的「武功爵」，是爲了因應此次伐匈奴發明的十一級爵制〔註49〕，目的是用來獎勵軍功。因朝廷無財賞賜將士，只好給他們「武功爵」，允許他們賣爵代替賞賜〔註50〕。其具體辦法有四：

1. 凡軍人有武功爵者而願爲官吏者，「大者封侯卿大夫，小者郎吏」。

2. 百姓買武功爵至第五級「官首」以上者，則可以補吏，且有先除爲吏的特權〔註51〕。

3. 買爵至第七級「千夫」者，可比照二十等爵制的第九級「五大夫」，享有免役之特權〔註52〕。若犯罪，則刑罰又可減二等。

〔註48〕《漢書・食貨志》顏注：「庶人入奴婢則復終身，先爲郎者就增其秩也。一曰入奴婢少者復終身，多者得爲郎，就爲郎更增秩也。」

〔註49〕《史記・平準書・集解》：「瓚曰：『《茂陵中書》有武功爵：一級曰造士，二級曰閑輿衛，三級曰良士，四級曰元戎士，五級曰官首，六級曰秉鐸，七級曰千夫，八級曰樂卿，九級曰執戎，十級曰左庶長，十一級曰軍衛。此武帝所制以寵軍功』」。

〔註50〕日人中井積德言：「級十七萬，是爲十七金，是買爵之定價矣。是時戰士有功，賜爵者多矣，以級十七金筭之，凡當三十餘萬金也。應上文受賜黃金二十餘萬斤句，以見置武功爵之功效也。初苦無金可賞，及置爵，乃綽綽有裕，得首虜萬九千級，級各受爵一級，級十七金而萬九千之，則爲三十二萬三千金矣，又一級造士十七金，二級閑輿衛三十四金，以至十一級軍衛，則爲百八十七金，各以率受爵也。凡民欲買爵者，凡就軍士受爵者買也，非官自賣之」，見氏著《史記雕題》上冊頁227，大阪大學懷德堂文庫復刻叢書本，1991年。日人瀧川資言《史記會注考證》頁30/12，亦引此言，下接「按姚鼐亦有此說」，見《史記會注考證》，北京文學古籍刊行社影日本東京東方文化學院東京研究院本，1955年。

〔註51〕《史記・酷吏列傳》：「楊僕者，宜陽人也。以千夫爲吏」，千夫爲武功爵的第七級。

〔註52〕《漢書・食貨志》晁錯上文帝言：「令民入粟受爵至五大夫以上，乃復一人耳。」又顏師古注：「五大夫，舊二十等爵之第九級也。至此以上，始免徭役，故每先選以爲吏。千夫者，武功十一等爵之第七也，亦得免役，今則先除爲吏，比於五大夫也。」

4. 而買爵最高只能買到第八級「樂卿」，第九級以上只能授與有軍功者。
於是富人和武人紛紛藉武功爵而補吏，至此「吏道雜而多端，則官職耗廢」，故曰「武
力進用」、「選舉陵遲」，此又一變。

4. 四變：公孫弘、張湯開嚴刑之始

賣爵濫則吏治不得不壞，吏治壞則不得不用嚴刑，用嚴刑則不得不任酷吏。於
是武帝重用公孫弘與張湯〔註53〕，創立了見知（知情不舉）、廢格（不行上令）、沮
誹（非上所行）等諸法，犯法者皆株連窮治〔註54〕。

元狩元年（122B.C.），淮南王及衡山王謀反，此事亦牽連江都王。是時公孫弘
為丞相，張湯為廷尉，窮治其事，其後株連而死者達數萬人之多〔註55〕。文景時「網
疏而民富」的情況，至此一變而為「長吏益慘急，而法令明察」之局面〔註56〕。

國庫困乏，又望百姓之捐獻。然此時世風奢侈，富人多不願節儉以佐上急。於
是丞相公孫弘率先以節儉垂範，望能使天下風俗由奢入儉。然武帝即位以來，輕用
民力民財，動輒「數萬人」、「費數十百巨萬」。而公孫弘身為漢相，不敢諫勸武帝。
反以「人主病不廣大」為言〔註57〕，助長武帝好大喜功之心態。而公孫弘自己也承
認，其所為乃釣名之舉〔註58〕，結果自然於俗無益。

5. 五變：迎渾邪，賞賜有功

伐匈戰役不斷進行，則軍費和賞賜亦不斷支出。元狩二年春（121B.C.），霍去

〔註53〕公孫弘，《史記·平津侯主父列傳》云其「習文法吏事，而又緣飾以儒術，上大說之」，
〈平準書〉言其「以《春秋》之義繩臣下取漢相」。張湯，《史記·酷吏列傳》云其
「務在深文」、「舞文巧詆」，〈平準書〉則曰「以峻文決理為廷尉」，《漢書食貨志集
釋》頁187金少英按：「峻文即深文，本傳所謂『務在深文』、『舞文巧詆』，言其用
法嚴刻也。決理，斷獄也。」

〔註54〕《史記·平準書·集解》引張晏曰：「吏見知不舉劾為故縱」，引如淳曰：「廢格天子
文法，使不行也。誹謂非上所行，若顏異反脣之比也」。〈索隱〉：「為廢格天子之命
而不行，及沮敗誹謗之者，皆披窮治」。

〔註55〕《史記·淮南衡山列傳》言公孫弘「乃疑淮南有畔逆計謀，深窮治其獄」，〈酷吏
列傳〉言張湯「及治淮南、衡山、江都反獄，皆窮根本」。

〔註56〕《漢書·刑法志》：「及至孝武即位，外事四夷之功，內盛耳目之好，微發煩數，百
姓貧耗，窮民犯法，酷吏擊斷，姦軌不勝。於是招進張湯、趙禹之屬，條定法令，
作見知故縱、監臨部主之法，緩深故之罪，急縱出之誅。其後姦猾巧法，轉相比況，
禁罔寖密。律令凡三百五十九章，大辟四百九條，千八百八十二事，死罪決事比萬
三千四百七十二事。文書盈於几閣，典者不能徧睹。是以郡國承用者駮，或罪同而
論異。姦吏因緣為市，所欲活則傅生議，所欲陷則予死比，議者咸冤傷之」。

〔註57〕《史記·平津侯主父列傳》：「弘為人恢奇多聞，常稱以為人主病不廣大，人臣病不
儉節」。

〔註58〕《史記·汲鄭列傳》：「汲黯曰：『弘位在三公，奉祿甚多。然為布被，此詐也。』上
問弘。弘謝曰：『有之。……夫以三公為布被，誠飾詐欲以釣名。……。』」

病出擊匈奴，斬首四萬；元狩二年秋，匈奴渾邪王率眾來降，武帝發車二萬乘以迎，並大加賞賜〔註59〕。此舉的用意有三：第一，征伐匈奴已久，必須表現出具體成績，而渾邪王來降正是足以誇功的好材料；第二，渾邪王於匈奴位高權重，連他都願意降漢，正可顯示武帝之征伐政策正確；第三，藉此可利誘更多匈奴人來降。

但欲為誇功利誘之舉，也得量國庫之力而為。此時國庫無錢，加上幾次遠征下來，軍馬死傷慘重。為了徵集迎接所需的馬匹，只好強賒民馬，可見朝廷窮困的情形〔註60〕。這一年間，漢廷為此二事花費達百餘巨萬，此又一變。

6. 六變：塞河穿渠

元光三年（132B.C.），黃河潰決，其南梁楚之地十六郡受困〔註61〕。武帝始命汲黯、鄭當時塞河，成而復壞。是時丞相為武安侯田蚡，其封邑鄃在黃河之北；若河決西南，則鄃無水災，邑收多。故田蚡對武帝言：「江河之決皆天事，未易以人力為彊塞，塞之未必應天」〔註62〕，而望氣用數者亦以為然，於是中央久之不事復塞，一任已被水災所困的地方自行解決。此後二十三年，緣河之郡屢塞屢壞，耗費不可勝計。一直到元封二年春（109B.C.），武帝至東萊山尋神仙未獲，既出無名，乃以禱萬里沙神祠為藉口出行。途經瓠子，這才發現水災事態嚴重，遂首次親臨決河，沈白馬玉璧于河，令群臣從官自將軍已下皆負薪寘決河，同時亦詩心大發，作〈瓠子之詩〉二章以紀此事〔註63〕。

武帝之不塞河，並非因為力量不足。因為在「河決瓠子」到「卒塞宣房」這二十三年間，武帝前後進行了幾次大的水利工程。其一，鄭當時建議開漕渠，謂「此損漕省卒，而益肥關中之地，得穀」，於是「天子以為然」，發卒數萬人穿漕渠。其二，番係建議開河東渠，「度可得穀二百萬石以上。穀從渭上，與關中無異，而砥柱之東可無復漕」，於是「天子以為然」，又發卒數萬人作渠田。其三，人有上書議穿褒斜道，言「漢中之穀可致，山東從沔無限，便於砥柱之漕。且褒斜材

〔註59〕《史記·衛將軍驃騎列傳》：「賞賜者數十巨萬」。

〔註60〕《史記·汲鄭列傳》記載當時「縣官無錢，從民貰馬（〈索隱〉：「貰，賒也」）。民或匿馬，馬不具」。

〔註61〕《史記·平準書》：「初，先是往十餘歲河決觀，梁楚之地固已數困。」〈河渠書〉：「今天子元光之中，而河決於瓠子。……自河決瓠子後二十餘歲，歲因以數不登，而梁楚之地尤甚。」《漢書·武帝紀》：「元光三年，河水決濮陽，氾郡十六」。

〔註62〕《史記·河渠書》。

〔註63〕武帝〈瓠子之詩〉言：「不封禪兮安知外」。《漢書·溝洫志》顏注云：「言不因巡狩封禪而出，則不知關外有此水。」關於此事之前因後果與漢武帝〈瓠子之詩〉之分析，詳見阮芝生先生〈《史記·河渠書》析論〉一文。阮文極為精闢，於〈河渠書〉之分析實有創見。

木竹箭之饒，擬於巴蜀」，於是「天子以爲然」，發數萬人作褒斜道〔註64〕。除此之外，武帝亦在朔方穿渠，作者又數萬人〔註65〕。天子所以爲然者，乃見引水穿渠之利也。然則何以獨不塞河？天子不以爲然也。不以爲然者，塞河費力大，只能止害而未見其利也。

武帝無意於塞河救災，卻在這些穿渠工程中，各投入人力數萬人，花費巨萬十數，歷時二三十年，結果多是「功未就」。不僅無益，徒然勞民傷財，此又一變。而在這二十三年間，武帝前後七次征伐匈奴，又迎渾邪，滅南越，平東越，各項重大開支不斷在同時進行，中央財政實已至難以爲繼之局面。

7. 七變：養馬

征伐匈奴，以馬匹爲最重要工具，卻也死傷最大。前面幾場戰役下來，「漢軍之士馬死者十餘萬」，已不能應付未來戰爭所需。因此朝廷只好在關中養馬，以備再次伐胡。由此可見，前面幾次戰爭之巨大損耗，仍未使武帝警惕，還準備再對外用武。文景時「眾庶街巷有馬，阡陌之閒成群」的局面已不復有之，此又一變。

8. 八變：衣食降人

渾邪王來降，其降者數萬人無謀生之力，皆由朝廷加以贍養。然此時國庫財匱，武帝只好縮減帝室開支，出御府禁藏以贍降人〔註66〕。

漢代之財政，主要分爲國家財政與帝室財政兩大類〔註67〕。前者由大農管理，主要收入爲賦稅，用來支應國家經費。後者由少府掌管，主要收入爲山川園池市井租稅，用來支應天子私人生活。兩者完全獨立，互不干預。而如今國庫消耗殆盡，已到了武帝不得不出其私人經費，以應付國家開支的局面。可見國家財政已然透支，此又一變。

9. 九變：救荒賑貧民

漢代國家用糧，主要由山東而來，故〈平準書〉屢言「漕轉山東粟」、「轉漕甚遼遠，自山東咸被其勞」。而長期戰爭的結果，山東人民負荷極重，苦不堪言。元狩三年（120B.C.），山東又發生大水災，隨之而生飢荒。

飢荒生則不得不賑百姓，賑百姓則不得不用積粟。但中央之積粟早因戰爭、穿渠、贍降而一空，只好發郡國之積粟以賑民。郡國之積粟不足，只好向富人借貸。

〔註64〕 此三事見《史記·河渠書》。

〔註65〕 《史記·匈奴列傳》：「漢度河自朔方以西至令居，往往通渠置田官，吏卒五六萬人。」

〔註66〕 《史記·平準書》：「天子乃損膳，解乘輿駟，出御府禁藏以贍之。」

〔註67〕 關於「國家財政」與「帝室財政」之名詞及相關之劃分，詳見加藤繁，〈漢代的國家財政和帝室財政的區別及帝室財政一斑〉，收入氏著《中國經濟史考證》第一卷，北京：商務印書館，1959年。

還是不足，於是遷徙百姓七十餘萬人到關西及新秦中，由國家給其衣食產業，「其費以億計，不可勝數」，此又一變。

武帝此舉，備受後人讚賞。如王夫之言：

> 武帝之勞民甚矣，而其救飢民也爲得。虛倉廩以振之，寵富民之假貸者以救之，不給則通其變，而徙荒民於朔方新秦者七十餘萬口，仰給縣官，給予產業。民喜於得生而輕去其鄉，以安新邑，邊因以富。此策晁錯嘗言之矣，錯非其時而爲民擾，武帝乘其時而爲民利。故善於因天，而轉禍爲福，國雖虛，民以生，邊害以紓，可不謂術之兩利而無傷者乎！（《讀通鑑論》卷一〔註68〕）

王氏之言，並非全無道理。但識者不免疑問，此前「太倉之粟陳陳相因，充溢露積於外」，郡國之粟足支一年以上〔註69〕，何以如今國家連賑災之力都沒有呢？原因很簡單，因爲國家積粟早被武帝消耗一空，以致此時無粟可賑，於是百姓不得不流離他鄉，實在不能說是「兩利而無傷」。

綜觀以上九變，始則文景蓄藏一空，繼則中央賦稅耗竭，而後天子出御藏，郡國虛倉廩。天下四方，從朝廷到帝室，從中央到郡國，皆已蕭然凋敝。百姓困頓，縣官大空，文景以來之殷富積儲，至此蕩然無存。前此理財諸術，如募民入粟、賣爵、募豪富相貸假，皆襲文景之舊法而擴大之。舊法已窮，而國用仍急，則不得不生興利之新術，至此而進入以下新的變局。

10. 十變：造幣鑄金，禁盜鑄

國庫空虛，百姓貧困，而富商大賈卻視若無睹，不願輸財報國。武帝先則獎勵捐財的卜式，希望富豪皆以之爲楷模。結果富豪卻「皆爭匿財」、「財或累萬金，而不佐國家之急」，於是武帝唯有另謀他法。

元狩四年（119B.C.），武帝用張湯之議〔註70〕，以錢輕物貴爲由，發行皮幣和白金。皮幣以禁苑之白鹿皮爲之，命值四十萬，令王侯宗室朝覲聘享，必用皮幣薦璧。白金則以銀錫爲之，上者三千，中者五百，下者三百，等於是發行大額貨幣。

〔註68〕《讀通鑑論》，〔明〕王夫之撰，船山全書編輯委員會編校，長沙：嶽麓書社，1988年。

〔註69〕《漢書・食貨志》：「錯復奏言：『……邊食足以支五歲，可令入粟郡縣矣；足支一歲以上，可時赦，勿收農民租。如此，德澤加於萬民，民愈勤農。時有軍役，若遭水旱，民不困乏，天下安寧；歲孰且美，則民大富樂矣。』上（文帝）復從其言，乃下詔賜民十二年租稅之半。明年，遂除民田之租稅」。

〔註70〕《史記・酷吏列傳》：「於是（張湯）丞上指，請造白金及五銖錢，籠天下鹽鐵，排富商大賈，出告緡令，鉏豪彊并兼之家，舞文巧詆以輔法。湯每朝奏事，語國家用，日晏，天子忘食。丞相取充位，天下事皆決於湯」。

同時又貶值銅錢,將原本重四銖的半兩錢銷鎔〔註71〕,改鑄為較輕的三銖錢,以增加國庫收入。

由於白金造價低而面值極高〔註72〕,朝廷固可藉以籌措財源,但對盜鑄者也是一種極大的引誘。縱然盜鑄是死罪,但仍是「吏民之盜鑄白金者不可勝數」〔註73〕。百姓不是當兵打仗,就是投入盜鑄,國內的生產自然更加減少。

至此,武帝開始發行高額新幣,利用面值和造價的價差來斂財,此乃前所未見之理財新術,是為一變。

11. 十一變:咸陽、孔僅、弘羊言利

天子求財,自必重用生財之人。而天下最擅生財者,莫過於商賈。元狩三年(120B.C.),武帝任命齊國大鹽商東郭咸陽、南陽大鐵商孔僅為大農丞,令其領鹽鐵事。蓋鹽鐵本為天子之私賦,原不屬大農所管〔註74〕。而兩人先以大農丞兼職鹽鐵事〔註75〕,次年則以鹽鐵丞上書議鹽鐵專賣。可知武帝早有鹽鐵專賣之構想,大農鄭當時才推薦此二人籌畫此事〔註76〕。而雒陽賈人子桑弘羊亦因精於計算〔註77〕,年十三就任命為侍中,得以隨侍武帝之旁〔註78〕。

〔註71〕 《史記·漢興以來將相名臣年表》「建元五年」大事記:「行三分錢」,而《漢書·武帝紀》則記:「(建元)五年春,罷三銖錢,行半兩錢」。〈平準書·集解〉引韋昭曰:「文為半兩,實重四銖」,四銖乃半兩三分之一。可知此稱四銖半兩錢者,實即三分錢。

〔註72〕 以其中的龍幣計算,重八兩,值三千,就算是純銀所鑄,每兩則值三百七十五錢。而當時銀價每兩多則一百二十五錢,少則可能到三十一錢。換句話說,白金的面值高出造價三倍到十二倍之多,關於此點之分析,詳見彭信威先生著《中國貨幣史》頁89、92,上海:群聯,1954年。而陳直先生亦認為白金龍幣「幣價高於通常銀價三倍」,見《史記新證·平準書》,天津:天津人民出版社,1979年。而至於馬幣和龜幣的價差,由於目前尚未發現白金出土實物,實難確定。

〔註73〕 如《史記·高祖功臣侯者年表》「慎陽侯」條:「元狩五年,侯買之坐鑄白金棄市,國除」。

〔註74〕 《史記·平準書》載孔僅、咸陽言:「山海,天地之藏也,皆宜屬少府,陛下不私,以屬大農佐賦。」

〔註75〕 《漢書食貨志集解》頁207金少英按:「漢官稱『領』者,多為已有本官本職,而又兼領他官職權者。」

〔註76〕 《漢書·百官公卿表》:「元光五年,鄭當時為大農令,十一年免。」

〔註77〕 原文曰「以心計」,《資治通鑑·漢紀·武帝元狩四年》(元胡三省音注,北京:中華書局校點本,1956年)胡注:「心計者,不必用籌算而知其數也」,《鹽鐵論·貧富》桑弘羊則自稱「運之六寸,轉之息耗,取之貴賤之間耳」,此即「心計」也。

〔註78〕 《漢書·百官公卿表》注引應劭曰:「入侍天子,故曰侍中」,「侍中、中常侍,得入禁中」。《鹽鐵論·貧富》桑弘羊自謂:「余結髮束脩,年十三,幸得宿衛,給事輦轂之下。」

市井子孫不得仕宦為吏，此乃漢初以來之故法。武帝大膽任用出身市井的三人，可見財政問題已嚴重到不得不借助商人。漢初重農抑商之傳統，至此開始動搖，此又一變。

12. 十二變：用武力，適故吏

既立見知、廢格、沮誹之法，官吏則多因觸諸法而廢免。文景時「守閭閻者食粱肉，為吏者長子孫，居官者以為姓號」，官吏久居其位之局面，至此又一變。

吏多廢免，則又需人補吏。但百姓見法嚴吏廢，都多願買爵而不願補吏。漢制，買爵至千夫、五大夫則可免役，但此時因賣爵太濫，民多免役，致使朝廷無力役可徵。於是武帝下令爵至千夫、五大夫者必須補吏，不願補吏者必須繳交馬匹。而那些因觸法而遭廢免的故吏們，則命其伐棘上林，作昆明池。這樣就一舉解決了吏員、戰馬和力役不足的問題。

過去朝廷之所以能賣爵，是因為爵位能帶來特權。如今，買爵之人欲益反損，只有使百姓對朝廷的信用更失信心。

13. 十三變：作昆明池

國家無力役可徵，無吏員可補，但武帝仍要再次用兵。元狩三年（120B.C.），武帝發謫吏伐棘上林，作昆明池，準備討伐西南夷，以通身毒國〔註79〕。此下開置郡西南夷之紛亂，是為一變。

14. 十四變：擊胡賞賜，馬死財匱

元狩四年夏（119B.C.），武帝命衛青、霍去病兩路出擊匈奴，結果「軍馬死者十餘萬匹」〔註80〕，此前畜馬所得又消耗大半。由於勞師遠征，不僅「轉漕車甲之費」不足，連將士的俸祿都拿不出來。國庫窮困之態，前所未見，此又一變。

15. 十五變：鑄五銖錢

國庫貧困，戰士需祿孔急。前此發行的三銖錢，又因重量輕，加上物資不足而嚴重貶值〔註81〕。且此時盜鑄成風，錢幣品質低劣，百姓使用更加不便〔註82〕。

〔註79〕《漢書・食貨志》注引臣瓚言：「西南夷傳有越嶲、昆明國，有滇池，方三百里。漢使求身毒國，而為昆明所閉，今欲伐之，故作昆明池象之，以習水戰。」

〔註80〕《史記・衛將軍驃騎列傳》：「兩軍之出塞，塞閱官及私馬凡十四萬匹，而復入塞者不滿三萬匹。」

〔註81〕《漢書・武帝紀》元狩六年詔：「日者有司以幣輕多姦，農傷而末眾，又禁兼并之塗，故改幣以約之，」

〔註82〕居延漢簡 16‧11：「將軍使者大守議，錢古惡小苹（苦惡小脆）不為用，政更舊制設作五銖錢，欲便百姓，錢行銖能」，見《居延漢簡甲乙編》，中國社會科學院考古研究所編，北京：中華書局，1980 年。

元狩五年（118B.C.）〔註83〕，武帝廢三銖錢，改發行較重之五銖錢，希望使物價穩定。銅錢之所以能從三銖加爲五銖，主要是仰賴發行白金的貼補。爲防盜鑄，又在錢上設計了周郭，使百姓不能磨取錢上的銅屑，再來盜鑄假錢。此又一變。

16. 十六變：興鹽鐵，官富賈

元狩四年（119B.C.）〔註84〕，武帝接受孔僅及東郭咸陽的建議，下令鹽鐵由國家專賣。漢初鹽鐵本由民營，不過向少府納租稅即可〔註85〕。如今鹽鐵收歸國營，漢初「開關梁，弛山澤之禁，是以富商大賈周流天下，交易之物莫不通得其所欲」〔註86〕，民生物品皆得自由買賣的局面，至此一變。

而欲行全國性的鹽鐵專賣，必須在各地設置官府負責。官府必須有人主持，主持之人又必須是熟悉鹽鐵事務之人。最熟悉鹽鐵事務之人，當然是過去的鹽鐵商人們。於是孔僅、東郭咸陽二人，「乘傳舉行天下鹽鐵，作官府，除故鹽鐵家富者爲吏」，吏道益多賈人，而漢初「市井之子孫不得仕宦爲吏」之規定，至此大壞。

17. 十七變：算緡錢軺車〔註87〕

武帝兩年之內，前後兩次改變幣制，百姓無所適從。於是商人乘機囤積貨物，上下其手以從中取利。既然商人容易賺錢，農民常遭剝削，則百姓自然紛紛棄農從商，於是國內的生產更加減少。

元狩四年（119B.C.），武帝爲了對商人徵收資產稅，施行了所謂「算緡」和「告緡」之法。其內容如下〔註88〕：

（1）所有商賈，包括放高利貸者、行商、坐賈等等，不管有無市籍，自行估算其蓄藏貨物的價值，每二千錢納一算（一算即百二十錢）。

（2）各種手工業者，包括本已有租稅及鑄銅器者，其蓄藏每四千錢納一算。

（3）除了比於吏者及三老、騎士，其車乃執行公務，故免算外。其餘有軺車者，皆出一算。商賈人有軺車，出二算。

（4）船在五丈以上者，出一算。

（5）如果隱匿資產，或估價不實，則罰戍邊一歲，財產全部沒收。

（6）能夠告發商人算緡不實者，則給予所沒入的一半財產，此謂之「告緡」。

〔註83〕《漢書・武帝紀》記元狩五年：「罷半兩錢，行五銖錢。」
〔註84〕《資治通鑑》繫此事於元狩四年。
〔註85〕《漢官舊儀》：「山澤魚鹽市稅，以給私用」。收入《漢官六種》，〔清〕孫星衍等輯，周天游點校，北京：中華書局點校本，1990年，頁50。
〔註86〕《史記・貨殖列傳》。
〔註87〕《說文解字・車部》（北京：中華書局影本，1963年）：「軺，小車也。」
〔註88〕關於算緡的課徵對象分析，詳見《漢書食貨志集解》頁220～224。

此外，為了防止土地兼并而造成農民失產，又規定商人及其親屬，不得佔
有田地，否則沒收田地及奴婢。

推行「算緡」和「告緡」之法，目的在開闢新的財源，並希望使農業人口回流，
解決生產不足的問題。但商人可將租稅再轉嫁到貨價上，百姓更加困頓。而對生產
及運輸工具課稅，只會讓物價更加飛漲，此又一變。

18. 十八變：初置均輸

由於孔僅推行鐵器專賣，使朝廷收入大增，於是武帝將他升為大農，主管全國
財政。而由桑弘羊接替孔僅為大農丞，主管全國會計。商人已可位居九卿，可見武
帝十分滿意鹽鐵專賣的成效。

元鼎二年（115B.C.）〔註89〕，桑弘羊開始試行新的「均輸」之法。漢代地方郡
國每年須以方物上貢中央，邊地常因路遠，貢物品質不能保持，且運費高昂〔註90〕。
於是桑弘羊於各地置輸官以轉運貢物，各地亦不將貢物運至京師，而轉賣到價高之
地，所得利潤扣除運費後，交給中央〔註91〕。而中央可利用此項收入，再至價低處
購買所需之物。如此一來，中央得財，遠地稱便，此之謂「均輸」〔註92〕。

此時的「均輸」尚屬試行，對象限於貢物，地域未達全國〔註93〕。但這卻是其
後全國性「均輸」政策之先聲，是又一變。

19. 十九變：入穀補郎〔註94〕

以往買爵，只能補吏。而武帝進一步開放吏可以入穀而補官，郎如入穀，則可加
秩至六百石〔註95〕。郭嵩燾云：「郎吏二百石至六百石，而郡丞及減萬戶縣長及諸曹

〔註89〕　《通鑑》繫此事於元鼎二年。
〔註90〕　《鹽鐵論・本議》大夫曰：「往者，郡國諸侯各以其物貢輸，往來煩雜，物多苦惡，
　　　　或不償其費。故郡置輸官以相給運，而便遠方之貢，故曰均輸。」
〔註91〕　《漢書・百官公卿表》注引孟康曰：「謂當所輸於官者，皆令輸其土地所饒，平其所
　　　　在時價，官更於他處賣之。輸者既便，而官有利。」而侯家駒認為，孟康所注「賣」
　　　　字，實乃「買」字之誤，詳見〈均輸平準小考〉，《大陸雜誌》第58卷第4期，1979
　　　　年。
〔註92〕　然而「均輸」之法，並非始自桑弘羊，其前已有所謂的「古之均輸」存在。在《九
　　　　章算術》的第六章卷首，有「均輸粟」和「均輸卒」兩題，皆以「道里遠近，戶數
　　　　多少」為比例，所出力役及賦輸遠地少而近地多，以平均勞動負擔。《鹽鐵論・本議》
　　　　中文學所說的「蓋古之均輸，所以齊勞逸而便貢輸，非所以為利而賈萬物也」，指的
　　　　正是兩種「均輸」之法的差別。關於此點的詳細分析，見宋杰《《九章算術》與漢代
　　　　社會經濟》第九章「均輸」，北京：首都師範大學，1994年。
〔註93〕　《漢書食貨志集釋》金少英按語：「志言『稍稍』者，明此時尚未遍設均輸官。」
〔註94〕　原文為「使令吏得入穀補官，郎至六百石」，吏補官是一事，郎增秩又一事，而吳齊
　　　　賢之標目云「入穀補郎」，似誤。
〔註95〕　《漢書・食貨志》顏注：「吏更補高官，郎又就增其秩，得至六百石也。」

丞皆六百石。此謂已試爲吏者入訾補官，由二百石至六百石也。」〔註96〕開始販賣郡丞、曹丞及小縣縣長之職，足見朝廷需財孔急。由賣吏而賣官，此又一變。

20. 二十變：赦盜鑄，舉兼併

白金所以引起嚴重盜鑄，其因在於面額和造價差距太大，可獲暴利之故。而武帝不思改變自己貨幣政策的錯誤，反歸罪於百姓奸詐，用嚴法去對付盜鑄者。五年之內，光是處死的盜鑄者就多達數十萬人〔註97〕，遭嚴刑逼訊致死者更不可勝計〔註98〕。朝廷殺不勝殺，只好鼓勵盜鑄者自首以求赦免，結果自首的人數多達百餘萬人，可是卻還不到實際盜鑄人數的一半。由於朝廷屢抓屢赦，因此百姓也不懼犯法，「天下大抵無慮皆鑄金錢矣」，盜鑄問題遂一發不可收拾。

由於盜鑄之人太多，不可能全部誅殺。於是武帝派遣博士褚大、徐偃等巡行郡國，糾舉各地商賈、郡守、諸侯相等不法謀私利之徒，以求殺一儆百。然本弊不除，其末難止，於是禁愈嚴而民愈犯，民愈犯而禁愈嚴。武帝只有開始重用張湯等酷吏，以嚴刑峻法控制天下。朝廷因此刑殺日盛，吏員日增〔註99〕，此又一變。

21. 二十一變：嚴刑腹誹

嚴刑不僅對付百姓，也用來對付反對武帝政策的官員。元狩六年（117B.C.）〔註100〕，當時以廉直升爲大農的顏異，因爲有人在他面前表示對武帝法令的異議，他雖不敢回答而不覺微笑〔註101〕，於是被「與異有卻」的御史大夫張湯，以「不入言而腹誹」之罪名誅殺。

此後漢廷遂有「腹誹」之法，公卿大夫不但不能有反對的意見，甚至不能有反

〔註96〕郭嵩燾，《史記札記·平準書》，上海：商務印書館，1957年，頁163。

〔註97〕原文「赦吏民之坐盜鑄金錢死者數十萬人」，《漢書·食貨志》亦同，李慈銘認爲「赦」乃衍字（《漢書札記》卷二〈食貨志第四下〉，長沙：岳麓書社，1994年）。推斷前後文意，李說爲是，故金少英《集釋》亦贊同此說。但此無版本依據，存以待考。

〔註98〕「其不發覺相殺者」一句，李慶善釋爲「此蓋謂盜鑄者或有被嚴刑逼訊，榜笞致死，而盜鑄事終未被發覺者也」，見《漢書食貨志集解》頁230。

〔註99〕《史記·酷吏列傳》：「二千石繫者新故相因，不減百餘人。郡吏大府舉之廷尉，一歲至千餘章。章大者連逮證案數百，小者數十人；遠者數千，近者數百里。會獄，吏因責如章告劾，不服，以笞掠定之。於是聞有逮皆亡匿。獄久者至更數赦十有餘歲而相告言，大抵盡詆以不道以上。廷尉及中都官詔獄逮至六七萬人，吏所增加十萬餘人」、「後會更白金五銖錢起，民爲姦，京師尤甚，乃以（義）縱爲右內史。其治，所誅殺甚多」。

〔註100〕《漢書·百官公卿表》：「元狩四年，大農令顏異，二年坐腹非誅」，《通鑑》亦繫此事於元狩六年。

〔註101〕原文「異不應，微反脣」，顏注：「蓋非之」，《漢書食貨志集釋》頁236引張照言：「顏注意雖是而未盡。蓋異聞客語不敢應而倉卒自禁，不覺微笑而脣裹耳」。

對的表情。因此人人只有詔諛今上，方能自保，朝廷風氣至此一變。

22. 二十二變：告緡錢〔註102〕

武帝一方面尊顯捐財為國的卜式，一方面下緡錢令，就是希望恩威並濟，使百姓自動踴躍捐輸。結果百姓無動於衷，對於「算緡」也多虛報貨價以逃避稅賦。於是武帝只有開放大規模的「告緡」，以厚利鼓勵百姓互相密告，此又一變。

23. 二十三變：鑄赤側，廢白金

白金由於盜鑄太多，信用日降，民間不願收受。於是盜鑄對象移到五銖錢上，使五銖錢也開始貶值。元鼎三年（114B.C.）〔註103〕，朝廷再度發行新貨幣，名曰「赤側錢」，規定一枚可當五銖錢之五枚。為了保障朝廷收入和推行新幣，又規定賦稅必用赤側錢，不收白金。

過去對什麼是「赤側錢」，一直都有爭議，大致可分二說：（1）《史記・平準書・集解》引如淳曰：「以赤銅為其郭也。」；（2）彭信威《中國貨幣史》頁59認為「近人有謂赤側是把外郭磨得平整的意思」。但近年由於考古新材料的出土，此問題已獲得解決。

1968年，在河北滿城縣發現了西漢中山王劉勝及中山王后竇綰之墓。其中一號墓（即中山王墓）的後室，出土277枚五銖錢，以麻繩為貫，和40枚金餅共存於一漆盒中〔註104〕。這批五銖錢，錢質殷赤而厚重，外郭勻整而精美，非當時通行之郡國五銖可比，故可知為中央統一鑄造之官錢。而劉勝薨於元鼎四年春二月，此前朝廷官鑄五銖惟有赤側一種。故蔣若是根據這批材料，推斷此即赤側五銖錢，並提出「赤側五銖以赤銅為質，精磨之後郭邊盡赤，此亦正為赤側錢名之由來」〔註105〕。

既然連官府都只收赤側錢，百姓當然更不用白金，即使武帝下令強迫人民使用白金，仍然無用。最後終於廢除了白金，此又一變。

24. 二十四變：三官錢，銷廢錢

赤側錢以一當五，等於變相提高新貨幣的價值，於是盜鑄的對象又轉往赤側錢。

〔註102〕《漢書・武帝紀》元鼎三年：「十一月，令民告緡者以其半與之」，事在張湯死、作柏梁台及廣關之後。然依《史記・平準書》，告緡錢當在三事之前。《通鑑》則置告緡一事於元狩六年冬，亦三事之前。《資治通鑑考異》（四部叢刊本）卷一曰：「《漢書・武紀》：『元鼎三年十一月，令民告緡』，據〈義縱傳〉則在今（元狩六年）冬。」故今從《史記》。

〔註103〕赤側錢行於元鼎三年而非元鼎二年，乃根據蔣若是〈郡國、赤側與三官五銖之考古學論證〉一文之考證，收入氏著《秦漢錢幣研究》，北京：中華書局，1997年。

〔註104〕中國社會科學院考古研究所、河北省文物管理處《滿城漢墓發掘報告》上冊，北京：文物，1980年，頁207。

〔註105〕同註117，頁95。

一年之內，赤側錢再度貶值，連官府都不願收受〔註106〕，是以不得不廢。

貨幣屢變屢廢，輕重無常。元鼎四年（113B.C.），武帝為了穩定貨幣，下令郡國不得鑄錢，由中央統一發行新貨幣「三官錢」。接著再將過去發行的三銖、五銖、赤側等舊幣，全部收回三官重鑄。由於這時中央有專賣、告緡得來的大量財富，有了充足的物資準備，加上鑄幣權歸中央，質量易於統一，因此幣值終於穩定〔註107〕。幣值穩定，則盜鑄利潤微薄，這才真正遏止了盜鑄之風，此又一變。

25. 二十五變：告緡酷刑，沒財破家

「告緡」原本針對商賈，然隨其辦法的擴大，凡民之有蓄積者皆包含在內〔註108〕，以致當時「中家以上大抵皆遇告」。而主持其事的酷吏杜周，不管是不是冤枉，凡被告緡者一律沒收財產，於是武帝「得民財物以億計，奴婢以千萬數，田大縣數百頃，小縣百餘頃，宅亦如之」。有了這麼多的錢，再加上鹽鐵的收入，朝廷的用度立刻寬裕起來。

因為有蓄藏和生產工具就可能被告緡，於是百姓轉而追求衣食享受，揮霍財富。消費增加，生產減少，而世風至此轉趨奢靡，此又一變。

26. 二十六變：置關

武帝用度既饒，又開始大事更張。元鼎三年（114B.C.），武帝遷函谷關於新安東界，又將常山以西劃入關中範圍，大大鞏固了首都的國防形勢。元鼎四年，更加強對京畿的管理，設置了左右輔。

蓋漢初所謂「關中」者，本以舊函谷關、臨晉關、武關及自北而南的黃河一段為界，以此防備東方，守護關內。然此防線有一重大缺失，那就是位處戰略要地的河東郡，在此防線之外。蓋河東與河內、河南三郡並稱三河，「夫三河，在天下之中，若鼎足，王者所更居也」〔註109〕，乃兵家之所必爭。故漢廷始終視三河為防守關中之重地，不封王，鮮置侯〔註110〕，甚至有「宗室不宜典三河」之規定

〔註106〕《史記‧高祖功臣侯者年表》「曲城侯」：「元鼎三年，侯皋柔坐為汝南太守知民不用赤側錢為賦，國除。」《漢書‧百官公卿表》：「元鼎三年，鄡侯周仲居為太常，坐不收赤側錢，收行錢論。」此時赤側錢方才實施一年，中央及地方官府就已不願收受赤側錢。

〔註107〕薛振愷〈試論漢武帝的斂財政策〉一文認為，是因幣制整頓成功，所以幫助漢武帝斂財政策成功。但就前後因果關係來考察，應是先因斂財所得充裕，才有物資準備幫助幣制整頓成功，是較為合理的說法。

〔註108〕馬端臨《文獻通考‧征榷考》（台北：臺灣商務印書館景印文淵閣四庫全書，1983年）：「其初亦只為商賈居貨者設，其後告緡遍天下，則不商賈而有蓄積者，皆被告矣。」

〔註109〕《史記‧貨殖列傳》。

〔註110〕據崔在容〈西漢京畿制度的特徵〉一文統計，西漢所封 795 個列侯，知封地者有

〔註111〕。要解決這項缺失，惟有將舊關中防線向東推移。於是武帝「徙函谷關於新安」〔註112〕，同時廣關「以常山爲限」〔註113〕，將防線推至太行山麓的五阮關、常山關、壺口關、天井關，與新函谷關、武關連爲一線，成爲新關中防線〔註114〕。

而京畿之防務，原由中尉一人，統轄北軍負責〔註115〕。元鼎四年，武帝置左右輔，而後又設立左輔都尉和右輔都尉，再加上新設的京輔都尉，使京畿的管理更爲嚴密。而中尉雖名義上是三輔駐軍首長，事實上兵權已被三輔都尉所分散。而各都尉相互牽制的情勢，更有利於天子對北軍的控制〔註116〕。

遷關於東，非備匈奴。實乃武帝聚斂太甚，恐諸侯及百姓造反，故益廣關以防山東，置三輔以御關中。此又一變。

27. 二十七變：置水衡

因爲「告緡」所得財物太多，必須有專門機關管理。元鼎二年（115B.C.），武帝命原屬大農的「水衡」官主持上林，替他管理這些財產。值得注意的是，武帝因國用不足而興「告緡」，而所得卻盡入天子私庫，乃武帝一人之私產〔註117〕。鹽鐵本屬少府，而武帝入之大農；水衡原屬大農，而武帝使治私藏。漢初財政公私分治的精神，至此始亂，此又一變。

28. 二十八變：修昆明池，治樓船，作柏梁台

告緡所得既入天子私藏，故其用途也隨天子所好。武帝一有了錢，先拿來擴大昆明池，治樓船。始作昆明池，乃爲與滇王戰。如今大修昆明池〔註118〕，名曰習水

---

688 人，其中封於三河者前後僅 26 人，《歷史研究》1996 年 4 期。

〔註111〕 《漢書・楚元王傳》：「歆由是忤執政大臣，爲眾儒所訕，懼誅，求出補吏，爲河內太守。以宗室不宜典三河，徙守五原。」

〔註112〕 《漢書・武帝紀》元鼎三年：「徙函谷關於新安，以故關爲弘農縣。」

〔註113〕 《史記・梁孝王世家》代王義十九年（即元鼎三年）：「漢廣關，以常山爲限，而徙代王王清河。清河王徙以元鼎三年也。」

〔註114〕 《漢書・成帝紀》陽朔二年（23B.C.）：「秋，關東大水，流民欲入函谷、天井、壺口、五阮關者，勿苛留。」可知此爲新關中防線之所在。

〔註115〕 《漢書・百官公卿表》：「中尉，秦官，掌徼循京師。」《玉海・兵制》（南京：江蘇古籍出版社據清光緒九年浙江書局刊本影印，1987 年）：「漢宮城內爲南軍，宮尉屯兵屬焉，衛尉主之。宮城門外爲北軍，京輔兵屬焉，中尉主之。」

〔註116〕 關於漢武帝廣關政策的分析及設立三輔的意義，詳見崔在容〈西漢京畿制度的特徵〉，《歷史研究》1996 年 4 期。

〔註117〕 《漢書・宣帝紀》注引應劭曰：「水衡與少府皆天子私藏耳」；《漢官儀》：「少府掌山澤陂池之稅，名曰禁錢，以給私養，自別爲藏」。故知告緡所得全入私藏，以供天子之用。

〔註118〕 《漢書・武帝紀》未記「大修昆明池」一事於何年，然依文意考之，當在算緡後。

戰以伐南越，事實上卻是拿來供天子遊觀〔註119〕。故「大修昆明池」後，又「列館環之」，再「治樓船，高十餘丈」，使武帝好大之欲得以滿足。

而武帝見樓船之壯觀，遂思作高臺以登臨。元鼎二年春，始作高數十丈之柏梁臺，「宮室之修，由此日麗」。前有文景之富耗敝一空之經驗，但武帝並未記取教訓，繼續揮霍無度，此又一變。

29. 二十九變：田沒田，徙奴婢，官籮穀

告緡所得，除了財物之外，還有沒收的田地和奴婢。於是武帝在水衡、少府、大農、太僕之下各置農官，負責管理沒入的田地。然後把各地沒入的奴婢，全部遷徙到關中來，讓他們在御苑中負責照顧狗馬禽獸，及分配到各個官府去勞作。

為了管理沒入財物，官吏員額增加，再加上奴婢人數龐大，所以關中所需要的糧食大增。孝惠、高后時，關東漕運到關中的糧食，「歲不過數十萬石」；而武帝此時，每年「下河漕度四百萬石」還不夠，得再加上官府買糧，才足以應付所需。消費人口增加，生產人口減少，此又一變。

30. 三十變：株送徒，入財補郎

武帝自己作樓船、修宮室、養狗馬禽獸，卻不許百姓風俗奢靡。於是命有司逮捕「鬥雞走狗馬，弋獵博戲」的富家子弟，又使其互相檢舉，株連數千人之多，名曰「株送徒」〔註120〕。

此外，武帝又開放入財補郎〔註121〕。蓋漢世郎官乃中樞親貴之職，得以隨侍天子，「掌守門戶，出充車騎」〔註122〕。更因長期與天子相近，極易升遷，故漢代公卿大臣絕大多數出身郎官〔註123〕，遠非他職可比。而漢初選郎制度，主要有蔭任、貲選、孝廉、德行、明經、才藝、軍功等數途〔註124〕，其中或以才，或以德，或以功。即便是「貲選」，也只是以家財為基本標準〔註125〕，並非用以斂財。而如今不

〔註119〕 方苞《史記注補正‧平準書》（清康熙至嘉慶桐城方氏刻抗希堂十六種本）言：「昆明池所作樓船，雖以習水戰，不過用為游觀。而近粵之地，別有習戰之樓船，故特言『南方樓船卒』以別之」。

〔註120〕 《史記‧平準書‧索隱》：「先至之人令之相引，似若得其根本，則枝葉自窮，故曰：『株送徒』。」

〔註121〕 如黃霸即是，《漢書‧循吏傳》：「霸少學律令，喜為吏，武帝末以待詔入錢賞官，補侍郎謁者。」

〔註122〕 《漢書‧百官公卿表》。

〔註123〕 嚴耕望先生云：「復考秦漢大臣，絕大多數出身郎官。」對此現象有詳細分析，見〈秦漢郎吏制度考〉，《中央研究院歷史語言研究所集刊》23冊上，1951年，頁90。

〔註124〕 同上註。

〔註125〕 關於此點的分析，見王克奇〈論秦漢郎官制度〉頁352註1，收入安作璋、熊鐵基著《秦漢官制史稿》，濟南：齊魯書社，1984年。

問出身，凡入財即可爲郎，郎選益衰，影響國政甚巨，此又一變。

31. 三十一變：下粟賑災

元鼎二年（115B.C.），山東又發生大水災，災情比上次更嚴重。因爲過去還可以開郡國倉廥以賑民，及募豪富人以貸假。而如今山東每歲漕運四百萬石，郡國倉廥已無藏粟；再加上富者皆因告緡而破家，亦無處可貸假。山東因此到了「人或相食，方一二千里」的慘況，而武帝坐擁鉅產，卻不願開私庫以濟民，只好下令遷徙災民就食江南，然後下巴蜀之粟賑災，此又一變。

32. 三十二變：巡幸之費

天下慘況如此，而武帝還要巡幸天下，沿途要求地方官供應這支龐大隊伍的所需。由於事出不意，官員準備不及，紛紛因此獲罪。元鼎四年（113B.C.），武帝巡幸汾陰，河東守不辨行至而自殺。元鼎五年（112B.C.），武帝又巡幸隴西，隴西守因供應不及，亦自殺。

元鼎五年〔註126〕，武帝又率數萬騎北出蕭關，行獵新秦中，勒邊兵而歸。上距元狩四年冬（119B.C.）武帝遷山東災民於此，已有八年。八年之內，武帝未加聞問，這才發現新秦中千里之內，竟無亭隧塞徼以禦邊。於是武帝大怒，誅殺北地太守以下的官員。而此時朝廷極缺馬匹〔註127〕，於是令民畜牧邊縣，由朝廷提供官馬爲種，三年收十一之息〔註128〕，更以不受「告緡」獎勵之，以勸民徙邊，充實新秦中人口，此又一變。

33. 三十三變：治道供具

元鼎四年（113B.C.），武帝因得寶鼎祥瑞，立后土、太一祠，欲行封禪之事。天下郡國皆預先修好道路橋樑，準備行宮，沿馳道各縣更積儲大量的食物用品，耗用大量民力、物力，以待武帝行至。至此天下騷動，地方財富耗竭，此又一變。

34. 三十四變：征南越西羌，開田斥塞

元鼎五年（112B.C.），武帝遣韓千秋欲斬南越相呂嘉，於是南越遂反。同一年，「西羌眾十萬人反」〔註129〕，漢廷兩面受敵，必須立刻徵集大軍出征。而山東因連年災荒，百姓流離，早已無兵可徵。於是赦天下囚犯爲卒，與南方樓船卒會合，共發二十餘萬人擊南越。元鼎六年，「發隴西、天水、安定騎士及中尉，河南、河內卒

〔註126〕《通鑑》繫此事於元鼎五年。
〔註127〕《史記・衛將軍驃騎列傳》：「自大將軍圍單于之後，十四年而卒。竟不復擊匈奴者，以漢馬少，而方南誅兩越，東伐朝鮮，擊羌、西南夷，以故久不伐胡。」
〔註128〕《史記・平準書・集解》引李奇曰：「謂與民母馬，令得爲馬種；令十母馬還官一駒，此爲息什一也。」
〔註129〕《漢書・武帝紀》。

十萬人」〔註130〕，以征西羌。

而武帝為防匈奴，更積極開墾西北。元鼎六年，先令數萬人度河築令居城〔註131〕。又置張掖、酒泉郡，以扼守河西。沿西北邊境之上郡、朔方、西河、河西四郡，皆開田官，斥塞卒六十萬人戍田〔註132〕。糧食、兵器、馬匹，皆由內地轉運數千里供應，百姓困愁，天下騷動〔註133〕。國家財政負荷日劇，此又一變。

35. 三十五變：畜馬出馬

國家連年戰爭，馬匹嚴重缺乏，而國庫也沒錢買馬〔註134〕。於是下令強迫封君至三百石之官吏必須出馬，國家則設亭畜牧這些上繳之馬匹，此又一變。

36. 三十六變：創郡、誅討，仰給大農

漢朝連兵三歲，滅南越，擊西羌，平東越，於其地及西南夷設初郡十七〔註135〕。所謂「初郡」，指的是非漢族地區的新開之郡，不收賦稅，其用度則由和它相近的郡來負擔〔註136〕。初郡時時小反，又不得不出兵鎮壓，於是大農經營均輸、鹽鐵所得來的財富，都花在這些戰爭上面，此又一變。

37. 三十七變：置平準

軍費開支浩繁，但天下已積儲一空，所有理財手段幾乎用盡，還是無能應付戰費。而武帝還想求仙，還想封禪，還想完成很多很多的夢想，這樣樣都需要錢。而戰爭造成的物資消耗、生產減少和需求增加，更使物價飛騰，財政惡化。元封元年（110B.C.），武帝任命桑弘羊領大農，掌管全國財政，就是希望能解決這些問題。而桑弘羊想出來的辦法，就是「平準」。

在桑弘羊來看，過去的均輸政策因為由地方官府各自進行，常有自相競爭的情況出現，造成物價飛騰，且運費負擔又大，所得或入不敷出，因此有必要統籌「均輸」的施行。為了打擊商賈，平抑物價，增加政府收入，桑弘羊推行了以下的措施：

〔註130〕《漢書・武帝紀》。

〔註131〕《史記・匈奴列傳》：「是後匈奴遠遁，而幕南無王庭。漢度河自朔方以西至令居，往往通渠置田官，吏卒五六萬人，稍蠶食，地接匈奴以北。」

〔註132〕關於此三事之相關年代考證，詳見陳夢家〈河西四郡的設置年代〉，收於氏著《漢簡綴述》，中國社會科學院考古研究所編，北京：中華書局，1980年。

〔註133〕《鹽鐵論・繇役》文學曰：「古者無過年之繇，無逾時之役。今近者數千里，遠者過萬里，歷二期。長子不還，父母愁憂，妻子詠歎。」

〔註134〕《漢書・武帝紀》：「元狩五年，天下馬少，平牡馬匹二十萬。」

〔註135〕根據陳夢家〈河西四郡的設置年代〉一文考證，初郡十七為（1）元鼎六年平西羌後，置張掖、酒泉二郡；（2）元鼎六年定越地後，置南越九郡；（3）元鼎六年至元封二年，，定西南夷以為武都、牂柯、越巂、沈黎、汶山、益州郡。

〔註136〕原文「各以地比給初郡吏卒奉食幣物」，《漢書食貨志集釋》頁265金少英按：「比，《廣雅・釋詁》：『近也』。各以地比，謂各就其地之所近，以給初郡也。」

（1）擴大「均輸」：將均輸的對象由貢物而擴及賦稅，範圍則擴大至全國。官方由原本的徵收金錢，改為徵收在遠地價貴，而在本地常為商賈轉販之物為賦稅。這樣老百姓的稅不變，但物產運至他地則可賣得高價，國家的收入因此大為增加。

（2）設置「平準」：在各縣設置「均輸鹽鐵官」，負責徵收轉輸物產。其上設置大農部丞數十人，分掌各郡國之物價與物資狀況，並主持貨物之賤買貴賣。最上則設置「平準」于京師，總控天下貨物之出入，並將各地販賣所得之金錢，統一輸送至此。

故「均輸」和「平準」，實乃一體之兩面。「平準」統籌各地官府買賣，「均輸」徵收天下貨物轉輸，兩者相輔相成。如此一來，朝廷盡籠天下貨物，商人不能上下取利，物價自然平抑，而天下之利則盡歸上有。

武帝聞平準之法，以為然而許之。〈平準書〉記載其實行效果曰：「於是天子北至朔方，東到太山，巡海上，並北邊以歸。所過賞賜，用帛百餘萬匹，錢金以巨萬計，皆取足大農」，可見平準獲利之巨。而桑弘羊又建議吏可以入粟補官，罪人可以入粟贖罪，百姓可以入粟而終身免役，不受告緡。於是天下一切賞罰，皆以財富取捨。平準加上入粟，結果就是「民不益賦而天下用饒」，興利之術至此無可再變，亦無以復加。

總三十七變而言，武帝即位之初，天子有錢，百姓有錢，公私之富極矣。後經九變之耗敝，局面一變而為天子沒錢，百姓也沒錢，而事益煩，財益屈。而後又經二十八變，聚斂之術推陳出新，得民財物以億計，天子之用反以饒。但是以武帝的揮霍無度，就算再有錢，也還是有花完的一天，最後只有盡籠天下一切利以為己有。故「平準」者，實乃武帝理財之術不得不出的最後一著。

然「平準」者，其準實未平也。天下物價之所以飛騰，最主要的原因就是武帝的戰爭和奢侈，造成需求增加，生產減少所致。如果不解決這個根本的問題，物價永遠不會平抑。而「平準」名曰「民不益賦」，實則為對百姓之重重盤剝：

（1）二重買賣剝削：百姓原本的稅賦只是繳納粟米或金錢，就算用粟和商人換錢，中間最多承受一層剝削。而今官府強迫百姓繳納原本並不生產的東西。如遠地布貴，則命農民亦需繳布，於是農民只好賣粟換錢，再拿錢買布，商人自可降低粟價，再提高布價，等於是二重剝削。

（2）官商勾結牟利：再加上奸商常與官吏勾結，事先得知消息，囤積貨物〔註137〕。

〔註137〕《史記・酷吏列傳》：「上問（張）湯曰：『吾所為，賈人輒先知之，益居其物，是類有以吾謀告之者。』湯不謝。湯又詳驚曰：『固宜有。』」此雖為平準前事，但可

趁農民為官府所急斂之時，賤價買入穀物，再高價賣出官府所指定之物品。若百姓自行持物繳納，則官吏多加刁難，「高下在口吻，貴賤無常」〔註138〕。官商勾結牟利，百姓更是苦不堪言。

（3）物價加速飛騰：而天子自為商賈，並收天下貨物，以待價貴而賣，這只會使物價加速飛騰。百姓已受雙重剝削，而各項民生必需品不是被朝廷壟斷，就是被奸商囤積，更是民不聊生。

因此在《鹽鐵論・本議》中，文學敘述當時施行「均輸」和「平準」的實際情況為：

古者之賦稅於民者也，因其所工，不求所拙。農人納其穫，女工效其功。今釋其所有，責其所無。百姓賤賣貨物，以便上求。間者，郡國或令民作布絮，吏恣留難，與之為市。吏之所入，非獨齊、阿之縑，蜀、漢之布也，亦民間之所為耳。行姦賣平，農民重苦，女工再稅，未見輸之均也。

縣官猥發，闔門擅市，則萬物并收。萬物并收，則物騰躍。騰躍，則商賈侔利。自市，則吏容姦。豪吏富商積貨儲物以待其急，輕賈姦吏收賤以取貴，未見準之平也。

由此可知，「平準」根本就打擊不了商賈，平抑不了物價。表面上「民不益賦而天下用饒」，實際上卻是百姓「賤賣貨物，以便上求」。物價飛騰，則由百姓負擔；並收萬物，則由朝廷取利。故自「平準」之法興，而天下之財搜刮無遺；亦自「平準」之法興，而天子朝廷之體統全失。太史公深惡痛絕，故不憚原原本本，歷敘三十七變而言之，故曰「事勢之流，相激使然」，其意在此。

三、竭財奉上與詐力相生

以上為〈平準書〉之主要內容及其分析，而本文旨在探討太史公之作意。欲探討作意，則必自〈平準書〉之敘目及「太史公曰」始，由此入手加以會通，方不至於成為無根之談。太史公於〈自序〉敘目中，敘述〈平準書〉之作意為：「維幣之行，以通農商；其極則玩巧，并兼茲殖，爭於機利，去本趨末。作〈平準書〉，以觀事變，第八」；〈平準書〉之「太史公曰」亦以錢幣與理財貫串全文，而引出世風之變。故欲明〈平準書〉之作意，則須由錢幣與理財制度入手，方知何謂「以觀事變」、「承敝通變」，也才能進一步深察太史公之用意。

大凡古今政府遇財用不足，其開源之法大略有四：增加賦稅、發行貨幣、公營專賣和發行公債。當然，漢代尚無公債，但他們有一種今天沒有的辦法，就是「賣

──一窺漢代官商勾結情形。

〔註138〕《鹽鐵論・禁耕》。

爵贖罪」。這四種方法各有其優缺點，茲分述其在漢初的實行情形如下：

（一）增加賦稅

　　就是向一般百姓加稅，將百姓的財富直接轉移到朝廷這邊來。這種辦法的好處是不易造成通貨膨脹，因為物資和貨幣的數量並沒有增減，只是財富的分配改變了；但壞處是對百姓的切身生活影響最大，造成的苦痛也最直接。

　　漢代自開國以來，在財政上，一直是採取輕徭薄賦的政策。〈平準書〉言「量吏祿，度官用，以賦於民」，文景時常課徵十五分之一或三十分之一的田租，甚至於免租。為什麼呢？因為要懲「亡秦之弊」。秦朝即因無限制的加稅，「一歲屯戍，一歲力役，三十倍於古；田租口賦，鹽鐵之利，二十倍於古」〔註139〕，造成天下百姓卒起亡秦。殷鑑不遠，漢初諸帝是不會再重蹈覆轍的。

（二）賣爵贖罪

　　即人民可以用入粟的方式，得以拜爵或贖罪。此法乃文帝時鼂錯所建議，其目的有三：

　　（1）主用足：國庫除賦稅外，得以另開財源，充實朝廷用度。

　　（2）民賦少：能入粟以受爵者，必為富人〔註140〕。國家取用於富民，則貧民之賦可損，所謂損有餘補不足，可以促進社會公平。

　　（3）勸農功：國家受粟不受錢，則民必貴粟。如此可鼓勵百姓務農，增加生產。

　　此法確是一舉三得，因此文景兩帝都加以推行，也取得極大成效〔註141〕。但必須注意的是，文景時代的賣爵或贖罪，仍有一定的限制：第一，賣爵不是賣官，亦不得補吏，只是可以提高社會地位和免去徭役〔註142〕。何以知買爵者不能補吏？因為官吏員額一定，但爵位數目無限，故鼂錯說：「爵者，上之所擅，出於口而亡窮」〔註143〕；第二，〈平準書〉言景帝時「及徒復作，得輸粟縣官以除罪」，可知文景前只可贖「徒復作」之類服勞役的輕罪〔註144〕，並非一切罪皆可入粟贖之。

〔註139〕《漢書‧食貨志》引董仲舒之言。

〔註140〕《漢書‧食貨志》引鼂錯言：「今農夫五口之家，……，其能耕者不過百畝，百畝之收不過百石」。而文帝時想要買到能免一人徭役的五大夫爵位，至少要四千石，是一般農夫之家四十年的收入。

〔註141〕據《漢書‧食貨志》的記載，當時入粟使邊食足支五歲，各郡縣儲藏足支一年以上。

〔註142〕《漢書‧食貨志》引鼂錯言：「令民入粟受爵至五大夫以上，乃復一人耳」。

〔註143〕《漢書‧食貨志》。

〔註144〕漢襲秦法，犯輕罪之人，須服勞役以抵罪，男曰「徒」，女曰「復作」。如《漢官舊儀》：「男為戍罰作，女為復作，皆一歲到三月」，《漢書‧宣帝紀》顏師古注引李奇曰：「復作者，女徒也。謂輕罪，男子守邊一歲，女子軟弱不任守，復令作於官，

（三）公營專賣

即政府規定某些物資只能官賣，例如古代的鹽、鐵、酒或今天的煙、石油等。它的好處是不易引起通膨，也不會直接造成百姓負擔；但壞處是由於官方壟斷，缺乏競爭，易使生產效率和產品品質下降。尤其是朝廷為了增加收入，專賣的多是民生必需品，因此對百姓的生活影響更大。

漢初開國，為了促進生產，所有物資都開放民間自由買賣，如《史記・貨殖列傳》所言「漢興，海內為一，開關梁，弛山澤之禁，是以富商大賈周流天下，交易之物莫不通，得其所欲」。直到武帝之前，並沒有所謂的專賣出現。

（四）發行貨幣

即政府以強制力發行新幣，並規定其購買力的行為。它的好處在於，因為新貨幣的面額及數量，可由政府決定，故能立即解決財源不足的問題；但壞處在於，如果控制不好，將會引起通貨膨脹。更嚴重的是，會讓百姓對貨幣和國家信用失去信心。

漢初因秦末之大亂，國家窮困，「自天子不能具鈞駟，而將相或乘牛車，齊民無藏蓋」，因此恢復國富成了當務之急。但是漢初將相，一方面沒有管理全國財政的經驗，誤以為貧窮是不夠有錢，也就是錢的數量不足所致〔註145〕；另一方面又因中央銅料缺乏〔註146〕，惟有將貨幣減重，開放民間私鑄重量極輕的「莢錢」，連黃金的單位也由一鎰（二十四兩）減成一斤（十六兩）。但貨幣增加了，物資並沒有相對變多，造成嚴重的通貨膨脹，「米至石萬錢，馬一匹則百金」。

到了文帝時，這個問題仍未解決。因此文帝採用了三種方法，來穩定幣值〔註147〕：

1. 勸農功，親率耕，以獎勵農業，增加生產。
2. 實行通貨緊縮，對外不用兵，對內不興造，各種賑恤多用實物，賦稅所收的

亦一歲，故謂之復作徒也」。然陳直先生認為：「罰作為一歲刑。罰作一名復作，是男女工作的統稱，不是如文獻舊說，男稱罰作，女稱復作。居延木簡，男徒稱為復作，可以證明」，見〈關於兩漢的徒〉，收入氏著《兩漢經濟史料論叢》，西安：陝西人民，1958年。

〔註145〕 彭信威《中國貨幣史》頁85：「當時執政的人，無疑以為國家的窮困，是因為沒有錢去買，把貨幣當成是普通財富，而且以為他的購買力是不變的。因此以為鑄錢就是生產。至少以為有了錢便可以購買各種各樣的消費品。所以讓人民自由鑄錢，似乎只要國內貨幣數量增加，國家和人民便富足了。中國歷史上第一次大規模而有紀錄的貨幣減重行為，便是在這種情形下發生。」

〔註146〕 陳直《漢書新證・食貨志》（天津：天津人民出版社，1979年）頁169：「西漢初期，漢廷只有直轄十五郡，其餘分封諸王。十五郡之中，僅蜀郡嚴道是產銅地區。考西漢產銅最豐富者，主要在丹陽郡，屬於吳王濞範圍。疑漢廷因銅料缺乏而鑄莢錢，不得已託辭因秦錢太重而改鑄也。」

〔註147〕 關於此點的分析，見彭信威《中國貨幣史》頁86。

錢則儲存國庫。

3. 增加錢幣的重量，廢除莢錢，改鑄較重的四銖錢，這樣幣值才穩定下來。

當然，幣值能夠平穩的主要原因，並非錢幣本身的重量增加，而是生產力的恢復所致。而依〈平準書〉所記，四銖錢一直用了四十餘年，物價恢復平穩，「天下殷富，粟至十餘錢」〔註148〕。和漢初的情形相比，可以說是大不相同。

清楚四種方法的優缺點及漢初的實行情形後，我們再讀〈平準書〉，就能瞭解武帝理財措施所造成的影響。

武帝一朝，由於積極對外征伐，導致人丁死傷慘重。又為支援戰爭進行，投入大量的勞力和物資，因此招致災荒，生產減少，物資不足。而這不多的物資，不但要供應軍隊，賞賜將士，還要畜養戰馬，供應匈奴來降者的衣食。國家的財政困境，實已到了極嚴重的地步。在這樣的情況下，武帝不得不另闢財源，而最先使用的方法就是「賣爵贖罪」。但是武帝的賣爵和文景的賣爵，有著極大的差異：

1. 武帝所賣的爵叫「武功爵」，是為了解決遠征匈奴後的賞賜及軍費問題而發明的。武帝一改文帝以來入粟的方式，而改成受錢賣爵。如此一來，原本「勸農功」的功效就沒有了。

2. 賣爵的價格大為提高，文帝時五大夫之爵價值四千石，而武功爵中和「五大夫」相當的「千夫」之爵，價值一百一十九萬錢，以《史記·貨殖列傳》中的米價來計算，約值三萬八千石左右。賣價提高九倍有餘，可見當時軍需消耗之驚人。

3. 而影響最大者，武帝的賣爵是可以補吏的。而不賣武功爵之將士，則可越等為官，「大者封侯卿大夫，小者郎吏」。而行軍功及買爵補吏的結果，就是「吏道雜而多端，則官職耗廢」了。

4. 贖罪也從「徒復作」變成連「禁錮」之罪也可以贖。蓋漢法規定，賈人、贅婿及贓吏，皆禁錮不得為吏，以維護政治之清廉。如今只要有錢，不論是何出身，皆可買武功爵補吏，政治風氣只有更加敗壞。

吏道雜，官職廢，風氣壞，這就是賣「武功爵」所造成的後果。

而賣武功爵所得之財，仍然經不起武帝種種揮霍，只好再覓財源。所選擇之法，就是成效最快，可是副作用也最大的「發行貨幣」。元狩四年（119B.C.），造皮幣及白金，並發行三銖錢。發行三銖錢是為了將貨幣減重，以增加發行數量，但因為減量輕微，於事無補。皮幣值四十萬，但僅供諸侯朝覲聘享之用，影響不大。真正影

〔註148〕《史記·律書》。

響重大的是白金三等，由於它的面額遠比造價為大，又沒有規定成色，自然引起百姓紛紛盜鑄。

既知面額和造價差距太大，就會引起盜鑄，朝廷為何還要發行這樣的貨幣？因為朝廷財匱，如果發行「本末相稱」的貨幣，就無利可圖。當然，超值的貨幣不是不能發行，但必須是在有充分物資準備的情況下。如果沒有，那就是朝廷在欺騙百姓，藉造幣斂財。而百姓也不笨，既然白金可獲大利，自然是天下都瘋狂盜鑄白金。加上物資生產減少，通貨膨脹就更為嚴重，朝廷的信用也隨貨幣而一同貶值。結果就是「幣數易而民益疑」〔註149〕，幣值越來越不穩定。根據〈平準書〉，武帝一朝一共發行了四次新貨幣：

元狩四年（119B.C.）	令造白金，鑄三銖錢。
元狩五年（118B.C.）	罷三銖錢，行五銖錢。
元鼎三年（114B.C.）	行赤側錢，白金歲餘終廢。
元鼎四年（113B.C.）	前鑄皆廢，行三官錢。

第一次發行的白金，還能維持六年多。第二次發行的五銖錢，只維持了五年。第三次發行的赤側錢，不到兩年就垮了。新貨幣維持的時間，一次比一次短，而所造成的問題卻一次比一次嚴重。太史公所處的，正是這樣一個貨幣波動極其劇烈的時代。相對於前此四十餘年文景時代穩定的幣制，如今前後三次發行新貨幣的失敗，對百姓的生活造成極大的苦痛。而這一切，完全因武帝想要藉造幣斂財所致，難怪〈自序〉敘目中要說「維幣之行，以通農商，其極則玩巧，并兼茲殖」了。

至此，武帝前期的理財兩大辦法皆已技窮。賣爵已然太濫，「民多買復及五大夫，徵發之士益鮮」，連徭役來源都有問題。貨幣信用早已破產，如果沒有物資準備，再發行新幣只是徒然使物價飛騰，受苦的還是一般老百姓。既然買爵和發行貨幣都已不可行，這時能選擇的辦法，就只剩兩種：公營專賣和增加賦稅。於是武帝決定雙管齊下，一方面實行鹽鐵專賣，一方面決定開徵對商人的特別稅，也就是所謂的「算緡」和「告緡」。

為推行鹽鐵專賣，武帝任用大鹽鐵商人東郭咸陽、孔僅為鹽鐵丞，專門負責此事，底下的官吏多由商賈擔任。這樣一來，固然為國家帶來大量財富，但是連帶也造成負面影響：

1. 官方專賣後，不但鹽鐵的品質急劇下降，同時為了應付財政需要，又抬高價

〔註149〕《鹽鐵論‧錯幣》。

格強迫百姓購買。因此在《鹽鐵論》之中,賢良、文學即言:

> 縣官鼓鑄鐵器,大抵多為大器,務應員程,不給民用。民用鈍弊,割草不
> 痛,是以農夫作劇,得獲者少,百姓苦之矣。

> 故民得占租鼓鑄、煮鹽之時,鹽與五穀同價,器和利而中用。……今總其
> 原,壹其價,……鹽、鐵價貴,百姓不便。貧民或木耕手耨,土耰淡食。
> 鐵官賣器不售,或頗賦與民。(《鹽鐵論・水旱》)

> 縣邑或以戶口賦鐵,而賤平其準。(《鹽鐵論・禁耕》)

當時卜式上書所說的「鐵器苦惡,賈貴,或彊令民賣買之」,指的就是這種情況。

2. 除了質惡價高強買外,有時煮鑄進度不及,還要強迫百姓幫忙。甚至連鹽、
鐵的運輸,都要各地百姓負責。在《鹽鐵論》中,賢良、文學也說明了這樣的情況:

> 卒徒作不中程,時命助之。發徵無限,更繇以均劇,故百姓疾苦之。(《鹽
> 鐵論・水旱》)

> 良家以道次發僦運鹽、鐵,煩費,百姓病苦之。(《鹽鐵論・禁耕》)

因此當時的鹽鐵專賣,等於是國家變相的將營運成本,轉嫁到百姓身上,自然是民
怨沸騰。

3. 「重農抑商」乃高祖以來之國策,目的就是不希望百姓皆欲爭利,而不願為
農。如今武帝一反常態,重用商賈為吏,則天下之民自然「爭於機利,去本趨末」了。

然而,鹽鐵專賣所帶來的利潤是很高的。因此使武帝不但無視以上現象,反而
積極的將國營買賣的對象,擴大到各地的貢物上,這就是後來「均輸」的先聲。

而「算緡」和「告緡」的推行,更替武帝帶來了大量的財富。「告緡」以沒入財
產一半獎之,這樣高額的獎金,自然使百姓告發不絕。於是「告緡」施行之後,武
帝「得民財物以億計,奴婢以千萬數,田大縣數百頃,小縣百餘頃,宅亦如之」,而
這些財物全歸天子一人所有。影響所及,已經不只是少數的大奸商破產,而是百姓
「中家以上大率破」。由於算緡是根據蓄藏的貨物來計算,於是百姓多盡力揮霍財
富,不願蓄藏。而運輸工具如車、船的課稅,更是造成貨物流通上的不便。大量消
費再加上流通不便,物資只有更加減少,於是更刺激物價的飛騰。

由於實行鹽鐵專賣和算緡、告緡,大量的民間財富流入中央,朝廷有了這些物
資作為準備,方可將貨幣發行權收歸中央,於是三官五銖錢的幣值才得以穩定。如
果武帝拿聚斂的財富,來從事民生事業或投入生產部門,那倒也還是一個轉機。但
是武帝沒有,他是拿這些財富來盡情揮霍,大修昆明池、治樓船、作柏梁臺、大修
宮室、養狗馬禽獸。樓臺宮室尚不足欲,於是又巡行郡國、求神封禪,最後還是拿

這些財富再去發動戰爭，二十餘萬人擊南越，數萬人擊西羌，又數萬人度河築令居，又用六十萬人戍田。所以專賣和告緡得來的大量財富，又被揮霍一空。

國庫再耗一空，武帝只有在原先的方法上變本加厲。爵位越賣越高，從原本的買爵者只能補吏，到後來的可以補官，再到最後的可以補郎；贖罪越贖越甚，從贖「徒復作」，到贖「禁錮」，到連死罪也可以贖〔註150〕，故曰「入物者補官，出貨者除罪」。官吏可賣，死罪可贖，則朝廷無有不可賣者。最後天子索性自為商賈，先籠鹽鐵之財，再收貢物之利，最後天下之貨皆由朝廷販賣，於是「平準」出焉。至「平準」則武帝興利之術已無可復加，是故〈平準書〉終於「平準」制度之設立，而不復多言。

綜觀武帝所謂「理財」，實乃用詐力以斂天下之財。封君有財，則先命皮幣薦璧，以詐分其財〔註151〕；詐術窮，則復令酎金失侯，以力收其國。富民有財，則先誘之以買爵補吏，以詐取其財；詐術窮，則復言以差出馬，以力得其資。商賈有財，則先更錢造幣，以詐斂其財；詐術窮，則復用告緡，以力沒其業。百姓有財，則先作價貴苦惡之鐵器，以詐納其財；詐術窮，而民不從，則以力強令民買之。欲用詐，則不得不官商賈；欲用力，則不得不進酷吏。詐力之術，輾轉相生而無窮，於是見「平準」之法不得不出。蓋平準者乃詐力之集大成，詐言抑天下之物，實乃以力籠天下之貨，而為天子一人之專利。太史公曾於《史記・周本紀》引大夫芮良夫之言以論專利：

> 夫利，百物之所生也，天地之所載也，而有專之，其害多矣。天地百物皆將取焉，何可專也？所怒甚多，不備大難。以是教王，王其能久乎？夫王人者，將導利而布之上下者也。……今王學專利，其可乎？匹夫專利，猶謂之盜，王而行之，其歸鮮矣。

在太史公來看，「匹夫專利，猶謂之盜」，天子專利，將謂之何？〈貨殖列傳〉言「本富為上，末富次之，姦富最下」，「平準」以詐力爭天下之利，不是最下之「姦富」是什麼？又云「善者因之，其次利道之，其次教誨之，其次整齊之，最下者與之爭」，以天子而同于商賈，與商賈爭利，這能不說是「最下者與之爭」嗎？清代學者徐枋

〔註150〕《漢書・武帝紀》記元漢四年（97B.C.）秋九月「令死罪入贖錢五十萬減死一等」，其後太始二年（95B.C.）又重申此詔令。而武帝時，以財贖死之例極多。如《史記・萬石張叔列傳》：「慶中子德，……後為太常，坐法當死，贖免為庶人」；《史記・李將軍列傳》：「廣以衛尉為將軍，出鴈門擊匈奴。匈奴兵多，破敗廣軍，生得廣，……，以故得脫。於是至漢，漢下廣吏。吏當廣所失亡多，為虜所生得，當斬，贖為庶人」；《史記・淮南衡山列傳》：「其非吏，他贖死金二斤八兩」。

〔註151〕〈平準書〉記當時大農顏異言：「今王侯朝賀以蒼璧，直數千，而其皮薦反四十萬，本末不相稱。」

更言之：

> 故富國足民之本在於節用愛人，與民休息，如文景之蠲租除稅，而天下以
> 富可見矣。太史公意以為文景之蠲租除稅，節用省事，而以富天下者，此
> 本富也。太公管仲之設輕重九府，越王計然之流行錢幣，而以富其國，此
> 末富也。若楊可之告緡，桑弘羊之筦利，以饒上之用，此特盜賊之行耳，
> 此所謂姦富也。奇人之財以自贍，攘人之食以自腴，而且深其文巧其目，
> 殺人以濟之，不謂之盜賊而何？《居易堂集》卷十〈書平準書後〉）〔註152〕

故平準者，大盜之術也。四海之內，封君則「坐酎金失侯者百餘人」，商賈則「中家
以上大率破」，百姓則「人或相食」，惟有天子「用帛百餘萬匹，錢金以巨萬計，皆
取足大農」。表面上是「民不益賦而天下用饒」，實際的結果卻是「海內虛耗，戶口
減半」〔註153〕。說穿了，正是「以四海養一人」。

　　蓋上專利而與下爭，則百姓必多觸法。百姓觸法，則不得不用嚴刑。法嚴刑酷，
則公卿大夫莫不「諂諛取容」以自保；天子專利，則百姓只能「抏獘巧法」以自存。
嗚呼！武帝所敗壞者，又豈止文景以來之積儲，乃至「海內殷富，興於禮義」之安
寧局面，「人人自愛而重犯法，先行義而後絀恥辱」之淳美世風，亦隨之而隳壞殆盡。
故黃震云：

> 因兵革而財用耗，因財用而刑法酷，沸四海以為鼎，生民無所措手足。殆
> 至末年，平準之置，則海內蕭然，戶口減半，陰奪於民之禍於斯為極。（《黃
> 氏日抄》卷四十六〈史記〉）〔註154〕

史公眼見世風之變而深痛之，故特以「平準」名書。故正文結之以「烹弘羊，天乃
雨」，以示天下對此興利之臣、聚斂之舉的痛恨〔註155〕。

　　然「平準」之術雖為桑弘羊建議，實乃武帝以為然而許之，所取之財亦天子
一人用之。而觀〈平準書〉全篇，武帝無一言省其過，先歸罪富商大賈，再歸罪
列國封君，三歸罪逐利之徒，四歸罪盜鑄吏民，五歸罪博游子弟。又曰以富者不
佐天子故興告緡，以民巧法故用酷吏。最後懲惡則「犯者眾，吏不能盡誅取」，勸
善則「佈告天下，天下莫應」。於是上自列國諸侯，下至天下吏民，莫不有罪也。
三代之世，先本絀末，故言「萬方有罪，罪在朕躬」〔註156〕；武帝之世，去本趨

〔註152〕 上海商務印書館據涵芬樓影印固安劉氏藏原刊本影本，1936年。
〔註153〕 《漢書‧昭帝紀》贊：「承孝武奢侈餘敝師旅之後，海內虛耗，戶口減半」。
〔註154〕 清乾隆三十二年新安汪氏校宋刊本。
〔註155〕 〈平準書〉全書結於元封二年，下距征和〈報任少卿書〉尚有十餘年。可知正文結
　　　　 於「烹弘羊，天乃雨」，非書有未竟，實乃史公有意為之。
〔註156〕 《論語‧堯曰》：「予小子履，敢用玄牡，敢昭告於皇皇后帝：有罪不敢赦，帝臣不

末，而平準書若曰「天子無罪，罪在萬方」，以深諷武帝之耗敝天下，猶不自悟。故「太史公曰」以暴秦總結全〈書〉，言「竭天下之資財以奉其上，猶自以為不足」，實乃譏刺用興利之臣、行聚斂之舉的武帝與暴秦無異。而宋代史學家司馬光在總結武帝一生功過時也說：

> 孝武窮奢極欲，繁刑重斂。內侈宮室，外事四夷，信惑神怪，巡遊無度，
>
> 使百姓疲敝，起為盜賊，其所以異於秦始皇者無幾矣。〔註157〕

故所謂「無異故云」，又曰「曷足怪焉」，不平之心，見於言外，此即史公作〈平準書〉之微意也。

四、多欲、多故與反是

〈平準書〉敘事之時代順序，與其他七書相反。其正文敘今而不敘古，贊語敘古而不敘今，全文不自古代起敘，而始於「漢興，接秦之弊」。何謂「接秦之弊」？蓋自始皇以來，對外征伐不休，使「丈夫從軍旅，老弱轉糧饟，作業劇而財匱」、「海內之士力耕不足糧饟，女子紡績不足衣服」，天下苦不堪言，百姓遂卒起革命，於是方有漢興。

漢初「自天子不能具鈞駟，而將相或乘牛車，齊民無藏蓋」，上下財匱，物衰至此，無以復減。故高惠重農抑商以先本紬末，文景節用愛人以休養生息，務求百姓之庶而後富。如是七十餘年之功，方有武帝即位時「民則人給家足，都鄙廩庾皆滿，而府庫餘貨財。京師之錢累巨萬，貫朽而不可校。太倉之粟陳陳相因，充溢露積於外，至腐敗不可食。眾庶街巷有馬，阡陌之閒成群，而乘字牝者儐而不得聚會」之天下殷富局面。物盛至此，無以復加。

物極必反本是自然之理，如無善法以求持盈保泰，進一步由昇平而致太平，則未來的演變只有由盛轉衰。故太史公以「物盛而衰，固其變也」，替其後之「變」作一論斷。因此，史公也說：「事變多故，而亦反是」（〈平準書〉），又說：「變所從來，亦多故矣」（〈鄭世家〉）。凡有「變」，則必有其所以變之「故」；故欲通其變，則必先明其故。

武帝即位之初，天下安寧，四海富庶。外則「匈奴自單于以下皆親漢，往來長城下」〔註158〕，四邊無事；內則「諸侯稍微」〔註159〕，強幹弱枝局面已成。自三

蔽，簡在帝心！朕躬有罪，無以萬方；萬方有罪，罪在朕躬。」
〔註157〕《通鑑》漢武帝後元二年臣光曰，北京：中華書局校點本，1956年，頁747。
〔註158〕《史記·匈奴列傳》。
〔註159〕《史記·漢興以來諸侯王年表》序。

代以來，未有如此一統盛世之天子，何以後來會凋敝至「海內虛耗，戶口減半」之慘況？其因在於武帝之「多事」。〈平準書〉記武帝即位之前，「漢興七十餘年之閒，國家無事」。然文景時，外有匈奴入寇，內有諸呂、七國之亂，如何可以說是「無事」？其實，太史公所說的「無事」，並不是沒有事，而是不故意生事。匈奴入寇及諸呂、七國之亂，朝廷皆不得已而應之，並非願意生事，故謂之「無事」。反觀武帝初年，外則匈奴往來和親，內則諸侯臣服，天下殷富，本可以無事之局，反而要去生事，此之謂「多事」。

蓋〈平準書〉言及高惠文景之用度，多用「量」、「度」、「益」、「稍」等字，以明其謹慎恭儉，不敢輕用民力物力。武帝則不然，用民力則動輒「數萬騎」、「作者數萬人」、「興十萬餘人」、「軍十餘萬」、「士馬死者十餘萬」、「二十餘萬人」、「六十萬人」；用物力則動輒「費數十百巨萬」、「發車二萬乘」、「費凡百餘巨萬」、「費亦各巨萬十數」、「下河漕度四百萬石」、「其費以億計，不可勝數」。故天下雖大，四海雖富，亦不能承受武帝之多事而耗敝一空。

武帝為何「多事」？因為他好大喜功，故外則征伐匈奴，滅越擊羌，內則巡行郡國，大事更張，凡此種種作為，全是為了誇己之功，故〈自序〉言「臣下百官力誦聖德，猶不能宣盡其意」。誇功則必多事，多事則必輕用物力，輕用物力則必耗敝，耗敝則不得不患貧，患貧則不得不爭利。而總括〈平準書〉內武帝之行事，不過就是「功」、「利」二字〔註160〕。而其爭利之法，不外用詐力以聚斂。「貴為天子，富有天下」〔註161〕，尚患貧而用詐力，則諸侯封君乃至編戶之民，自亦莫不患貧，各用詐力交爭利。故〈平準書〉論世風，言文景則云「人人自愛而重犯法，先行義而後絀恥辱」，至武帝則多用「巧」、「姦」二字，如「百姓抏弊以巧法」、「易姦詐」、「多姦鑄錢」、「民巧法用之」，難怪最後「犯者眾，吏不能盡誅取」了。可知世風之變，實乃天子有以導之故也。

而「多事」之原，實生於「多欲」。《史記‧汲鄭列傳》中汲黯論武帝曰：「陛下內多欲而外施仁義，奈何欲效唐虞之治乎」；〈平津侯主父列傳〉嚴安則上書言：「行無窮之欲，甘心快意，結怨於匈奴，非所以安邊也」。是故「天下苦其勞」，百姓「千里負擔饋糧」、「人或相食」，其目的就為滿足天子無窮之欲。故徐枋論〈平準書〉曰：

> 太史公既深痛之，故明言之，且切言之，以為人君多欲即多事，多事則多
> 費，多費則天下貧而民俗壞，於是列治亂之效，陳得失之林，使後世知天
> 下雖大，四海雖富，而輕用之必敝也。（《居易堂集》卷十〈書平準書後〉）

〔註160〕《漢書‧食貨志》亦言武帝「外事四夷，內興功利，役費並興，而民去本」。
〔註161〕語見賈誼〈過秦論〉中篇、下篇。

故可知四海之敝，世風之變，其因皆起於人君之多欲。

故〈平準書〉於敘三十七變之中，突然夾入兩段專敘卜式之事，又以卜式之言作為正文結尾。何史公之重視卜式若斯？蓋卜式始不欲財（田宅財物盡予子弟），又不欲官，且無所欲言，以此牧羊，則羊多肥息，以之治民，則政便漕最。史公之微意，即在用卜式之不欲，來對照武帝之多欲，以明為政之本。史公故引其言曰「非獨羊也，治民亦猶是也」，即諷武帝以多欲治民，致黎民重困，猶不悟也。

〈平準書〉之「太史公曰」，言唐虞三代之世風為「安寧則長庠序」。所謂「安寧」者，即文景時所謂「國家無事」是也；所謂「長庠序」者，即「守閭閻者食粱肉，為吏者長子孫，居官者以為姓號。故人人自愛而重犯法，先行義而後絀恥辱焉」是也。何以能至此？因為天子貴德賤利，「先本絀末，以禮義防于利」，故能化民不爭。而在太史公來看，漢代能夠當此評價者，就只有漢文帝了。《史記》之中屢次推崇文帝，如〈文帝本紀〉曰：「專務以德化民，是以海內殷富，興於禮義」，〈景帝本紀〉贊云：「漢興，孝文施大德，天下懷安」，〈律書〉曰：「百姓無內外之繇，得息肩於田畝，天下殷富，粟至十餘錢，鳴雞吠狗，煙火萬里，可謂和樂者乎」，〈律書〉贊云：「人民樂業，因其欲然，能不擾亂，故百姓遂安。自年六七十翁亦未嘗至市井，游敖嬉戲如小兒狀」，〈文帝本紀〉之「太史公曰」則引孔子言以贊之：

> 孔子言：「必世然後仁。善人之治國百年，亦可以勝殘去殺」。誠哉是言！
> 漢興，至孝文四十有餘載，德至盛也。廩廩鄉改正服封禪矣，謙讓未成於今。嗚呼，豈不仁哉！

何以文帝能「勝殘去殺」且「百姓遂安」？因文帝不只是「有德」（「專務以德化民」），且有「大德」（「孝文施大德」），而其德能施於天下，故曰「德至盛也」。孝文之「德」從何而來？從他的「讓」與「仁」來，故太史公以「謙讓未成」、「豈不仁哉」作為對文帝的推崇。天子能讓，則天下重禮；天子行仁，則天下貴義，於是方能「海內殷富，興於禮義」。

然三代之德風，實陵遲衰微於周厲王之專利，故「太史公讀春秋曆譜諜，至周厲王，未嘗不廢書而歎」〔註162〕，歎什麼？歎厲王之好利、專利，故曰「亂自京師始」〔註163〕。亂自上始，則天下遂趨於亂，於是變至春秋戰國之世。夫好利則爭，諸侯所爭的就是國與天下，故「有國彊者或并群小以臣諸侯，而弱國或絕祀而滅世」。齊用管仲而成五霸之功，魏用李悝而開七雄之業，各國皆貴利賤德，爭以富國強兵。國君好利，百姓自然也趨而爭利，百姓所爭的就是財富，於是「庶人之富者或累巨

〔註162〕《史記‧十二諸侯年表》序。
〔註163〕《史記‧十二諸侯年表》序。

萬，而貧者或不厭糟糠」。諸侯爭天下，百姓爭財利，至此天下風俗一變而爲「貴詐力而賤仁義，先富有而後推讓」，三代重德貴讓之風蕩然無存，是故「太史公讀孟子書，至梁惠王問『何以利吾國』，未嘗不廢書而歎也」〔註164〕。

世風既變而爭利，爭的至大手段就是「詐」和「力」。太史公敘春秋戰國之變云「是後或力政，彊乘弱，興師不請天子，然挾王室之義，以討伐爲會盟主，政由五伯，賊臣篡子滋起矣」〔註165〕、「及田常殺簡公而相齊國，諸侯晏然弗討，海內爭於戰功矣。……務在彊兵并敵，謀詐用而從衡短長之說起·矯稱蠭出，誓盟不信，雖置質剖符猶不能約束也」〔註166〕、「方秦之彊時，天下尤趨謀詐哉」〔註167〕。爭利之風，至此而極，力戰不絕，詐僞無窮，詐力之術，輾轉相生，於是彊秦出焉。

夫彊秦者，「有虎狼之心，貪戾好利無信，不識禮義德行。苟有利焉，不顧親戚兄弟，若禽獸耳，此天下之所識也」〔註168〕，蓋「秦取天下多暴」〔註169〕，而六國終爲最擅詐力的暴秦所滅。然而秦之治天下，仍沿詐力之術而不改，即賈誼〈過秦論〉所說的「先詐力而後仁義，以暴虐爲天下始」、「執棰拊以鞭笞天下」。始皇之得天下，念念不忘的就是誇己之功，故其命臣下議帝號則曰「今名號不更，無以稱成功，傳後世」〔註170〕，巡幸天下六次刻石則屢言「祗誦功德」、「功蓋五帝」、「群臣相與誦皇帝功德」、「群臣誦功，請刻于石」、「惠論功勞」〔註171〕。功誇如此，而仍不足其心，於是築阿房、陵驪山、修長城，勞天下之民，以極其欲；欲極如此，而仍不足其心，於是北伐匈奴，南征百越，以「肆威快心」〔註172〕。故始皇「外攘夷狄，內興功業」，結果就是天下百姓不堪其苦，遂起亡秦，然後才有「漢興，接秦之獘」的局面出現。

武帝承文景之治，而不知以亡秦爲鑑。好大喜功，縱情極欲，征伐四夷，大興土木，求仙合藥，封禪以求不死，征利而繼之以酷刑，種種作爲皆與始皇如出一轍，於是世風因其所導而大壞。《漢書·東方朔傳》曾記載一段武帝與東方朔的問答：

> 時天下侈靡趨末，百姓多離農畝。上從容問朔：「吾欲化民，豈有道乎？」

〔註164〕　《史記·孟子荀卿列傳》贊語。
〔註165〕　《史記·十二諸侯年表》序。
〔註166〕　《史記·六國年表》序。
〔註167〕　《史記·樗里子甘茂列傳》贊語。
〔註168〕　《史記·魏世家》。
〔註169〕　《史記·六國年表》序。
〔註170〕　《史記·秦始皇本紀》。
〔註171〕　《史記·秦始皇本紀》。
〔註172〕　《史記·平津侯主父列傳》中主父偃上書引李斯諫始皇言：「靡獘中國，快心匈奴，非長策也」；徐樂上書言：「欲肆威海外，乃使蒙恬將兵以北攻胡」。

　　朔對曰：「堯舜禹湯文武成康上古之事，經歷數千載，尚難言也，臣不敢
　陳。願近述孝文皇帝之時，當世耆老皆聞見之。貴為天子，富有四海，身
　衣弋綈，足履革舄，以韋帶劍，莞蒲為席，兵木無刃，衣縕無文，集上書
　囊以為殿帷；以道德為麗，以仁義為準。於是天下望風成俗，昭然化之。
　今陛下以城中為小，圖起建章，左鳳闕，右神明，號稱千門萬戶；木土衣
　綺繡，狗馬被繢罽；宮人簪瑇瑁，垂珠璣；設戲車，教馳逐，飾文采，縠
　珍怪；撞萬石之鐘，擊雷霆之鼓，作俳優，舞鄭女。上為淫侈如此，而欲
　使民獨不奢侈失農，事之難者也。

　　唐虞三代「安寧則長庠序」之世風，至戰國一變而為「貴詐力而賤仁義，先富有
而後推讓」，其極則有暴秦之出，「嘗竭天下之資財以奉其上，猶自以為不足」也。文
景之世「人人自愛而重犯法，先行義而後絀恥辱」之世風，至武帝一變而為「百姓抏
獘以巧法」，其極則有「平準」之出，籠天下之利以為天子之用。天下前後兩次由治
反亂，竟然如此相似，其故安在？太史公觀察了古今兩次世風之變，得出以下的結論：

　　故書道唐虞之際，詩述殷周之世，安寧則長庠序，先本絀末，以禮義防于
　利；事變多故，而亦反是。是以物盛則衰，時極而轉，一質一文，終始之
　變也。

蓋〈平準書〉之目的，在於「以觀事變」、「承敝通變」。宇宙萬物生生不息，不曾稍
停，「變」實為天道之自然。所謂「終始」者，「終而有始」〔註173〕，「終始相生」
〔註174〕是也。世風由質而文，由文復質，終而復始，循環不絕，故曰「終始之變」
〔註175〕。然而，「變所從來，亦多故矣」〔註176〕，《說文》：「故，使為之也」。天命
本是「莫之為而為」、「莫之致而致」〔註177〕，既曰「使為之」，可見這是人力而不
是天命。「反是」者，反其道而行也〔註178〕。唐虞殷周「以禮義防於利」，而武帝「爭
於機利，去本趨末」，口欲效唐虞之治，而實反其道而行。「是以」二字，承前啟後，
闡明「物盛則衰，時極而轉」並非必然，天子因「多欲」而「多故」，因「多故」而

〔註173〕《易‧蠱卦‧象辭》。
〔註174〕《禮記‧樂記》。
〔註175〕關於《史記》中的「變」字的相關討論，請參考阮芝生，〈試論司馬遷所說的「通
　　　　古今之變」〉，收入《沈剛伯先生八秩榮慶論文集》，台北：聯經，1976年。
〔註176〕《史記‧鄭世家》。
〔註177〕《孟子‧萬章》：「莫之為而為者，天也。莫之致而致，命也。」
〔註178〕《史記‧儒林列傳》：「故求雨閉諸陽，縱諸陰，其止雨反是。」《論語‧顏淵》：「君
　　　　子成人之美，不成人之惡。小人反是。」《隋書‧刑法志》（北京：中華書局，1973
　　　　年）：「後（梁武）帝親謁南郊，秣陵老人遮帝曰：『陛下為法，急於黎庶，緩於權
　　　　貴，非長久之術。誠能反是，天下幸甚。』」

「反是」，才是造成「終始之變」、「物盛而衰」的根本原因。而〈平準書〉之所以將今古兩次世變，並列於正文及贊語之中，其寓義正在於此。

五、平準與世變

太史公作〈平準書〉，其目的在「以觀事變」、「承敝通變」。而〈平準書〉於平準設置之原由，首尾凡敘三十七變，以明文景完富之天下，孝武因多欲而多事，因多事而多費，因多費而患貧，於是見天子患貧求利之心日漸急迫。而所謂理財興利之術，實乃以詐力斂天下之財。詐力之術，輾轉相生而無窮，其極則籠天下之貨以為天子之利，於是不得不激出「平準」。

蓋平準者，實乃集詐力之大成，亦是武帝爭利之術的最後一著。表面上「平準」的目的在打擊商賈、平抑物價，使「民不益賦而天下用饒」；實際的結果卻是官商勾結，物價飛騰，百姓「賤賣貨物，以便上求」，致使「海內虛耗，戶口減半」。故篇末借卜式之口點出主旨：「縣官當食租衣稅而已，今弘羊令吏坐市列肆，販物求利。亨弘羊，天乃雨」，以明天下對此聚斂之舉的痛恨。

蓋「平準」之術雖桑弘羊所置，實乃武帝以為然而許之；其所取之財，亦天子一人用之。故史公在〈平準書〉正文歸罪桑弘羊，而在「太史公曰」中譏刺漢武帝：「古者嘗竭天下之資財以奉其上，猶自以為不足也。無異故云，事勢之流，相激使然，曷足怪焉」。文中所謂「古者」，指的是秦始皇，而與古者「無異」者，正是漢武帝。史公之作〈平準書〉，武帝一朝史事所以佔全篇之大半，因其作意不在講古今之貨幣制度或經濟變遷，而在借武帝一朝之盛衰變化，闡明世變之故。〈平準〉一書以秦亡始篇，以秦亡終篇，而總結以「物盛則衰，時極而轉，一質一文，終始之變」，正是暗示武帝聚斂之舉不止，終將蹈秦之覆轍〔註179〕。

古今兩次世風之變，其發端皆來自於人主之好利，故太史公於〈孟子荀卿列傳〉大聲的慨嘆說：

> 嗟乎，利誠亂之始也！夫子罕言利者，常防其原也。故曰「放於利而行，
> 多怨」。自天子至於庶人，好利之獎何以異哉！

而好利之心，則是生於多欲。蓋人主一旦多欲好利，則必由無事而多事，於是天下隨之而化，世風隨之而變，則此後必定又入「物盛而衰」之循環，故太史公曰：

〔註179〕　「終始之變」一詞，亦有改朝換代之意，《三國志・魏書・陳思王植傳》（北京：中華書局，1963）：「太祖既慮終始之變，以楊脩頗有才策，而又袁氏之甥也，於是以罪誅脩」。而《文選・設論・班孟堅答賓戲》（中華書局影北京圖書館藏宋淳熙八年刻本，1974年）李善注引《春秋元命包》曰：「正朔三而改，文質再而復」，「一質一文」者，似亦寓此意。

「物盛而衰，固其變也」。縱觀〈平準書〉之三十七變，變變相承，事事相扣，始於一人之多欲，而後一事激出一事，然後見其勢之必演變至「平準」，所以太史公才說「事勢之流，相激使然，曷足怪焉」。言中憤慨感傷之意，亦足使千古史家為之同聲長嘆。

然而〈平準書〉之目的，並不止於「以觀事變」，還希望能「承敝通變」。《說文》：「觀，諦視也」（諦，審也），「觀」不但是「看」，而且是總體全面深入的考察。可是「通」就不同了，《說文》：「通，達也」，有越過阻礙，達到目的的意思。因此「通變」不但要找出「物盛而衰」之故，更要找出解決問題的方法。

生長於物盛之時，「多欲」不但是天子的問題，也是天下每一個人的問題。〈平準書〉記武帝即位之初的情形，其言：「當此之時，網疏而民富，役財驕溢，或至兼并豪黨之徒，以武斷於鄉曲。宗室有土公卿大夫以下，爭于奢侈，室廬輿服僭于上，無限度」。可見殷富之世，人人莫不將財富投入奢侈生活之中，不但是「奢侈」，而且是「爭于奢侈」。而連「奢侈」都到了「爭」的地步，那麼「僭于上，無限度」就會是必然的結果。

太史公於〈禮書〉引荀子之言曰：「人生有欲，欲而不得，則不能無忿。忿而無度量則爭，爭則亂」。尤其以天子之尊，率先爭利、專利，必然煽動天下人之爭心，上下交征利，此尤為大亂之由。〈十二諸侯年表〉序云「亂自京師始」，而〈平準書〉所譏刺者，亦正在於此。然而，既是人人都有欲利之心，是什麼方法能讓唐虞三代「安寧則長庠序」，不致如春秋戰國「貴詐力而賤仁義，先富有而後推讓」呢？太史公找出的答案，正是〈平準書〉所說的「以禮義防于利」。

欲防爭利，則必倡禮義；欲倡禮義，則必賴教化；而教化之興，則必待生計問題之解決。故〈貨殖列傳〉說：「禮生於有而廢於無」，又引管子曰：「倉廩實而知禮節，衣食足而知榮辱」。此即夫子庶而後富，富而後教之旨〔註180〕。從這個標準來看，自三代之後，只有武帝一人才有足夠的條件，來制禮作樂，教化天下。春秋戰國爭戰不休，生民救死而不暇。暴秦則竭天下之財以自奉，百姓作業劇而財匱。漢初諸帝，接秦之獘，但求休養以富民。惟有武帝即位之時，四海承平，百姓殷富，風俗醇美，正是庶而又富；而天下人皆役財驕溢，爭於奢侈，正是因禮義鮮少，富而無教之故。不論是從客觀環境或主觀需要來看，「禮義教化」已是天下人心共同的呼喚，此實乃千載一時之良機。

然而，武帝卻白白錯過了這個好時機。為什麼呢？因為他不能克制自己的「多

〔註180〕《論語‧子路》：「子適衛，冉有僕。子曰：『庶矣哉！』冉有曰：『既庶矣，又何加焉？』曰：『富之。』曰：『既富矣，又何加焉？』曰：『教之』」。

欲」，由多欲而生多故，由多故而反是，於是禮義未興，而平準出焉。籠天下之貨，
爭天下之利，最後使「海內蕭然，戶口減半」，禮樂是故不能再興，於是又回到「終
始之變」的循環之中，此太史公作〈平準書〉所深沈傷痛者也。

　　阮芝生先生曾作《〈史記‧河渠書〉析論》一文〔註181〕，言史公作八書之目的
在於「觀世變，通古今，究天人，有垂法後王之意」。今觀〈平準書〉歷敘唐虞、三
代、春秋、戰國、秦、漢兩千年間世風盛衰之變及其原由，總結以「以禮義防于利」，
是爲「觀世變，通古今」。〈平準書〉刺武帝處千載一時之良機，本應興禮義以比隆
三代，上追唐虞；而武帝卻反其道而行，縱情極欲，窮兵黷武，以詐力之術斂天下
之財，而重蹈亡秦覆轍。故武帝一朝「物盛而衰，時極而轉」，此乃人事，而非天命，
是爲「究天人」。而全篇以秦亡始，以秦亡終，乃「述往事，知來者」〔註182〕。蓋
「物盛而衰」乃因「事變多故」，「事變多故」則起於人主之多欲，故以此警後世爲
治者之心，此即「有垂法後王之意」。〈河渠書〉如是，而〈平準書〉亦復如是，此
二篇正可互相印證。

　　蓋平準者，「爭於機利，去本趨末」，乃爭利之極也。而爭之反面爲「讓」，利之
反面爲「義」，想要救爭利之失，惟有崇讓尙義，方能以義紲利，以讓化爭。讓者，
禮之實也，故史公之所以置〈禮書〉於八書之首，置〈平準書〉於八書之末〔註183〕，
正是寓「崇讓譏爭」之深意，貴禮義而賤爭利，以明「以禮義防于利」之大旨。

〔註181〕《國立臺灣大學歷史學系學報》第 15 期，1990。
〔註182〕《史記‧太史公自序》。
〔註183〕蓋〈封禪書〉記事終於天漢三年，〈河渠書〉記事終於元封二年，〈平準書〉記事亦
　　　　終於元封二年。〈平準書〉記事非最晚，反置於末篇。故可知三書之篇次，非依記
　　　　事時間先後排序，實乃史公有意之安排。

第三章　三王與文辭——世家體之末〈三王世家〉析論

　　〈三王世家〉是《史記》三十世家的最後一篇，也是較少爲後人所注意的一篇。《史記》全書名篇數十，無論從文辭雅健、人物鮮活或故事精彩各種角度來選，都論不到〈三王世家〉；再加上此篇寫法特殊、眞僞莫辨、作意不明、缺乏重大事件，因此實在難以引起後世讀者的興趣。

　　何謂〈三王世家〉之寫法特殊？因爲除了篇末的「太史公曰」外，太史公未再發一言，全文只是編列疏、議、詔、策等公文書而成，與《史記》他篇迴然絕異。故〈三王世家〉成爲百三十篇中，內容與文體最爲特殊的一篇。

　　由於〈三王世家〉寫法特殊，自易引起後人對其眞僞的懷疑。《史記》原有「十篇缺」之說，而今本〈三王世家〉後又有褚少孫所補的三王封策，因此前人如張晏、裴駰、司馬貞、呂祖謙、趙翼、梁玉繩、柯維騏、劉咸炘、余嘉錫等學者〔註 1〕，多因此而斷定本篇非太史公所作。

　　〈三王世家〉既眞僞莫辨，自然乏人論其作意；而作意不明，則更難引起讀者之興趣。例如查閱《歷代名家評史記》（楊燕起・陳可青・賴長揚編，1986），古今論評〈三王世家〉者僅有六人，大多仍質疑其眞僞問題。此外，亦有文章討論〈三

〔註 1〕古今著作中，曾討論《史記・三王世家》之眞僞者，主要有：（1）裴駰，《史記・太史公自序》注引《集解》；（2）司馬貞，《史記・太史公自序》注引《索隱》；（3）呂祖謙，《東萊呂太史別集》卷十四〈辨史記十篇有錄無書〉；（4）柯維騏，《史記考要》卷七，轉引自《歷代名家評史記》頁 529；（5）趙翼，《廿二史箚記》卷一〈褚少孫補史記不止十篇〉；（6）王鳴盛，《十七史商榷》卷一〈十篇有錄無書〉、卷四〈三王世家〉；（7）梁玉繩，《史記志疑》卷二十六；（8）劉咸炘，《四史知意・太史公書知意・世家・三王世家》；（9）余嘉錫，〈太史公書亡篇考・三王世家第九〉，收於《余嘉錫論學雜著》。凡諸書所用版本，皆詳引用書目，以下如不特別註明者，皆爲此版本。

王世家〉之史料價值，例如萬斯同〈書史記三王世家後〉〔註2〕一文，即據「褚先生曰」中「謹論次其眞草詔書」一語，考證草書之起源應在漢武帝前；袁傳璋〈《史記‧三王世家》「太子少傅臣安行宗正事」爲劉安國考〉〔註3〕一文（1994），則考證〈三王世家〉中所出現的「太子少傅臣安行宗正事」應是劉安國，而非任安；廖伯源〈秦漢朝廷論議制度〉〔註4〕一文（1995），則以〈三王世家〉所載之史料，來討論漢代之廷議制度。而近年來，探討〈三王世家〉之眞僞者，雖然只有兩篇，但深度都在前人之上：一爲日人大庭脩〈《史記‧三王世家》と漢代の公文書〉〔註5〕（1982），其據〈三王世家〉內容所載公文書之格式、用語，證明〈三王世家〉應爲西漢作品（但大庭氏認爲乃褚少孫所補）〔註6〕；一爲易平〈張晏《史記》亡篇說之新檢討〉〔註7〕，其利用《史》、《漢》與褚〈補〉封策書之比較，證〈三王世家〉策文「爲存其原式」（此文所言精當，惜其論證太簡）。然而上述諸作，或辨眞僞，或重史料，並未言及〈三王世家〉之作意。因此古今研究〈三王世家〉之作意者，可說是付之闕如。

　　本文的目的，即在考證今本〈三王世家〉之眞僞問題，並進一步探討其作意與微旨，希望能藉此對《史記》一書之性質有更多的瞭解。而欲探作意，必先辨眞僞，二者均有賴於對今本所見通篇內容之確實掌握。以下即從解析篇章結構開始。

一、解析篇章結構

　　〈三王世家〉之內容乃是記載元狩六年四月乙巳，漢武帝同日封其三子——齊王閎、燕王旦、廣陵王胥——之事。由於其過程繁複，爲了便於瞭解，我們將全文之前後經過分爲四大段十二節〔註8〕，茲將其日期、節題及內容提要列表如下：

〔註2〕見《群書疑辨》卷八，清嘉慶丙子（二十一）年甬上水氏供石亭刊本。

〔註3〕袁傳璋，〈《史記‧三王世家》「太子少傅臣安行宗正事」爲劉安國考〉，《大陸雜誌》八十九卷第一期，台北，1994年，頁34～38。

〔註4〕廖伯源，〈秦漢朝廷論議制度〉，《中國文化研究所學報》新第四期，香港中文大學，1995年，頁169～171。

〔註5〕收於氏著《秦漢法制史の研究》第三篇第四章，東京：創文社，1982年。

〔註6〕近見汪桂海先生《漢代官文書制度》（南寧：廣西教育，1999年）一書，其於〈三王世家〉封策書，亦贊成褚補之說，見該書頁121～123。

〔註7〕易平，〈張晏《史記》亡篇說之新檢討〉，《臺大歷史學報》第23期，頁61～92，1999年。

〔註8〕本文對〈三王世家〉的分段及標點的依據，乃是參考大庭脩〈史記三王世家と漢代の公文書〉一文。大庭氏於此，旁徵博引，議論精詳，足正前人之誤。關於（IV）中的「三月丙子，奏未央宮」一句，大庭氏認爲是衍文。而瀧川資言在《史記會注考證‧三王世家》中，亦言：「楓山本，無此八字」，（60/7）

（一）司馬上疏

| 三月乙亥
（3.28） | （Ｉ）司馬上疏 | （大司馬臣～書到言） | 大司馬霍去病上疏，請天子定皇子位。武帝制下御史。 |

（二）群臣五請

三月丙子 （3.29）	（Ⅱ）昧死請立	（丞相臣～所立國名）	群臣請立皇子爲諸侯王。
	（Ⅲ）更議以侯	（制曰蓋聞～奏未央宮）	武帝命群臣更議以列侯。
四月戊寅 （4.01）	（Ⅳ）請立爲王	（丞相臣～奏未央宮）	群臣二請，請立皇子爲諸侯王。
	（Ⅴ）家以列侯	（制曰康叔～奏未央宮）	武帝再命，應以列侯家之。
四月癸未 （4.06）	（Ⅵ）三請留中	（丞相臣～留中不下）	群臣三請，請立皇子爲諸侯王。武帝留中不下。
四月丙申 （4.19）	（Ⅶ）四請曰可	（丞相臣～奏未央宮）	群臣四請，請擇日封王。武帝曰可。
四月丁酉 （4.20）	（Ⅷ）五請國名	（太僕臣賀～如律令）	群臣五請，請定國名。武帝定之，並下詔書。
	（封立詔書）		

（三）三王封策

四月乙巳 （4.28）	（Ⅸ）齊王封策	（維六年～右齊王策）	賜齊王之封策。
	（Ⅹ）燕王封策	（維六年～右燕王策）	賜燕王之封策。
	（Ⅺ）廣陵王策	（維六年～廣陵王策）	賜廣陵王之封策。

（四）太史公曰

| | （Ⅻ）太史公曰 | （太史公曰～附之世家） | |

二、評論〈三王世家〉僞作諸說

　　從篇章結構分析可知，〈三王世家〉全文是由司馬上疏，群臣五請（其中包括武帝的答覆及正式封王的詔書），三王封策及「太史公曰」等四個部分所組成。除「太史公曰」外，正文全爲公文書編列而成。如此特殊的寫法，自易引起後人對其眞僞的懷疑。

最早提出《太史公書》有亡缺者，始於東漢的衛宏〔註9〕，但他只說本紀有缺。後來班氏父子在《漢書》中提出「十篇有錄無書」的說法，但未明指其篇目。直到三國時魏人張晏，才第一個明確指出亡缺十篇的名目。其云：

> 遷沒之後，亡〈景紀〉、〈武紀〉、〈禮書〉、〈樂書〉、〈兵書〉、〈漢興以來將相年表〉、〈日者列傳〉、〈三王世家〉、〈龜策列傳〉、〈傳靳列傳〉。元、成之間，褚先生補闕，作〈武帝紀〉、〈三王世家〉、〈龜策〉、〈日者列傳〉，言辭鄙陋，非遷本意也。

這是〈三王世家〉已亡說法的開始，由於此說後來被《集解》、《索隱》所採用，後人多受其影響，認為今本〈三王世家〉不是太史公所作，並針對其來源提出了種種看法。

但是，過去的學者對〈三王世家〉的懷疑，是否曾提出明確的論證呢？這些論證又是否足以支持今本〈三王世家〉乃偽作之說呢？這就需要我們來仔細檢證其說，加以辨析清楚了。

茲將前人之說，分為五類，逐一討論如下：

（一）少孫補作

即〈三王世家〉全篇已亡，今本此篇乃褚少孫所補。古今學者主張此說者最多，其說始於張晏，而以余嘉錫之論述概括最全，其根據主要來自於褚少孫在〈三王世家〉篇後所記：

> 臣幸得以文學為侍郎，好覽觀太史公之列傳，傳中稱〈三王世家〉，文辭可觀，求其世家，終不能得。竊從長老好故事者，取其封策書，編列其事而傳之，令後世得觀賢主之指意。

這一段話的重點，在於「求其世家，終不能得」及「編列其事而傳之」上，因此後人多以為褚少孫時〈三王世家〉已亡佚，今本〈三王世家〉是他補作的。再加上《漢書‧藝文志》說「《太史公》百三十篇，十篇有錄無書」，而張晏又指出〈三王世家〉就是這亡缺十篇中的一篇，乃「褚先生補闕」。於是褚補之說彌堅，學者多從而信之。

對於這個說法，我們必須分兩方面來討論：第一，今本〈三王世家〉是否為褚少孫補作？第二，班氏父子及張晏所言，究竟能不能用來作為論斷〈三王世家〉為偽的依據？由於這兩個問題牽涉甚廣，因此在本節中將先討論前人之說是否能夠成立；至於詳細的辨析，將留待下面兩節進行。

〔註9〕《史記‧太史公自序》注引《集解》：「駰案：衛宏《漢書舊儀注》曰：『司馬遷作〈景帝本紀〉，極言其短及武帝過，武帝怒而削去之。』」。

1. 今本〈三王世家〉是否為褚少孫補作？

要證明今本〈三王世家〉為褚所補，必須先證明〈三王世家〉在褚少孫時已經亡佚，否則褚生寫自己的著作，與〈三王世家〉何干？然詳考褚少孫之言，則並不足以證明這一點。

《史記》原有兩個本子，即〈太史公自序〉所言「藏之名山」的藏本，與「副在京師」的傳本。所謂「名山」指的是「西漢官方秘府」，此即藏本之所在；而傳本則傳之於其外孫楊惲手中。藏、傳兩本皆百三十篇足本，其事在〈太史公自序〉及〈報任安書〉中有明確交代，無可懷疑。〔註10〕

然而褚少孫之身分不足以接觸秘府典籍〔註11〕，因此可以推斷他並未見秘府藏本；而他雖與楊惲同朝為官，但是「褚先生曰」內文卻隻字未提楊惲及其所藏《太史公書》，因此也缺乏直接的證據，證明他曾見過楊惲所持傳本。既未見秘府藏本，又未見楊惲傳本，則其所見必為當時少數流入民間之私人抄本〔註12〕，此等抄本多以單篇行之，並非完帙。故褚少孫所說的「求其世家，終不能得」，只能代表他沒見過〈三王世家〉，並不能證明〈三王世家〉在當時已經亡佚。

那麼今本〈三王世家〉正文，究竟是不是褚少孫所補作的呢？從褚少孫的記述來推論，答案恐怕也是否定的。

（1）褚少孫自己說「僅論次其眞草詔書，編於左方」，故可知褚〈補〉封策，是在「褚先生曰」四字的左方。此與〈龜策列傳〉之「褚先生曰」所言「寫取龜策卜事，編于下方」同一文例（漢文書寫，下行而左，下方即是左方）。但今本〈三王世家〉正文，卻是在「褚先生曰」的右方，兩者絕不相符〔註13〕。

〔註10〕關於這一點，可參考易平〈楊惲與《太史公書》〉，《大陸雜誌》第九十三卷第一期，頁33～40。

〔註11〕易平，〈楊惲與《太史公書》〉云：「西漢官方書府典籍，藏守極嚴，秘而不布，未經朝廷准許，任何人擅自借閱、抄寫秘書，均屬犯罪。」其下舉例，如宣帝時太常蘇昌即因「泄秘書」而免官，樂平侯霍山因「寫秘書」論罪，成帝時東平思王以叔父求《太史公》及諸子書，而被漢廷斷然拒絕。褚少孫曾言其「臣往來長安中，求〈龜策列傳〉不能得」、「求其世家，終不能得」，如果褚少孫能見秘書，何必「往來長安中」？又怎麼會有求而不得的情形出現？

〔註12〕《漢書‧司馬遷傳》云：「遷既死後，其書稍出。」，可見在太史公死後到楊惲「宣布」之間，《史記》已有少數篇卷流入民間。可參考易平〈楊惲與《太史公書》〉，同註210。

〔註13〕就今日所能見《史記》早期版本考察，如南宋初覆刻北宋景佑監本及南宋慶元黃善夫本，〈三王世家〉皆採正文、「太史公曰」、「褚先生曰」由右而左的編排順序，與今本所見完全相同。

（2）今本〈三王世家〉正文全記文辭，不及三王之事。而「褚先生曰」中自言作意為「編列其事而傳之」，故其文中詳述三王之事。如果說正文亦出褚生之手，那前後所表現的思想差異，是無法解釋的。

（3）此外，在今本〈三王世家〉之末有一段「太史公曰」，可是在褚少孫的敘述中，隻字未提有此。因此可知，褚少孫根本沒見過今本〈三王世家〉，其謂「求其世家，終不能得」，當非虛言。

針對這一點，主張褚補者也提出了兩種解釋。第一種說法認為，「褚先生曰」中曾說「好覽觀太史公之列傳，列傳中稱〈三王世家〉，文辭可觀」，其中的「太史公之列傳」指的是〈三王世家〉，而「列傳中稱」云云指的就是「太史公曰」。

事實上，這樣的理解是不正確的。

第一，褚少孫所說的「太史公之列傳」，是指〈太史公自序〉，不是〈三王世家〉。何以知之？褚少孫曾在〈龜策列傳〉後之「褚先生曰」提到：「竊好太史公傳，太史公之傳曰『三王不同龜，四夷各異卜，然各以決吉凶，略窺其要，故作〈龜策列傳〉』」，這裡他所引用「太史公之傳」的文字，與〈自序〉敘目一字不差。可見其所謂「太史公之列傳」，指的就是〈太史公自序〉，而不是〈三王世家〉。

第二，褚生所引「文辭可觀」四字，明出於〈自序〉之敘目「三子之王，文辭可觀」，此與「太史公曰」所用「文辭爛然，甚可觀也」不同。因此其所謂「列傳中稱」云云，指的是〈太史公自序〉的敘目，而不是〈三王世家〉的「太史公曰」。

第三，倘若尚有「太史公曰」未亡，褚生又曾親見，那又如何能謂「求其世家，終不能得」？這在道理上，是完全說不過去的。

第二種說法則認為，「太史公曰」亦褚少孫所補，故其文中不必再提。但這比第一種說法更缺乏證據，因為：

第一，褚先生補作，皆稱「褚先生曰」，並不自稱「太史公曰」，堂堂正正，文責自負。如要摹擬冒代，何不逕合為一篇？何必再作二名，畫蛇添足？

第二，褚生文章裡明白指出，他是要「編列其事而傳之」，所以他不厭其詳的在「褚先生曰」中記述了齊王封王的原因，和廣陵王、燕王謀反的經過；而今本〈三王世家〉的「太史公曰」，卻說「燕齊之事，無足采者」。兩者思想絕異，豈能同出一人之手？

第三，《史記‧管蔡世家》之「太史公曰」云：「管蔡作亂，無足載者。然周武王崩，成王少，天下既疑，賴同母之弟成叔、冄季之屬十人為輔拂，是

以諸侯卒宗周，故附之世家言」；此與〈三王世家〉所言「燕齊之事，無
足采者」、「是以附之世家」，文句如出一轍，應爲一人所作。

由上可知，今本〈三王世家〉篇末之「太史公曰」，既非出於褚少孫所補，褚少
孫事實上也沒見過這段文字。而由其遣詞用句的習慣來看，此段「太史公曰」極有
可能是出於太史公之手。

故由以上的推論可知，今本〈三王世家〉之正文及「太史公曰」皆非褚少孫所補。

2. 班氏父子及張晏所言，能否用來作爲論斷〈三王世家〉爲僞的依據？

在討論這個問題之前，必須先提出一點認識：歷來史家在討論「十篇缺」問題
時，多半把從史公原著、到褚少孫所見，下至班固蘭臺藏本以及今日所見之《史記》，
全部都當成一個本子的前後傳承，此乃絕大之疏誤，以致發生「今本見存，不知何
以云亡」〔註14〕之疑。事實上，《史記》一開始就有兩個本子，也就是〈太史公自
序〉所言「藏之名山，副在京師」的藏本和傳本。除此之外，當時尚有流傳民間的
單篇抄本。這三種本子之間的關係如何，今雖不能詳考，然彼此互有補益，則絕無
疑問。據易平先生〈劉向班固所見《太史公書》考〉一文所考〔註15〕：

> 兩漢更替之際，京師禍亂不已，秘府典籍，重遭劫難，中秘本《太史公書》
> 亦未能倖免。班固所見本有缺佚，即爲明證。史稱『光武中興，篤好文雅；
> 明、章繼軌，猶重經術』。其時又有大批流散於民間的遺文逸典被朝廷徵
> 集上來，『石室蘭臺，彌以充積』。其中就有傳於民間的《太史公書》，班
> 固所見本出現四篇重文亦其證（案：即《漢書‧藝文志》中所說的「省四
> 篇」）。準此，班氏時東漢蘭臺本《太史公書》已非西漢劉向、歆所見秘本
> 之舊，它當是以西漢中秘本爲主、羼有民間傳抄本若干篇卷，也就是所謂
> 『藏之名山』本與『副在京師』本相混合的本子。〔註16〕

因此，班固未見十篇，只能說是他看到的《史記》本子沒有這十篇，並不代表這
十篇已亡。因爲東漢蘭臺本並非當時天下唯一的本子，故不可以其爲論斷。此同
時可證，《史記》正、副本之間不僅互爲校補，且知「民間傳本則可能補正本之佚
而復出」〔註17〕。更何況，班氏父子從未指出亡缺的十篇篇目，因此「十篇缺」

〔註14〕如王鳴盛《十七史商榷》卷一〈十篇有錄無書〉曰「今考〈景紀〉現存，是遷元文，
　　　　不知張晏何以言遷沒後亡？……今〈律書〉見存，即是〈兵書〉不亡，而張晏何以
　　　　云亡？」。
〔註15〕易平，〈劉向班固所見《太史公書》考〉，《大陸雜誌》第九十一卷第五期，頁199。
〔註16〕關於班氏時東漢蘭臺本《太史公書》是否爲西漢劉向、歆所見秘本之舊，及「十篇
　　　　有錄無書」的問題，仍有待商榷，由於牽涉複雜，筆者將於另文再加討論。
〔註17〕關於這一點的論述，請參考阮芝生先生〈貨殖與禮義——《史記‧貨殖列傳》析論〉

之說只能代表《史記》在傳承的過程中曾有缺佚，卻不足以用作判斷任何一篇真偽的證據。

至於魏人張晏的說法，更是值得商榷。根據易平先生的研究〔註18〕，從張晏所開立的〈武帝紀〉、〈兵書〉等篇目來看，張晏看到的《史記》本子，和東漢蘭臺本及今日所見本並不相同。此外，〈三王世家〉全載公文書，〈日者列傳〉乃歐陽修行文前必讀之佳作〔註19〕，如何能謂「言辭鄙陋」？實不可解也。因此張晏所言，只能說是他看見的本子如此，不能用來作為論斷今本〈三王世家〉真偽的根據。

而除了以上兩點之外，另有一鐵證，即褚〈補〉三王封策與《史》、《漢》所載的封策書出入甚大，可證今本〈三王世家〉絕非褚少孫所補。由於此須詳細分析，故將留待下節詳論之。

（二）未成之筆

即〈三王世家〉乃史公親為而未成，非歿後亡佚也。此說乃王鳴盛所提出，其云：

> 〈三王世家〉，武帝之子，所載直取請封三王之疏及封策錄之，與他王敘述迥異，則遷特漫爾鈔錄，猶待潤色，未成之筆也。（《十七史商榷》卷四）

王氏認為〈三王世家〉所錄皆文辭而無史事，由此可推測此必為「未成之筆」。然此說毫無根據，且明顯與史公〈自序〉相違。《史記·太史公自序》曰：「凡百三十篇，五十二萬六千五百字，為〈太史公書〉。」全書篇數、字數都已算清，可見《史記》成書時本自完具，如何能有「未成之筆」？又〈自序〉與「太史公曰」皆言「文辭可觀」，「太史公曰」又言其事不足採，故可知此篇所記者乃是文辭，絕非三王之事，此與今本〈三王世家〉內容並無不符，可見王說實難成立。

（三）後人另補

即今本〈三王世家〉既非太史公所作，亦非褚少孫所補，實乃後人另補。主張此說者的有梁玉繩和劉咸炘，其論證可分兩部份來說明：

第一，主張今本〈三王世家〉非太史公所作。其根據有二：

1. 史事疏誤：梁玉繩言〈三王世家〉所載多與正史有所出入，而提出三點證據

附論二，《國立臺灣大學歷史學系學報》第19期，頁40。

〔註18〕詳見易平，〈張晏《史記》亡篇之說新檢討〉《臺大歷史學報》第23期，1999。

〔註19〕黃震《古今紀要》卷二：「東萊辯十篇非皆無書，其九曰日者傳，自『余志而著之以上』皆本書。歐公每製作，必讀此數過。」

〔註20〕：

（1）據《漢書》，元狩六年之太常是俞侯欒賁，而〈三王世家〉說是「太常臣充」。

（2）時公孫賀爲太僕，不爲御史大夫，御史大夫是張湯，而〈三王世家〉中有「太僕臣賀行御史大夫事」之文字。

（3）五等之爵爲成周定制，而〈三王世家〉曰「春秋三等」，從殷制合伯子男爲一。

然余嘉錫對此三點皆有駁證：〔註21〕

（1）太常臣充乃是王充，當據《史記》糾《漢書》之誤。

（2）〈三王世家〉中，公孫賀行大夫事不過十餘日，張湯若以他事或因病在告〔註22〕，此亦在情理之中。

（3）西漢宗今文，用公羊家言春秋三等，有何可疑？

故知梁氏所言三誤，皆不誤也

2. 文辭不類：劉咸炘認爲〈三王世家〉篇末之「太史公曰」有二可疑之處。其云：「史公於周諸世家皆未嘗論封建之制，必不於此又作冗文。此論首乃詳說封建，謂『所從來久』，『故弗論著』，語甚可笑，其僞可見者一。又曰『燕齊之事無足采者』，史公在時，三王皆存，其人未終，其事未完，何以云『無足采』？此明是補論者意。……，其僞可見者二。……彌可笑矣。」〔註23〕

詳考劉氏之說，實難成立：

（1）齊王早夭，死於元封元年，時史公尚在，《史記》未迄，何可云「史公在時，三王皆存，其人未終，其事未完」？

（2）〈三王世家〉乃《史記》三十世家之一，又居終篇，其論封建不過數語，何能謂之冗文？史公所言「所從來久」、「故弗論著」，乃是指三王之事，史公不記其事蹟而記文辭，此與〈自序〉敘目相合，何得謂可笑？

（3）史公作三十世家，其中多述封建諸侯之事，〈自序〉中每言「嘉伯之讓」、「嘉父之謀」等，即論其所以得立世家之故；又如〈漢興以來諸侯王年表〉、〈高祖功臣侯者年表〉等表序，皆詳論封建之制，何得能謂史公「未嘗論封建之制」？

〔註20〕《史記志疑》，頁 534。
〔註21〕〈太史公書亡篇考〉，頁 61～63。
〔註22〕《史記·酷吏列傳》：「湯嘗病，天子至自視病。」。
〔註23〕見《四史知意·太史公書知意·五世家》，頁 207。

第二，主張〈三王世家〉非褚少孫所補，其根據亦有二：

1. 梁玉繩言：「乃以褚所補者與〈武五子傳〉校之，字句之間多有同異，豈史臣秉筆敢于竄易邪？抑褚生所編不盡依元本邪？」〔註24〕，所以他認為〈三王世家〉不是褚少孫所補的。梁氏此見確有卓識，將於下節詳論之。

2. 劉咸炘言：「且褚補明言『編列左方』，今乃在前，是右方矣。」〔註25〕此言亦是，前已論之。

因此梁、劉兩人所論，只能證明今本〈三王世家〉非褚少孫所補，而絕不足證〈三王世家〉非太史公所作。而梁、劉兩皆不信，所以只好說是「後人」所補。然而這個「後人」究竟是誰，兩人卻提不出來。

然據劉知幾《史通・古今正史篇》：「《史記》所書，年止漢武太初，已後闕而不錄。其後劉向、向子歆及諸好事者若馮商、衛衡、揚雄、史岑、梁審、肆仁、晉馮、段肅、金丹、馮衍、韋融、蕭奮、劉恂等，相次撰續」；又《漢書・藝文志》春秋家有馮商所續《太史公》七篇，《注》又引韋昭說馮商「受詔續《太史公》十餘篇，在班彪《別錄》」，可知西漢一代續《史記》者甚眾，或言〈三王世家〉可能為此輩所補。然細察前文可知，以上皆言「續」而不言「補」。補者，乃補其原有之缺；續者，乃續其本來所無，兩者豈可混為一談？上述諸人皆為「續」《史記》，而非「補」《史記》；而〈三王世家〉乃《史記》本有之篇，不能「續」而只能「補」，故知今本〈三王世家〉絕非此輩所作。〔註26〕

所以梁、劉所提出的「後人另補」之說，並無根據，實屬臆說。

（四）贊語尚存

即〈三王世家〉全書已亡，所存者唯篇末之「太史公曰」，此說為呂祖謙、柯維騏所主張。不過兩人雖然主張這個說法，卻都沒有提出證據。

從今本〈三王世家〉來看，其內容與「太史公曰」可說是完全相合。「太史公曰」云「燕齊之事，無足采者」，故正文不錄三王事；云「封立三王，天子恭讓，群臣守義，文辭爛然，甚可觀也」，正文則有群臣五請，天子二讓之經過文書，及三王之封策書。前後若合符節，如出一人之手，絕不像正文全亡而贊語尚存的樣子。更何況書遭亡缺，正文一字不存，而篇末「太史公曰」卻反而完好無闕，這樣的假設未免太不合情理。因此在沒有證據的情形下，此說似乎也難以成立。

〔註24〕《史記志疑》，頁534。

〔註25〕《四史知意・太史公書知意・五世家》，頁208。

〔註26〕同註18，頁39～40。

（五）模擬補作

余嘉錫在〈太史公書亡篇考〉中提出一種解釋，自認可彌補上述說法的所有疑點。余氏認為〈三王世家〉確實是褚少孫所補作的，由於他模擬太史公而作，故有「太史公曰」等語。余氏云：

> 凡古書已亡，後人補作者，必因襲其體製，模仿其文辭，追古人而代之立言，惟恐其不效，束皙〈補亡詩〉可證也。補太史公書，自當稱太史公，曷足怪乎？若曰太史公乃子長自書其官，後人苟非有心作偽，不當以此自稱。不知褚先生明言求〈三王世家〉不能得，而其所補作仍稱太史公，非有心作偽也。且古人作文，摹其體則託之其人。傅武仲〈舞賦〉，規撫屈宋，則曰『楚襄王既遊雲夢，使宋玉賦高唐之事。』謝惠連〈雪賦〉，希蹤馬卿，則曰『梁王不悅，遊於兔園，召鄒生，延枚叟，相如末至，居客之右。』謝希逸〈月賦〉，師法建安，則曰：『陳王初喪應劉，端憂多暇，抽毫進牘以命仲宣。』復託為仲宣之言曰：『臣東鄙幽介，長自丘樊，昧道懵學，孤奉明恩。』蓋模擬之文，體例固應如此，非作偽也。補《史記》者自名太史公，而稱武帝為今上，〈龜策傳〉又言『余至江南』，亦若此而已。若必斷斷焉以此辨真偽，則韓愈〈毛穎傳〉，通篇作秦漢人語，末亦稱太史公，豈可謂為真子長之筆，抑昌黎有心作偽歟？江文通〈雜擬〉三十首，命題寓意，皆依仿古人。而陶徵君〈田居〉一首遂羼入陶集，此自編輯者之失，非文通之罪也。今因補史之入《太史公書》，遽斥為後人偽託，其亦不思而已矣。〔註27〕

乍看之下，余氏之言甚為博辯，然實乃雖辯而偽，似是而非。阮芝生先生於〈再論禮樂二書之真偽〉〔註28〕一文中，曾詳析此說而辨其非：

1. 模擬之作，是中國文學傳統之一，余氏亦僅舉數例而已。觀其舉例，非詩（束皙〈補亡詩〉）即賦（〈舞賦〉、〈雪賦〉、〈月賦〉），都是文學作品，但文學作品的寫作與史學作品不同。文學重創作，容許虛構；史學貴求真，言必有據，此為基本分野。余氏以文比史，是為文史不分。試想，若以文學創作之摹擬（追古代言，唯恐不效）作為史書寫作之常式（「體例固應如此」），則將視史學為何物？置史家於何地？史書將如何取信於人？余氏思未及此。

2. 文人作文，可以摹擬；史家補史，可以補作，但不可以摹擬。文人之作，不

〔註27〕《余嘉錫論學雜著》，頁83。
〔註28〕阮芝生，〈再論禮樂二書之真偽〉，見〈貨殖與禮義──《史記·貨殖列傳》析論〉附論二，《國立臺灣大學歷史學系學報》第19期，1996年，頁42～43。

諱其為摹擬，讀者亦識其為摹擬。詩賦依仿，不生誤解；〈雜擬〉之名，明告是「擬」；韓愈〈毛穎傳〉，通篇作秦漢人語，文末稱「太史公」，但並不置於《史記》書內，乃收在昌黎集中，人知是文公之文而非史公之史，亦不致誤解。余氏謂「補《史記》者自名為太史公，而稱武帝為「今上」，〈龜策傳〉又言『余至江南』」是摹擬之文「體例固應如此，非作偽也。」此話不確，倘若補作是放在補作者自家文集內，則是摹擬而非作偽；倘若將摹擬之補作置於他人書內，則是摹擬之偽作。二者豈容混淆？試觀《廿五史補篇》，歷代補史者多矣，有無將補篇闖入正史之內？有無冒替史家之名與言行以著述者？

3. 褚先生補作，並不稱「太史公」。前文已言《史記》中褚少孫之文字皆稱「褚先生曰」，且附於《史記》該篇之後；史書後人可以補作，但不會冒替混淆（否則必受嚴譴）。今傳〈孝武本紀〉若是褚補，褚少孫亦明標〈孝武本紀〉，不是〈今上本紀〉，並不作偽；〈紀〉後抄錄〈封禪書〉之「太史公曰」，亦無欺朦之嫌，讀者不會誤解。

可見，余氏之說實無理據。如必依此理而辨偽，凡古書之不解者，皆言後人仿作，則不僅偽篇可證成其偽，即使本為真篇，亦可依此法而證成其偽，則天下豈有可信之書、可讀之史？此實因誤解，而比附太過。

經過以上的詳細分析之後，我們可以發現前人所說的「少孫補作」、「未成之筆」、「後人另補」、「贊語尚存」、「模擬補作」五種說法，細審之下俱屬疏略失據，皆不足以證明〈三王世家〉的真偽。因此想要徹底瞭解這個問題，就只有再從〈三王世家〉本文來作一綜合考察。

三、比較《史》、《漢》及褚〈補〉三王封策

由於〈三王世家〉的內容，是由奏議及封策書編列而成的。因此，要論斷它的真偽，就不能不解決這些公文書的來源問題。前人既然多信〈三王世家〉為後人補作，自然也必須提出對這個問題的解釋。細察前人之說，主要的看法有二：第一種看法認為，是後人根據《漢書·武五子傳》來補今本《史記·三王世家》，所以才有這些公文書的出現；第二種看法則認為，是褚少孫根據其所見之封策書，來補作〈三王世家〉。而要檢證這兩種看法的正確與否，就必須根據〈三王世家〉、〈武五子傳〉及褚〈補〉的內容來加以比較了。

所幸，這三者雖內容各異，卻都不約而同的記載了武帝封立三王的封策書，而成為判斷今本〈三王世家〉真偽的重要證據。為了便於瞭解，我們將三者所載之三王封策，分別列表比較如下：

（一）《史記・三王世家》與《漢書・武五子傳》封策書之比較〔註29〕

《史記・三王世家》	《漢書・武五子傳》
齊王策	齊王策
維六年四月乙巳，皇帝使御史大夫湯，廟立子閎爲齊王，曰：	維元狩六年四月乙巳，皇帝使御史大夫湯，廟立子閎爲齊王，曰：
於戲！小子閎，受茲青社。	烏呼！小子閎，受茲青社。
朕承祖考，維稽古，建爾國家，封于東土，世爲漢藩輔。	朕承天序，惟稽古，建爾國家，封于東土，世爲漢藩輔。
於戲！念哉，恭朕之詔。惟命不于常，人之好德，克明顯光。義之不圖，俾君子怠。	烏呼！念哉，共朕之詔。惟命不于常，人之好德，克明顯光。義之不圖，俾君子怠。
悉爾心，允執其中，天祿永終。厥有愆不臧，乃凶于而國，害于爾躬。	悉爾心，允執其中，天祿永終。厥有愆不臧，乃凶于乃國，而害于爾躬。
於戲！保國艾民，可不敬與！王其戒之。	嗚呼！保國乂民，可不敬與！王其戒之。
燕王策	燕王策
維六年四月乙巳，皇帝使御史大夫湯，廟立子旦為燕王，曰：	
於戲！小子旦，受茲玄社。	嗚呼！小子旦，受茲玄社。
朕承祖考，維稽古，建爾國家，封于北土，世爲漢藩輔。	建爾國家，封于北土，世爲漢藩輔。
於戲！葷粥氏虐老獸心，侵犯寇盜，加以姦巧邊萌。	嗚呼！薰鬻氏虐老獸心，以姦巧邊氓。
於戲！朕命將率，徂征厥罪，萬夫長，千夫長，三十有二君皆來，降旗奔師。葷粥徙域，北州以綏。	朕命將率，徂征厥罪，萬夫長，千夫長，三十有二帥，降旗奔師。薰鬻徙域，北州以妥。
悉爾心，毋作怨，毋俾德，毋乃廢備。非教士不得從徵。	悉爾心，毋作怨，毋作棐德，毋乃廢備。非教士不得從徵。
於戲，保國艾民，可不敬與！王其戒之。	王其戒之！
廣陵王策	廣陵王策
維六年四月乙巳，皇帝使御史大夫湯，廟立子胥為廣陵王，曰：	

〔註29〕爲便於讀者比較，本表以粗體字表示多出的文字，以畫線表示不同的文字。

於戲！小子胥，受茲赤社！	嗚呼！小子胥，受茲赤社！
朕承祖考，維稽古，建爾國家，封于南土，世爲漢藩輔。	建爾國家，封于南土，世爲漢藩輔。
古人有言曰：『大江之南，五湖之閒，其人輕心。楊州保疆，三代要服，不及以政。』	古人有言曰：『大江之南，五湖之間，其人輕心。揚州保疆，三代要服，不及以正。』
於戲！悉爾心，戰戰兢兢，乃惠乃順，毋侗好軼，毋邇宵人，維法維則！書云『臣不作威，不作福』，靡有後羞。	嗚呼！悉爾心，祗祗兢兢，乃惠乃順，毋桐好逸，毋邇宵人，惟法惟則！書云『臣不作福，不作威』，靡有後羞。
於戲，保國艾民，可不敬與！王其戒之。	王其戒之！

由上表的對照比較，可以歸納出下列兩點：

第一，《史記》、《漢書》所載之三王封策，內容極爲相似。所不同處，在以下兩點：

1. 字詞通假：即同音或同義字的通假。如「於戲」改爲「烏呼」、「恭朕之詔」改爲「共朕之詔」、「之閒」改爲「之間」、「維法維則」改爲「惟法惟則」等等。

2. 記述差異：即文字內容或前後排列的小出入。如「乃凶于而國，害于爾躬」改爲「乃凶于國，而害于爾躬」、「臣不作威，不作福」改爲「臣不作福，不作威」等。

以上兩點，乃是古書傳寫上常見之出入，對其內容並無重大影響。兩處封策書中，只有一個眞正的不同點，就是〈三王世家〉的「朕承祖考」，與〈武五子傳〉的「朕承天序」，而這一點正好可以用爲判斷兩者可信度的重要證據。

褚少孫乃西漢時人，又曾親見三王封策，據「褚先生曰」詳述其所見封策書原文，寫的就是「祖考」而不是「天序」。故由其記述可知，今本〈三王世家〉所載之封策書，實比〈武五子傳〉所載者，更接近三王封策的原貌。

第二，又《史記》所載的封策書，要比《漢書》所載的內容更多。如燕王策中，《史記》比《漢書》多「朕承祖考，維稽古」、「侵犯寇盜」、「於戲」、「於戲，保國艾民，可不敬與」四句；廣陵王策中，多「朕承祖考，維稽古」、「於戲，保國艾民，可不敬與！」兩句。可見〈三王世家〉要比〈武五子傳〉保留更多封策書的內容。

由以上兩點可以得證，今本〈三王世家〉比〈武五子傳〉所載的封策書，不但內容更多，而且材料更爲可靠。而余嘉錫對此，亦有同樣的看法：

> 以《史記》所載三王封策與《漢書·武五子傳》校，字句雖小有異同，要

之無關弘旨。如《史記》三策皆有「朕承祖考，維稽古」，及「於戲，保國
艾民，可不敬與」數句，《漢書》則僅見於齊王策，而燕王、廣陵王兩策皆
無有，明是班固所刪。惟《史記》為存其原式，此可一望而知者。〔註30〕

而除此之外，〈三王世家〉還記載了〈武五子傳〉未載之奏議，這絕不是後人根據〈武
五子傳〉就能補出來的。

（二）《史記・三王世家》與褚〈補〉封策書之比較

《史記・三王世家》	褚〈補〉三王封策
齊王策	齊王策
維六年四月乙巳，皇帝使御史大夫湯，廟立子閎為齊王，曰：	
於戲，小子閎，受茲青社！	受此土
朕承祖考，維稽古，**建爾國家**，封于東土，世為漢藩輔。	朕承祖考 維稽古
於戲念哉！恭朕之詔，惟命不于常。人之好德，克明顯光。義之不圖，俾君子怠。	恭朕之詔，唯命不可為常。人之好德，能明顯光。不圖於義，使君子怠慢。
悉爾心，允執其中，天祿永終。厥有愆不臧，乃凶于而國，害于爾躬。	悉若心，信執其中，天祿長終。有過不善，乃凶于而國，而害于若身。
於戲！保國艾民，可不敬與！王其戒之。	世為漢藩輔，保國治民，可不敬與！王其戒之。
燕王策	燕王策
維六年四月乙巳，皇帝使御史大夫湯，廟立子旦為燕王，曰：	
於戲，小子旦，受茲玄社！	受此土
朕承祖考，維稽古，**建爾國家**，封于北土，世為漢藩輔。	朕承祖考 維稽古
於戲！葷粥氏虐老獸心，侵犯寇盜，加以姦巧邊萌。	葷粥氏無有孝行而禽獸心，以竊盜侵犯邊民。
於戲！朕命將率徂征厥罪，萬夫長，千夫長，三十有二君皆來，降期奔師。葷粥徙域，北州以綏。	朕詔將軍往征其罪，萬夫長，千夫長，三十有二君皆來，降旗奔師。葷粥徙域遠處，北州以安矣

〔註30〕《余嘉錫論學雜著》，頁64。

悉爾心，毋作怨，毋俾德，毋乃廢備。非教士不得從徵。	悉若心，無作怨，無俾德，無廢備。非教士不得從徵。
於戲！保國艾民，可不敬與！王其戒之。	世為漢藩輔，保國治民，可不敬與！王其戒之。
廣陵王策	廣陵王策
維六年四月乙巳，皇帝使御史大夫湯，廟立子胥為廣陵王，曰：	
於戲，小子胥，受茲赤社！	受此土
朕承祖考，維稽古，建爾國家，封于南土，世為漢藩輔。	朕承祖考
	維稽古
古人有言曰：『大江之南，五湖之間，其人輕心。楊州保疆，三代要服，不及以政。』	江湖之間，其人輕心。楊州葆疆，三代之時，迫要使從中國俗服，不大及以政教，以意御之而已。
於戲！悉爾心，戰戰兢兢，乃惠乃順，毋侗好軼，毋邇宵人，維法維則！書云『臣不作威，不作福，靡有後羞。』	無侗好佚，無邇宵人，維法是則。無長好佚樂馳騁弋獵淫康，而近小人。常念法度，則無羞辱矣。
	臣不作福，臣不作威。
於戲！保國艾民，可不敬與！王其戒之。	世為漢藩輔，保國治民，可不敬與！王其戒之。

　　由上表的比較，我們可以發現褚〈補〉之封策書，與《史》、《漢》所載者，不管是在內容多寡或用字遣詞上，都差異甚大。這是因為褚少孫的材料來源，來自於他私下收集的三王封策，和《史》、《漢》皆無關。據他自述所錄封策書的來源，是這樣的：

　　褚先生曰：臣幸得以文學為侍郎，……。竊從長老好故事者，取其封策書，編列其事而傳之，令後世得觀賢主之指意。

　　僅論次其真草詔書，編于左方，令覽者自通其意而解說之。

因此，褚少孫乃是從「長老好故事者」〔註31〕之處，取得三王封策；然後在「褚先

〔註31〕而這裡所謂的「長老好故事者」，指的可能是熟悉前代公文書的老郎吏。關於漢代「故事」一詞的意義。詳細的討論，可參閱邢義田先生〈從「如故事」和「便宜從事」看漢代行政中的經常與權變〉，收於《秦漢史論稿》（台北：東大圖書公司，1987年）。在今日所見的「褚先生曰」中，自述其資料來源者，凡三見：
　　（1）臣為郎時，問習漢家故事者鍾離生。（見〈外戚世家〉篇後）
　　（2）臣為郎時，聞之于宮殿中老郎吏好事者稱道之也。（見〈梁孝王世家〉篇後）

生日」中，記載這份封策書的內容。如果按前人所說，今本〈三王世家〉也是褚少孫所補的，那他怎麼會一個人補出兩種不同的三王封策？

　　針對這個疑點，余嘉錫提出了解釋，他認爲褚少孫是將他所得的「眞草詔書」，放在「褚先生曰」的前面（即右方）；而「編于左方」的，是他解釋詔書的文字。由於一爲正文，一爲釋文，所以前後的封策書，才會有所不同。

　　乍看之下，這樣的解釋確實有其道理。因爲今本所見「褚先生曰」，的確採取記錄一句，解說一句之方式，如「『朕承祖考』，祖者先也，考者父也」、「『無廢備』者，無乏武備，常備匈奴也」等等。同時又把三策書中共同之策文，如「世爲漢藩輔，保國治民，可不敬與！王其戒之」、「受此土」、「朕承祖考」、「維稽古」等，提於最前方加以解說。由這樣的格式看來，確實像是解說封策書之文字。

　　但是，余嘉錫疏忽了一件重要的事。褚少孫在「褚先生曰」中，明言所見三王封策書之「次序分絕，文字之上下，簡之參差長短，皆有意」，所以他才要「解說之」。但褚生解說封策書的次序是──齊王策、廣陵王策、燕王策，而今本〈三王世家〉的順序卻是──齊王策、燕王策、廣陵王策，二者次序不同。褚生自言重視三王封策之「次序」，如果正文眞的是他所補，又怎麼會排錯次序？可見，今本〈三王世家〉絕非褚少孫補作，此乃一鐵證！

　　再者，從這個次序還可以看出，今本〈三王世家〉的封策書，明顯的比褚少孫所補的更爲可信。因爲齊王、燕王、廣陵王這樣的順序，才合乎三王的年齡排行〔註32〕；而不管是在《史記》或《漢書》中，提到三王的所有記載，也都是依照這個次序來敘述的。此外，〈武五子傳〉之封策書近於〈三王世家〉，而異於褚〈補〉者。可見〈三王世家〉所載封策書，必有其可靠的來源依據。

　　但是褚少孫也說過，他確實取得了封策書，這是否代表了同時存在著兩份不同的三王封策呢？事實上，的確是如此。這就必須從褚少孫所說的「眞草詔書」一詞，來加以解答了。後世解釋「眞草」一詞，多半指眞書與草書兩種字體〔註33〕。因此

　　（3）臣幸得以文學爲侍郎，……，竊從長老好故事者，取其封策書。（見〈三王世家〉篇後）

　　至於這三者，是否爲同一人，則有待進一步的研究，但並不影響本文之論證。

〔註32〕《漢書・武五子傳》：「孝武皇帝六男，衛皇后生戾太子，趙婕妤生孝昭帝，王夫人生齊懷王閎，李姬生燕刺王旦、廣陵厲王胥，李夫人生昌邑哀王髆。」其中戾太子最長，次之齊王閎，再次之燕王旦，再次之廣陵王胥，孝昭帝最年幼，但因後爲天子，故置於諸兄之前。後來太子死，齊王又早夭，燕王旦每言「自以長子當立」、「我次太子」，即因此。

〔註33〕《晉書・王羲之傳》：「嘗詣門生家，見棐几滑淨，因書之，眞草相半」。唐張懷瓘《書斷》：「舉世莫之能曉，悉以爲眞草一概，……然草與眞有異。眞則字終意亦終，草

過去對這一句話，多半以為是「用真書和草書寫成的三王封策書」，順筆帶過，未加注意。

但是，這樣的解釋是很有問題的。褚少孫所說的「詔書」，明白指的是三王的封策書（從他的敘述及解說文字可知）。但漢代封立諸侯王的策書，卻是用篆體書寫〔註34〕，絕不是用真書或草書。因此，褚少孫所說的「真草詔書」，不可能是「用真書和草書寫成的三王封策書」，而應該解釋為「用真書所寫的三王封策書草稿〔註35〕」比較合理。此說最早起於王國維〔註36〕，其言「褚先生所謂真草詔書，蓋指草稿而言。封拜之冊，諸王必攜以就國，則長老好故事者所藏必其草稿無疑，未足為草書策之證也。」這樣的意見是很有道理的，因為：

第一，古人為文，多先有草稿。封策書既用篆體，則先以較簡便通行的隸書〔註37〕為草稿，十分合乎常情。

第二，褚少孫所錄的封策書文句，均較今本《史記·三王世家》及《漢書·武五子傳》所載者淺易，亦似草稿面貌。

則行盡勢未盡。」

〔註34〕《後漢書·光武帝紀》章懷太子注引《漢制度》：「策書者，編簡也，其制長二尺，短者半之，篆書，起年月日，稱皇帝，以命諸侯王三公。以罪免亦賜策，而以隸書，用尺一木兩行，唯此為異也。」蔡邕《獨斷》：「策書，策者簡也。……。其制，長二尺，短者半之。其次一長一短，兩編，下附篆書，起年月日，稱皇帝曰，以命諸侯王三公，其諸侯王三公之薨於位者，亦以策書誄諡其行而賜之，如諸侯之策。三公以罪免，亦賜策，文體如上策而以隸書，以尺一木兩行，唯此為異也。」就今日所見的史料，封諸侯王策用篆書的制度，一直延續到南北朝的北齊都是如此。如：《通典·禮典·吉禮》引東晉時博士孫毓言：「今封建諸王，裂土樹藩，為冊告廟，篆書竹冊，……。」《通典·禮典·吉禮》記北齊時「諸王、三公、儀同、尚書令、五等開國、太妃、妃、公主恭拜冊，……，書皆篆字。哀冊、贈冊亦同。」

〔註35〕史籍或簡牘中常將「草稿」簡稱為「草」。如《漢書·淮南厲王傳》言武帝「每為報書及賜，常召司馬相如等視草乃遣」，顏師古注：「草，謂為文之藁草」，《漢書·師丹傳》：「史私寫其草」；新居延漢簡 EPT31.1「令史譚奏草」，敦煌漢簡 206A「與桓列書草」等。

〔註36〕見《簡牘檢署考》，收入《海寧王靜安先生遺書》冊八，台北：臺灣商務手稿影印本，1976年，頁3338。此外，汪桂海《漢代官文書制度》一書於此點。認為「王說有不準確之處」，提出「真草詔書」指的應是「真詔書」（定本）與「草詔書」（草稿），褚少孫是將兩份詔書分錄于右方和左方之說。但如前面所說的，兩份封策的次序根本不同，絕不可能出自一人之手。故「真草詔書」之「真」只能當作「真書」解，褚少孫所取得者，仍只是三王封策的草稿，王說實無誤也。

〔註37〕漢代的「真書」指的是「隸書」，而非今日所說的楷書。宋陸遊《老學庵筆記》卷十：「周越《書苑》云：『郭忠恕以為小篆散而八分生，八分破而隸書出，隸書悖而行書作，行書狂而草書聖，以此知隸書乃今真書。』」清阮葵生《茶餘客話》卷十六引張懷瓘云：「隸書，程邈所作，字皆真正，亦曰真書。」

第三，封立諸侯王之策書真本，乃國家之重要文件，豈有隨便外流之理？褚生
如能輕易取得真本，反不合理。

故由「真草詔書」一詞來推斷，褚少孫所見者，應該是三王封策的草稿。而他取得
的，很可能是三份單獨的封策書，所以才會把次序放錯了。故不論是從內容或次序
上來看，〈三王世家〉封策書所本者，應是三王封策的原本無疑。

因此，由《史》、《漢》和褚〈補〉三王封策來比較，不管是在內容、用字或敘
述次序上，今本〈三王世家〉都是最接近三王封策原始面貌者。所以今本〈三王世
家〉的作者，極有可能是抄錄三王封策的原文，才能得到最可靠的材料。

但除了封策書之外，〈三王世家〉還錄有許多疏、議、詔等公文書，如果能解決
它們的來源問題，才能算是對〈三王世家〉的真偽問題有了真正的瞭解。在下一節
中，就將利用新居延漢簡中的「建武三年十二月侯粟君所責寇恩事」冊書，來考證
〈三王世家〉的真偽問題。

四、從出土〈責寇恩事〉冊論三王世家之真偽

1972～1976 年間，甘肅省居延考古隊在額濟納河流域，對漢代張掖郡居延、肩
水兩都尉的烽燧遺址，做了考古調查和發掘，取得了很大的成果。就在這一次的考
古發掘中，發現了將近兩萬枚的漢簡，這也就是俗稱的「新居延漢簡」。

在這一批漢簡中，最初研究並發表的就是「建武三年十二月侯粟君所責寇恩事」
冊書（以下簡稱〈責寇恩事〉冊）〔註38〕。這是一份首尾完整的冊書，對於學者研
究漢代的「爰書」及刑獄訴訟程序有著極大的幫助，因此一發表就為眾所矚目。更
值得注意的是，它出土於甲渠侯官遺址的文書檔案庫〔註39〕，因此它也是難得的完
整公文書檔案，使我們得以一窺漢人製作檔案的格式。

〈責寇恩事〉冊共由以下六部分所組成〔註40〕：

（Ⅰ）乙卯爰書（F22:1-20）

（Ⅱ）戊辰爰書（F22:21-28）

（Ⅲ）「●右爰書」簡（F22:33）

（Ⅳ）辛未文書（F22:29-32）

〔註38〕在《文物》1978 年第 1 期，共發表了徐蘋芳、蕭亢達、俞偉超等三篇論文及由甘肅
　　　考古隊簡冊整理小組完成的釋文。

〔註39〕見甘肅居延考古隊〈居延漢代遺址的發掘和新出土的簡冊文物〉，《文物》1978 年第
　　　1 期，頁 3。

〔註40〕此根據徐蘋芳〈居延考古的新收穫〉，收入氏著《中國歷史考古學論叢》，台北：允
　　　晨文化，1995 年。

（Ｖ）縣廷移甲渠侯官文（F22:34-35）

（Ⅵ）卷宗標札（F22:36）

建武三年，甲渠侯粟君向居延縣告劾寇恩欠債，居延縣將原告的劾書轉寇恩所在的鄉，由鄉嗇夫驗治被告寇恩，（Ⅰ）就是鄉嗇夫把第一次驗問的口供寫成爰書。但粟君認為此與事實不符，於是再次告劾，（Ⅱ）就是把第二次驗問的口供寫成爰書。（Ⅲ）是「尾題簡」，它的作用是把這支簡右邊所記載的公文書內容加以歸納。（Ⅳ）則是鄉嗇夫於辛未上報縣廷的公文。居延縣再將公文寫移甲渠侯官，這就是（Ⅴ），並抄附（Ⅱ）與（Ⅳ）。最後，甲渠侯官將此份文書與（Ⅰ）一起存檔，並以（Ⅵ）標其卷為「建武三年十二月侯粟君所責寇恩事」，此即檔案標籤。

由上述的分析可知，漢人製作檔案的方式，是「依事分類，依時編序」。將與同一事相關之文書，由案由、經過到結果，依時間順序前後排列。在〈責寇恩事〉冊中，這樣的檔案格式是相當清楚的。（Ⅰ）的一開始就說明此事的案由是因為「以廷移甲渠侯書」，所以才進行驗問，而有下面的爰書。接下來，就將（Ⅰ）、（Ⅱ）兩份爰書依時間先後（乙卯、戊辰）編列，加上（Ⅲ）尾題簡，說明這兩份文書的性質。接下來的（Ⅳ）中，鄉嗇夫將案由（即甲渠侯書）詳細抄錄了一次，並說明縣廷的命令與驗問的結果。（Ⅴ）則是縣廷下達的命令，最後甲渠侯官加上（Ⅵ）完成這份檔案。

為什麼要不厭其詳的說明〈責寇恩事〉冊的檔案格式呢？因為這樣的格式，也同樣呈現在〈三王世家〉中。我們如果用〈責寇恩事〉冊的結構，來分析〈三王世家〉，也能得到一樣的檔案格式：

〈責寇恩事〉冊	〈三王世家〉
（Ⅰ）乙卯爰書	乙亥上疏（Ⅰ）
（Ⅱ）戊辰爰書	丙子上奏（Ⅱ）～（Ⅲ）
（Ⅲ）「●右爰書」簡	戊寅上奏（Ⅳ）～（Ⅴ）
（Ⅳ）辛未文書	癸未上奏（Ⅵ）
（Ⅴ）縣廷移甲渠侯官文	丙申上奏（Ⅶ）
（Ⅵ）卷宗標札	丁酉詔書（Ⅷ）
	乙巳策書（Ⅸ）～（ⅩⅠ）
	「右齊王策」 ⎫
	「右燕王策」 ⎬ 尾題簡
	「右廣陵王策」 ⎭

　　我們可以清楚的發現，〈三王世家〉也是把和封立三王有關之全部文書合在一起，然後從開始的大司馬上疏（案由），一直到群臣奏議和武帝的詔書，皆按日期前後編列，而成一首尾完整的檔案。

　　而〈三王世家〉和〈責寇恩事〉冊相似之處，還不只檔案格式而已，就連內容也有極為相似的地方：

　　（一）〈三王世家〉的（II）是群臣第一次的上奏文書，我們不妨拿它和〈責寇恩事〉冊的（IV）辛未文書來作一比較：

	〈責寇恩事〉冊辛未文書	〈三王世家〉丙子上奏
案由	建武三年十二月癸丑朔辛未，都鄉嗇夫宮敢言之： 廷移甲渠侯書曰：「去年十二月中，取客民寇恩為就，載魚五千頭到觻得就賈，用牛一頭，穀廿七石，恩願沽，出時行錢卅萬，以得卅二萬，又借牛一頭（F22：29） 以為犉，因賣不肯歸，以所得就直牛償不相當廿石。」	丞相臣青翟、御史大夫臣湯、太常臣充、大行令臣息、太子少傅臣安行宗正事，昧死上言： 大司馬去病上疏曰：「陛下過聽，使臣去病待罪行閒。宜專邊塞之思慮，暴骸中野無以報，乃敢惟他議以干用事者，誠見陛下憂勞天下，哀憐百姓以自忘，虧膳貶樂，損郎員。皇子賴天，能勝衣趨拜，至今無號位師傅官。陛下恭讓不卹，群臣私望，不敢越職而言。臣竊不勝犬馬心，昧死願陛下詔有司，因盛夏吉時定皇子位。唯願陛下幸察。」
處理過程	書到驗問，治決。 言前言解廷郵書曰：「恩辭不與侯書相應，疑非實，今侯奏記府願詣鄉爰書是正。」 府錄令明處（F22：30） 更詳驗問治決。	制曰「下御史」。
結果	言僅驗問，恩辭不當與粟君牛，不相當穀廿石。又以在粟君所在器物直錢萬五千六百，又為粟君買肉穀三石，又子男欽為粟君庸作賈直廿石，皆盡償所負（F22：31） 粟君錢畢。粟君用恩器物幣敗，今欲歸恩，不肯受。爰書自證，寫移爰書。叩頭叩頭死罪，敢言之。（F22：32）	臣謹與中二千石、二千石臣賀等議：「古者裂地立國，並建諸侯以承天子，所以尊宗廟重社稷也。今臣去病上疏，不忘其職，因以宣恩，乃道天子卑讓自貶以勞天下，慮皇子未有號位。臣青翟、臣湯等宜奉義遵職，愚憧而不逮事。方今盛夏吉時，臣青翟、臣湯等昧死請立皇子臣閎、臣旦、臣胥為諸侯王。昧死請所立國名。」

在〈責寇恩事〉冊的（IV）辛未文書中，鄉嗇夫先引縣廷轉來的甲渠侯書（此即全案的案由）和縣廷的指令，接著說明乙卯已有爰書上報驗治結果。再引縣廷的第二次指令。據徐蘋芳先生在〈居延考古發掘的新收穫〉一文中指出，這樣的次序，乃是當時之公文程式，等於後世的「等因奉此」。而〈三王世家〉的（II）也出現這樣的程式，可證此乃漢代上報文書的原貌。

（二）當然，像〈責寇恩事〉冊的（IV）這樣，將案由全文照錄的情形也不是一成不變的。在〈責寇恩事〉冊的（I），鄉嗇夫也只是簡單的引稱「以廷移甲渠侯書」，直到（IV）的正式上報文書才抄錄此書。而在〈三王世家〉中，我們也可以清楚看到，在（II）中全文抄錄的霍去病上疏，在（VII）裡就簡單的引稱「臣青翟等前奏大司馬臣去病上疏言，皇子未有號位」。或可推測，漢代只有在最主要或最初的文書中，才會全文抄錄案由。至於編列在一起的其他文書，就不必這麼麻煩，只要用引用的方式就可以了。

（三）此外，在（IX）～（XI）的三王封策中，也有像〈責寇恩事〉冊的（III）一樣的尾題簡文字，可知「右齊王策」等乃是原檔案文字。如果這三根尾題簡是以原貌出現在我們的面前，想必「右」字的上面，必然會加上一個「●」。

（四）根據大庭脩〈《史記‧三王世家》と漢代の公文書〉一文的研究，〈三王世家〉全文是採取「奏—制—日期」的分段方式，而最後的「某月某日奏某宮」乃是尚書整理文書時所記錄的文字〔註41〕。汪桂海則在《漢代官文書制度》一書中考證，漢代官文書立卷存檔的工作之一，就是在文書末補注文書下達的日期〔註42〕。兩者的看法可謂不謀而合，更進一步佐證了〈三王世家〉全文是一份完整檔案的看法。

（五）勞榦先生曾經考證〔註43〕，「漢世詔書應有三部分，最前為奏，次為詔書本文，最後為詔書下行於內外官署之文」。這樣的格式，在〈三王世家〉的（VIII）中也是相當清楚的：

太僕臣賀行御史大夫事昧死言：太常臣充言卜入四月二十八日乙巳，可立諸侯王。臣昧死奏輿地圖，請所立國名。禮儀別奏。臣昧死請。（奏）

制曰：「立皇子閎為齊王，旦為燕王，胥為廣陵王。」（詔書本文）

四月丁酉，奏未央宮。（尚書補注日期）

六年四月戊寅朔癸卯，御史大夫湯下丞相，丞相下中二千石、二千石，下

〔註41〕《秦漢法制史の研究》，頁 251。
〔註42〕《漢代官文書制度》，頁 206。
〔註43〕勞榦，《居延漢簡考證》，台北：中央研究院歷史語言研究所，1959 年，頁 7。

郡太守諸侯相，丞書從事下當用者，如律令。（詔行下之辭）

　　值得特別注意的是，這份詔書中的「詔行下之辭」是很有價值的。漢代由京師發出的詔書，轉經各有關官府往下傳達時，都按照統率順序一一附上其「詔行下之辭」，以便正確地表明下達命令的系統。以大庭脩所復原的西漢宣帝「元康五年詔書冊」爲例〔註44〕，就可以清楚看出這樣的下達程序：

元康五年二月癸丑朔癸亥，御史大夫吉下丞相，承書從事下當用者如詔書。

10.33

二月丁卯，丞相相下車騎將＝軍＝、中二＝千＝石＝、郡大守、諸侯相，

承書從事下當用者如詔書。

少史慶令史宜王始長　　10.30

三月丙午，張掖長史延行大守事、肩水倉長湯兼行丞事下屬國農部都尉小

府縣官，承書從事下當用者如詔書。

／守屬宗助府佐定　　10.32

閏月丁巳，張掖肩水城尉誼以近次兼行都尉事下侯城尉，承書從事下當用

者如詔書。

／守卒史義　　10.29

閏月庚申，肩水士吏橫以私印行侯事下尉侯長，承書從事下當用者如詔書。

／令史得　　10.31

這五根簡由上往下看，可以清楚的了解這份詔書，是如何從京師御史大夫處，經過丞相府、張掖郡、肩水都尉府，最後到達肩水侯官。每一級官府收到詔書後，都依統率的順序，逐一附上「詔下行之辭」的簡，然後傳到下一級。而除了開頭的簡需要寫明年、月、朔、日外，後面的簡只要寫上月、日就可以了。

　　既然每傳一級官府，就會附上一支「詔下行之辭」簡。反過來說，我們就可以根據「詔下行之辭」，來推斷這份詔書的存藏地。而從〈三王世家〉的（Ⅷ）來看，它只有一支寫明年、月、朔、日的「詔下行之辭」簡〔註45〕，這屬於最高一級。換句話說，檔案中的詔書根本沒有到達過地方官府，而是藏於京師的存檔材料。這也可以說明，爲什麼在詔書中會會有尚書所補注的日期。

　　因此，由〈三王世家〉的格式、內容及「詔下行之辭」來判斷，它無疑的是一份存藏於京師檔案庫的完整檔案。

　　事實上，在〈責寇恩事〉冊未出土之前，學者對漢代檔案的格式爲何，可以說

〔註44〕同註205，頁201。

〔註45〕據《集解》引徐廣言，其所見一本在「六年」之前，有「元狩」二字。

是所知甚少。前輩學者於〈三王世家〉所以時有誤解，即因受限於史料不足，今日賴有漢簡的大量出土，使得我們較前人能有更好的基礎。而由〈責寇恩事〉冊和〈三王世家〉的相似來推論，〈三王世家〉根本就是一份漢代的公文書檔案。換句話說，作者是將檔案材料原封不動的照抄一遍，而寫成〈三王世家〉。

那麼這份檔案，到底是屬於哪一個時代的作品呢？從「丞（承）書從事下當用者」、「如律令」、「書到言」等文辭來判斷，此皆屬於漢代公文常用語，前人已多所言及。而大庭脩在〈《史記·三王世家》と漢代の公文書〉中，更進一步的考證出〈三王世家〉中的公文書乃是西漢作品，其證據主要有三：

1. 蔡邕《獨斷》云：「漢承秦法，群臣上書，皆言『昧死言』。王莽盜位，慕古法，去『昧死』曰『稽首』。光武因而不改，朝臣曰『稽首頓首』，非朝臣曰『稽首再拜』」。大庭氏列舉《史記》的〈秦始皇本紀〉、〈淮南衡山列傳〉，《漢書》的〈高帝紀〉、〈晁錯傳〉、〈霍光傳〉，居延漢簡 387.12、562.17〔註46〕，《說文解字》後所存之許沖上表文、〈孔廟置守廟百石卒史碑〉及蔡邕〈上漢書十志疏〉，證明確如《獨斷》所言，前漢多用「昧死」，後漢多用「稽首」。而今本〈三王世家〉所載奏議皆用「昧死」，可證明乃西漢文書。

2. 《獨斷》指出，東漢朝臣上書用「稽首頓首」，非朝臣用「稽首再拜」。所謂的朝臣，是指在京師當朝值勤的官員。而今本〈三王世家〉所載的奏疏中，只有遠出京師的霍去病用「昧死再拜」（西漢不用「稽首」，而用「昧死」），其餘朝臣皆書「昧死言」，與《獨斷》所言相合。

3. 西漢之公文書如書寫日期，多只寫干支（如「戊申朔乙亥」）；東漢則日期與干支一同書寫（如「己亥朔二十日戊午」）〔註47〕。而〈三王世家〉所載奏疏皆只寫干支，不寫日期，與西漢公文書格式完全相符。

故知〈三王世家〉的內容當屬西漢時作品，斷不出東漢以下。

既知〈三王世家〉的內容為西漢作品，則我們不妨再進一步來推論作者年代的上下限。〈三王世家〉既記武帝封立三王事，則其成書上限絕不早於武帝元狩六年。「太史公曰」又云「燕齊之事，無足采者」，三王之中，齊王早死，自然無事可采，但燕王曾在昭帝時謀反兩次〔註48〕，豈可謂之無事？故知此文作者不及見燕王謀反

〔註46〕此乃復原之「上言變事書」，原為昭帝時代的殘簡。《秦漢制度史の研究》，頁253～255。

〔註47〕《秦漢法制史の研究》，頁246。

〔註48〕一次在昭帝即位之初，一次在元鳳元年，詳見《史記·三王世家》後「諸先生曰」及《漢書·武五子傳》。

事，可以證明〈三王世家〉之成篇下限，必在昭帝之前，此與《史記》之著作年代恰相重疊。

綜合以上兩節之論證，我們可以得到以下的結論：

（1）以《史記》、《漢書》和褚〈補〉三王封策來比較，不管是在內容、用字或次序上，今本〈三王世家〉都是最接近三王封策原貌者。所以今本〈三王世家〉的作者，應該曾經見過三王封策的原文，才能記錄如此可靠的材料。

（2）今本〈三王世家〉正文中的公文書，乃是出於京師檔案庫的完整檔案。作者是將原始檔案完整抄錄，而寫成今本〈三王世家〉。換句話說，這位作者必然是能夠使用朝廷檔案的人，才能寫得出今本〈三王世家〉。

（3）由〈三王世家〉篇末的「太史公曰」中，所說的「燕齊之事，無足採者」，可以確定作今本〈三王世家〉的年代，必在西漢昭帝之前。此與太史公作《史記》的年代，恰相符合。

（4）今本〈三王世家〉內容全錄文辭，不及三王之事；「太史公曰」又言「燕齊之事，無足採者」、「文辭爛然，甚可觀也」。此與〈太史公自序〉敘目所說的「三子之王，文辭可觀」之作旨，完全相符。可見三者應出於一人之手。

在昭帝之前，能夠親見三王封策，又能使用朝廷公文書檔案，同時作品與〈自序〉敘目所言完全相符，則此人非太史公而誰邪？故知今本《史記‧三王世家》必出於太史公之手，實未亡也。

五、三王與文辭

《史記》一百三十篇，篇篇皆有作意。史公惟恐後人不知，故作〈自序〉敘目及各篇之「太史公曰」，提綱挈領以闡發作意。如世家之首的〈吳太伯世家〉，其敘目云：「嘉伯之讓，作吳世家第一」，「太史公曰」則引孔子言：「太伯可謂至德矣，三以天下讓，民無得而稱焉」，故知〈吳太伯世家〉之作意，即在一「讓」字。故欲明〈三王世家〉之作意，必就〈自序〉、「太史公曰」及其篇章內容，加以會通，方不至於成為無根之談。

太史公於〈自序〉敘目中，敘述〈三王世家〉的作意曰：「三子之王，文辭可觀，作〈三王世家〉第三十」；「太史公曰」則云：「然封立三王，天子恭讓，群臣守義，文辭爛然，甚可觀也，是以附之世家」，二者一再強調「文辭」之可觀。一般世家皆是記事，而〈三王世家〉之「太史公曰」又說「燕齊之事，無足採者」。故知史公作〈三王世家〉，只是為其文辭而已，並非要記三王之事。但是，史公為何因封立三王

之文辭，而特別立一世家呢？又為何要採取抄錄檔案的方式，來寫〈三王世家〉呢？這就要從〈三王世家〉的內容來加以分析了。

就〈三王世家〉全文觀之，群臣屢次請封，天子一再推讓，君臣上下無不皆以天下社稷為念，真是「天子恭讓，群臣守義」，盛世之德，直比唐虞。然吾人不可不知，史公所以作此世家之意，並不在稱頌君臣之德，而在讚其「文辭爛然，甚可觀也」。若細察全文，則可發現〈三王世家〉實含譏刺之意，試詳細分析如下：

（一）天子恭讓

史公言「天子恭讓」，試問所讓者何？細觀武帝所下之制，皆表面言讓，而實預留群臣再次促勸之伏筆。茲舉下列數點說明：

1. 霍去病時任大司馬驃騎將軍，身任武職，「宜專邊塞之思慮」，請封皇子並非其職司〔註49〕。其上疏（Ⅰ）請封皇子，乃是越職而言，而武帝不僅不拒絕，反而逕下御史交群臣議，則群臣自然曉得聖上之意。

2. 群臣屢次上言請立皇子為王，武帝始終未堅拒。觀其下制，只言皇子年幼，「未教成」（Ⅲ）、「抑未成」（Ⅴ），故擬姑且「以列侯家之」。即使後來真如此做，已非真為禮讓。

3. 群臣所言封立皇子為王，以皇子不宜位居一般諸侯王宗親之下（Ⅳ）；而武帝云「以列侯家之」（Ⅲ）、（Ⅴ），「家之」一詞即有貶損義，則群臣益不能止。

4. 武帝一再推讓群臣之建議，似乎真有為公無私之心。但在群臣第三次上奏之後，武帝卻將此議「留中不下」（Ⅵ）。表面上看來，似欲不置可否，擱置此議，但此處方可看出武帝真正的心意。

禮有三辭，《禮記‧曲禮上》孔穎達正義云：「初曰禮辭，再曰固辭，三曰終辭」，武帝已經兩次下制推讓封立之議，若這次武帝再下制書推讓，那就是終辭。終辭之後，群臣據禮，必不再請立為王，而接受武帝所言「更以列侯家之」。故武帝所以「留中不下」，即是固辭而不願終辭〔註50〕。可見武帝之心，實不欲封立三子為王之議就此打消，前面兩次推讓，不過惺惺作態而已。廖伯源先生即言：「所謂留中不下者，一般之解釋是皇帝對奏議尚未決定或不欲決定，而武帝在此例中所顯示者，是心欲為之而故示不欲」〔註51〕。群臣亦測知武帝之真意，自然接下來就逕請擇日封王。

5. 在今本〈三王世家〉篇後「褚先生曰」中，還有一段關於劉閎封王之記載：

王夫人者，趙人也。與衛夫人並幸武帝，而生子閎。閎且立為王時，其母

〔註49〕同註3，頁5。
〔註50〕此義乃臺灣大學歷史學系閻鴻中先生所提示，特此致謝。
〔註51〕同註4，頁171。

病，武帝自臨問之。曰：「子當爲王，欲安所置之？」王夫人曰：「陛下在，妾又何等可言者。」帝曰：「雖然，意所欲，欲於何所王之？」王夫人曰：「願置之雒陽。」武帝曰：「雒陽有武庫敖倉，天下衝阨，漢國之大都也。先帝以來，無子王於雒陽者。去雒陽，餘盡可。」王夫人不應。武帝曰：「關東之國無大於齊者。齊東負海而城郭大，古時獨臨菑中十萬戶，天下膏腴地莫盛於齊者矣。」王夫人以手擊頭，謝曰：「幸甚。」

由褚少孫的敘述可知，武帝在王夫人死時，就有立其子爲齊王之意。三王封立之議起於元狩六年，而王夫人最晚死於元狩四年〔註52〕。換句話說，武帝至少在霍去病上疏的兩年之前，就已經決定要封劉閎爲齊王〔註53〕。故知所謂「天子恭讓」云云，不過作戲而已。

由以上五點可知，武帝早有封立齊王之意，但又不願始議首發出於己。其再三推辭，不過口中言讓，而心實欲之。又恐群臣不會其意，故於制文中多加暗示；甚至最後留中不下，不願終辭。太史公冷眼旁觀此事之前後發展，故其於篇末大書「天子恭讓」，實乃譏刺是也。

（二）群臣守義

1. 史公言「群臣守義」，試問奏議中所申封建之義爲何？武帝云「並建諸侯所以重社稷，朕無聞焉。且天非爲君生民也」（Ⅲ）、「褒有德」、「賢不肖差」（Ⅴ），尚知言「立君爲民」、「封建以德」之門面話。而群臣一意曲學阿上，曰康叔、伯禽「蓋爵命之時，未至成人」（Ⅵ），成何話語？又曰王者因時制宜，高祖時「皇子或在繈褓而立爲諸侯王」，「爲萬世法則，不可易」（Ⅵ），而絕口不提七國之亂，實乃強詞奪理，欲勸主上以親封而不以德封。太史公在〈漢興以來諸侯王年表〉序中，論封建之義則以「褒有德」、「尊勤勞」爲尙，足知群臣之引喻失意。而〈三王世家〉之「太史公曰」云：

> 古人有言曰「愛之欲其富，親之欲其貴」。故王者壇土建國，封立子弟，所以褒親親，序骨肉，尊先祖，貴支體，廣同姓於天下也。是以形勢彊而王室安。自古至今，所由來久矣。非有異也，故弗論著也。

〔註52〕《史記・封禪書》：「其明年（元狩四年），齊人少翁以鬼神方見上，上有所幸王夫人，夫人卒，少翁以方蓋夜致王夫人及竈鬼之貌云」；《資治通鑑考異》：「《漢書》以此事置李夫人傳中，古今相承皆以爲李夫人事。……。按李夫人卒時，少翁死已久，《漢書》誤也，今從《史記》。」

〔註53〕「褚先生曰」中又提到：「王夫人死，而帝痛之。使使者拜之曰：『皇帝謹使使太中大夫明奉璧一，賜夫人爲齊王太后』，故吳齊賢曰：「未立齊王，先賜太后」（《史記評林》6/60），可見武帝欲封立齊王之心甚明。

細心深玩太史公之言，實對當世封建襃親不襃德之做法，深有譏刺。

2. 篇內群臣皆盛讚武帝之德，曰「憂勞天下，哀憐百姓以自忘，虧膳貶樂，損郎員……恭讓不恤」（Ⅰ），又曰「卑讓自貶以勞天下」（Ⅱ），「興械之費，不賦於民‧虛御府之藏以賞元戎，開禁倉以振貧窮，減戍卒之半」（Ⅵ）。然而，這豈是事實？武帝一生，實乃好大喜功、連年征伐、大興土木、求仙求藥、封禪以求不死，以致財用耗盡，府庫不足，於是重用興利之臣。如〈平準書〉言：「中外騷擾而相奉，百姓抏弊以抗法，財賂耗盡而不贍」，「竭天下資財以奉其上，猶自以為不足也」。在太史公來看，群臣所言不過諂媚主上而已，何來「守義」之有？

3. 試看領銜此事之諸臣，霍去病乃武帝衛皇后姊子，是其親近愛幸之臣；丞相莊青翟，乃「以列侯繼嗣，娖娖廉謹，為丞相備員而已，無所能發明功名有著於當世者」〔註54〕；御史大夫張湯，更是名列〈酷吏列傳〉，太史公言其「以知陰陽，人主與俱上下」〔註55〕。以武帝專斷獨裁之個性，如汲黯因「好直諫，數犯主之顏色」，而「欲誅之以事」〔註56〕；司馬遷因「適會召問，推言陵功」，而「身幽囹圄之中」〔註57〕。如真不欲封三子為王，必當斷然拒絕，何必「留中不下」？而以此用事諸臣之善於揣摩，如武帝真不欲封皇子為王，又有誰敢逆其意，且直請「令史官擇吉日，具禮儀上，御史奏輿地圖，他皆如前故事」？而武帝亦不以為逼迫人主，損其天威，反而制曰「可」，豈不怪哉？故由領銜數人之平日行事來看，其必早知上意，於是群起而逢迎之。

4. 武帝固早有封齊王閎之心，但也需要有人來配合發起此事。最早建議封立三王的人，是驃騎將軍霍去病。袁傳璋先生曾就這一點提到，「霍去病任大司馬驃騎將軍，為位次丞相的武職，『宜專邊塞之思慮』，請封皇子非其職司。在用事諸臣不敢越職而言之際，他竟敢越俎代庖，正見其寵幸無比」〔註58〕。此點意見確有卓識，但由前後史事來看，霍去病上此奏疏，恐怕不只是「寵幸無比」而已。

在《史記‧李將軍列傳》中，曾記述李廣之子李敢，「怨大將軍青之恨其父，乃擊傷大將軍，大將軍匿諱之。居無何，敢從上雍，至甘泉宮獵。驃騎將軍去病與青有親，射殺敢。去病時方貴幸，上諱云鹿觸殺之」。據《資治通鑑》所記，這件事發生在元狩六年初，正在元狩六年三月請封皇子不久前。換句話說，霍去病在射殺李

〔註54〕《史記‧張丞相列傳》。
〔註55〕《史記‧酷吏列傳》。
〔註56〕《史記‧汲鄭列傳》。
〔註57〕〈報任安書〉，附於《漢書‧司馬遷傳》。
〔註58〕同註3。

敢後不久，就越俎代庖上了這道請封皇子爲諸侯王的奏疏。從奏疏文中的「待罪行間」、「暴骸中野無以報」來看，霍去病是否有以此戴罪立功、報答武帝包庇其罪的用意在呢？確實十分耐人尋味。

由以上四點可知，封立皇子之事，本與霍去病毫不相干，他之所以始發此議，未必眞是因爲武帝「哀憐百姓以自忘」的緣故〔註59〕；而群臣所以贊成此議，更是已窺主上之用心而逢迎其意，又何來「守義」之有？《史記‧平準書》云武帝時「公卿大夫多諂諛取容」，豈虛言哉！故史公所以言「群臣守義」，實亦譏刺之意。

（三）文辭爛然，甚可觀也

1. 太史公於《史記》中最重「讓」德，每每於〈自序〉敘目贊之。如堯舜禪讓，〈自序〉贊曰：「唐堯遜位，虞舜不台，厥美帝功，萬世載之，作五帝本紀第一」；太伯讓國，〈自序〉贊曰：「嘉伯之讓，作吳世家第一」；伯夷、叔齊讓國，〈自序〉贊曰：「末世爭利，維彼奔義，讓國餓死，天下稱之，作伯夷列傳第一」。而〈三王世家〉中文辭多言讓，〈自序〉卻片言不提武帝之「讓」，但曰：「三子之王，文辭可觀，作三王世家第三十」。可見史公欲彰明武帝所謂「讓」者，只不過是「文辭可觀」之表面工夫而已。

2. 又褚少孫在「褚先生曰」中，曾論三王之封策書曰：「至其次序分絕，文字之上下，簡之參差長短，皆有意，人莫之能知。」今雖不能見三王之封策書簡，不可得知其「簡之參差長短」，但由「文字之上下」來看，武帝對待三子確有輕重之分。

觀之燕王策、廣陵王策，其策文但曰「悉爾心，毋作怨，毋俷德，毋乃廢備」，「戰戰兢兢，乃惠乃順，毋侗好軼，毋邇宵人，維法維則」。而齊王策則言「允執其中，天祿永終」，蓋此乃堯傳舜之言也〔註60〕。後哀帝命董賢爲大司馬之冊文亦有此文，《漢書‧佞幸列傳》記王閎云：「董公爲大司馬，冊文言『允執其中』，此乃堯禪舜之文，非三公故事，長老見者，莫不心懼。此豈家人子所能堪邪！」此言雖小，可以喻大。蓋此時已有太子據，「允執其中」者，豈武帝口中的「支子」所能堪邪！封立三王之策文，實乃武帝親作〔註61〕，此時齊王年不過七歲〔註62〕，而武帝慨以「允執其中」一言許之，所望於三子者又不一，故知日後父子相疑生變，其來有自。

〔註59〕呂祖謙對此亦多有譏諷，《大事記解題》卷十二：「衛青以五百金爲王夫人親壽，霍去病發皇子封王之議，衛霍之爲將帥如此。」

〔註60〕《論語‧堯曰》：「咨爾舜！天之歷數在爾躬，允執其中。四海困窮，天祿永終。」

〔註61〕《史記索隱‧三王世家》引《武帝集》曰：「此三王策皆武帝手製」。

〔註62〕《史記‧衛將軍驃騎列傳》：「是歲也（元朔六年）……大將軍既還，賜千金。是時王夫人方幸於上……。」故可知元狩六年時，齊王之齡最大也不過七歲。

褚少孫在「褚先生曰」中，一再強調三王封策的分別及後來兩王謀反之事，恐怕也是看出了這一點。

3. 何以武帝在數子之中，獨愛重齊王？此則與齊王之母有關。武帝原本無子，二十九歲方得長子據，欣喜非常，元狩元年就立其為太子。當時太子之母衛子夫不僅身得武帝寵幸，又有誕育皇子之功，故立為皇后，一門如衛青、霍去病等皆富貴封侯。但後來衛后色衰愛弛〔註63〕，武帝寵幸的對象就轉移到王夫人身上〔註64〕。齊王閎者，王夫人之子也，因此亦成武帝所寵愛的對象〔註65〕。主父偃此前曾進言武帝：「齊臨菑十萬戶，市租千金，人眾殷富，巨於長安，此非天子親弟愛子不得王此。」〔註66〕，武帝深以此言為然，立拜其為齊相。故知劉閎如非愛子，如何可得齊而王之？

齊王因愛幸封王，燕王、廣陵王，是否也是如此呢？從現存史料中看來，這樣的可能性不大。據《史記・外戚世家》：「他姬（《漢書》云李姬）子二人，為燕王、廣陵王，其母無寵，以憂死」，可見二王之母並不得寵。而在《史記》中，也找不到任何武帝愛幸兩人之記載，反而是在「褚先生曰」中提到，日後太子及齊王皆夭，燕王且自認依次當立，故上書求「身入宿衛於長安」，武帝怒責其爭心，「斬其使者於闕下」。由此看來，燕王確實不是武帝心中之愛子。兩人之封王既非愛幸，恐怕是用來陪襯齊王的可能性較大。因此三王封策在文辭上的輕重不同，正反映了武帝愛惡由己，於封立三王之事確有私心存焉。故後來司馬貞評論燕王與廣陵王的謀反時就說：「斯實父德不弘，遂令子道不順」〔註67〕，誠哉斯言也！

《史記》之中，多有明褒暗貶之微文，如〈太史公自序〉中儒林列傳之敘目曰：「唯建元元狩之閒，文辭粲如也」，而方苞評之曰〔註68〕：

> 傷武帝不能依古崇庠序以興教化，而儒術反變為文辭之學也。〈史序〉多微文，不敢斥指。如酷吏，天下所公惡也，而〈序〉乃曰：『民姦軌弄法，善人不能化；唯一切嚴削，為能齊之』，皆辭若褒美，而義存譏刺也。」

而太史公贊〈三王世家〉曰：「文辭爛然，甚可觀也」。一曰「文辭粲如」，一曰「文辭爛然」，二者皆是以褒美之辭，而存譏刺之意。三子之封王，始於武帝之私心，其

〔註63〕　《史記・衛將軍驃騎列傳》：「建元二年春，青姊子夫得入宮幸上」。故據此推算，元狩六年距衛后入宮已有二十三年，色衰云云，當非虛言。

〔註64〕　《史記・外戚世家》：「及衛后色衰，趙之王夫人幸。」

〔註65〕　《漢書・武五子傳》云：「閎母王夫人有寵，閎尤愛幸。」

〔註66〕　《史記・齊悼惠王世家》。

〔註67〕　《史記・三王世家》注引《索隱》。

〔註68〕　見氏著《史記注補正》，收於《二十五史三編》，張舜徽主編，長沙：岳麓書社，1994年。

出發點實乃「太史公曰」所言「愛之欲其富，親之欲其貴」；而群臣贊成此議，一再促勸，亦不過逢迎上意。君臣上下，各懷其私，所謂「天子恭讓，群臣守義」，都只不過是在文辭上大作工夫而已。西漢自武帝後，「亡義而有財者顯於世，欺謾而善書者尊於朝」〔註69〕，日後「廉恥相冒，風俗敗壞」，由〈三王世家〉即可發現其端。故太史公言「文辭爛然，甚可觀也」，實有其譏諷之深意〔註70〕。

　　然而史公之所以作〈三王世家〉，並非只是爲了記武帝封子之私心。他在「太史公曰」中說，此等事「自古至今，所由來久矣。非有異也，故弗論著也」，強調這不是他的作意所在。太史公所欲記者，乃文辭之「爛然可觀」是也。史家去取有義，漢代可觀之文辭過於此者不勝枚舉，何以必錄數奏策之全文？事實上，〈三王世家〉所欲彰明者，實乃武帝這種以「恭讓」飾其多欲之心的作法〔註71〕。表面越是言「讓」，文辭越多暗示，期望群臣能心會上意，故武帝所謂的「讓」，不過是「爭」的另一種方式罷了。而群臣不但不據義直言，反而曲學阿上，一意逢迎。有如此君臣，天下風俗如何不壞！太史公在〈樂書〉的「太史公曰」中即言：

　　　　余每讀虞書，至於君臣相敕，維是幾安，而股肱不良，萬事墮壞，未嘗不
　　　　流涕也。

故〈三王世家〉所以列舉奏策，不厭其煩，非因其文辭之美，實乃錄武帝與群臣「自供之辭」，以自昭其醜。

　　而此作法不只見於〈三王世家〉，亦見於〈河渠書〉。〈河渠書〉全文登錄武帝「瓠子之詩」，其篇末「太史公曰」則云：「余從負薪塞宣房，悲瓠子之詩，而作〈河渠書〉」。古今學者讀〈河渠書〉皆以爲太史公錄「瓠子之詩」，乃爲記武帝「閔然有籲神憂民惻怛之意」〔註72〕、「惻然有憂世救民之司焉」〔註73〕，是「對武帝治河功績的熱烈歌頌」〔註74〕。

　　事實上，這樣的看法是有待商榷的。阮芝生先生〈《史記‧河渠書》析論〉一文

〔註69〕《漢書‧貢禹傳》中貢禹上元帝書。

〔註70〕張大可，〈《史記》殘缺與補纂考辨〉亦言：「司馬遷對『封策文』不作具體評述，只籠統地說了一句『文辭可觀』，是明褒暗貶。因爲漢武帝把漢初功臣及前代諸帝子孫所封侯王差不多一個個地消滅了，卻想要自己的兒子『世爲漢藩輔』，豈不可笑！」，見蘭州大學學報（社會科學版），1982年第3期，頁51。

〔註71〕《史記‧汲鄭列傳》：「上曰吾欲云云，黯對曰：『陛下內多欲，而外施仁義，奈何欲效唐虞之治乎。』」。

〔註72〕牛運震《史記評林》4/49（空山堂文集）。

〔註73〕歸來子《史記評林》29/4。

〔註74〕施丁，〈司馬遷寫「今上（漢武帝）」，收於《司馬遷研究新論》，施丁、陳可青編，鄭州：河南人民，1982年。

〔註75〕中，曾詳論河渠書錄「瓠子之詩」之用意：

> 悲者，痛也。（說文）「悲瓠子之詩」者乃太史公在遍歷天下河渠、親身負
> 薪塞河之後，於讀〈瓠子之詩〉時，心中傷而痛之；此乃隱含批判、譏刺
> 之意，並非史公「被〈瓠子詩〉所感動」。史公所傷痛者，武帝有求仙之
> 心，無恤民之意，以瓠子之決歸之天事，致使久不復塞，令民長陷水深之
> 中，而猶於〈瓠子詩〉中譴神罪人。……〈瓠子之詩〉雖古雅，實是武帝
> 之供詞。史公采之入書，並非重其文辭，而是欲其自供。

故可知〈河渠書〉實乃譏諷之作，〈瓠子之詩〉實乃錄武帝「自供之詞」，以明其不
恤民命、不知反省的心態。

此作法不只見於〈河渠書〉，又見於〈秦始皇本紀〉。始皇帝五巡行、六刻石，
刻石的用意都在「自頌功德」。秦實以詐力而取天下，何來功德可頌？因為有功德才
能封禪，封禪的目的在求長生不死〔註76〕。而太史公全載刻石文辭，最後則於〈封
禪書〉中大書「始皇封禪之後十二歲，秦亡」。兩相對照，褒貶自見，而隱然有譏刺
武帝封禪求仙之意。故牛運震云：

> 封禪求仙，秦皇漢武事蹟略同，太史公序二君事多作遙對暗照之筆。蓋武
> 帝失德處，不便明加貶語，而借秦皇特特相形，正以見漢武無殊於秦皇
> 也。……此中命意用筆之妙，真不可思議。《史記評注》卷四

然此作法不只見於〈秦始皇本紀〉，又再見於〈司馬相如列傳〉。史公〈司馬相
如列傳〉多載長卿文字，並非為其辭美，而是因其富譏刺武帝之意。這種說法並非
無中生有，前人亦多有此見解。如蔣彤言：

> 〈子虛〉、〈上林〉，風當時之苑囿也；〈喻巴蜀檄〉難父老、風開塞也；〈大
> 人賦〉，風好仙也；〈封禪書〉，風誇功也，從長楊獵而陳諫書，過宜春宮
> 而哀二世。文必指事，文備而事著矣，故并載之。《丹棱文抄》卷二〈書
> 司馬相如傳後〉

吳汝綸亦云：

> 此篇以諷諫為主。相如所長在辭賦，子長蓋絕重之，故備錄焉。……他文
> 不載，獨載數篇者，以諸文諷諫武帝所關最巨也。（《桐城先生點勘史記》
> 卷一百十七）

〔註75〕阮芝生，〈《史記·河渠書》析論〉，《國立臺灣大學歷史學系學報》15 期，頁 65～80，
1990 年。

〔註76〕關於這一點，請參考阮芝生，〈三司馬與漢武帝封禪〉，《國立臺灣大學歷史學系學報》
第 20 期，1996 年，頁 319、323。

而〈司馬相如列傳〉全文結於相如上武帝之〈封禪書〉，前人多以為此乃勸進武帝封禪之作，實則相反，此篇亦諷諫之作〔註77〕。武帝自即位起，就「尤敬鬼神之祀」，早有封禪之心〔註78〕；而相如之〈封禪書〉，其內容似武帝本不欲封禪，乃因大司馬之促請而「遷思回慮」，方詢封禪之事。此與〈三王世家〉中，武帝三請而後留中，五請而後封策，其心中早有此念，又欲群臣促請之寫法，完全相同。是以太史公於此兩者，皆全錄其文辭，以明譏刺之意。

《史記》乃「一家之言」，其於辭章之載錄，絕非求多求備，而是有其深意。故章實齋言：「熙載賡歌，見於〈虞典〉，詩非不可以入書也。〈鴟鴞〉之詩，〈金縢〉存目而略其辭。典籍互存，不必取備於一篇之中也。……古人之去取，古人之心也」〔註79〕，阮芝生先生亦言：「史家去取有義，吾人當於去取處見史家之心」〔註80〕。〈河渠書〉如是，〈秦始皇本紀〉如是，〈司馬相如列傳〉如是，〈三王世家〉亦復如是。太史公所以於〈三王世家〉一言不發，全載奏策，正欲襯武帝君臣文辭之「爛然可觀」，又何言哉！其譏諷之意，尤深於〈河渠書〉中的「瓠子之詩」。

世家體之首為〈吳太伯世家〉，太史公於篇中盛贊吳太伯之讓德，引孔子之言：「太伯可謂至德矣，三以天下讓，民無得而稱焉」，並於〈自序〉明言：「嘉伯之讓，作吳世家第一」，而有「崇讓」之意。關於這一點，阮芝生先生在〈論吳太伯與季札讓國〉〔註81〕一文中，對此已有深刻而精闢的討論。

世家體之末為〈三王世家〉，太史公於此篇言「天子恭讓，群臣守義」、「是以附之世家」。乍看之下，世家體之首末似皆言「讓」，然二者實有天壤之別。吳太伯三讓天下而口不言讓，故〈自序〉贊曰「嘉伯之讓」；武帝數言推讓，而〈自序〉不贊其讓行，但曰「文辭可觀」。首末對照，則知太史公實以編列君臣奏制，錄其自供的方式，彰明武帝虛讓實爭之用心，故有「譏爭」之意。首尾一正一反，互為對照。太史公於世家體之首尾，寓「崇讓譏爭」之深意，於是而亦明矣。

〔註77〕 同上註，頁333。

〔註78〕 《史記·封禪書》：「而上鄉儒術，招賢良，趙綰、王臧等以文學為公卿，欲議古立明堂城南，以朝諸侯，草巡狩封禪改曆服色事未就。」

〔註79〕 章學誠《文史通義·雜說》。

〔註80〕 〈《史記·河渠書》析論〉，頁77。

〔註81〕 阮芝生，〈論吳太伯與季札讓國〉，《國立臺灣大學歷史學系學報》第18期，頁1～38。

第四章　今上與孝武──本紀體之末〈今上本紀〉討論

在《史記》中，「今上」（漢武帝）無疑的是一個極重要的人物。在〈太史公自序〉裡，司馬談執太史公之手，交代遺言的時候說：

> 今漢興，海內一統，明主賢君忠臣死義之士，余爲太史而弗論載，廢天下之史文，余甚懼焉，汝其念哉！

而太史公也曾對上大夫壺遂說：

> 且士賢能而不用，有國者之恥；主上明聖而德不布聞，有司之過也。且余嘗掌其官，廢明聖盛德不載，滅功臣世家賢大夫之業不述，墮先人所言，罪莫大焉。

由此可見，太史公作《史記》的目的之一，就是要把當代君臣賢者的事蹟加以論載。而武帝身爲「今上」，當代發生的大事，如「外攘夷狄，內脩法度，封禪，改正朔，易服色」〔註1〕，都是由其主導或在其同意下進行的。這些措施，對漢朝的命運甚至於後代的歷史，都產生了極爲重大的影響。更何況，武帝一朝雖然只佔《史記》兩千餘年記事中的五十年左右，但今本《史記》百三十篇中，和武帝相關的篇目就有五十六篇〔註2〕。因此武帝在《史記》中的地位，不僅是極爲重要，甚至是無人能比。因此，如果說武帝是《史記》一書的中心人物，也不爲過。

可惜的是，「今上」的地位如此重要，但《史記》中與其關係最密切的〈今上本紀〉，卻已經確定亡佚了。今本《史記》中所見的，只有用《史記・封禪書》移補而成的〈孝武本紀〉。以致於今日正史之中，唯一直接記載武帝事蹟的，只有《漢書・

〔註1〕 《史記・太史公自序》「今上本紀」之敍目。
〔註2〕 以武帝一朝爲重點的篇章，共有二十九篇，而旁及武帝一朝史事之篇章，共有二十七篇。詳細篇目，請見本章第二節。

武帝紀》。這對於想要研究太史公對「今上」評價的後人來說，實在是莫大的損失。

然而，〈今上本紀〉到底是何時亡佚的？它又是在什麼樣的情況下亡佚？〈今上本紀〉亡佚之後，我們是否有別的方法，能夠對太史公心中的「今上」加以瞭解呢？而太史公心中的「今上」，又和《漢書》中所記載的「孝武」有何不同呢？本章的目的，就是希望全面彙整《史記》中其他有關武帝的材料，來瞭解太史公心中的「今上」。同時也希望能和《漢書》中的「孝武」作一比較，以期對馬、班與《史》、《漢》，有更進一步的瞭解。

一、〈今上本紀〉亡佚考

《史記》成書至今已有兩千餘年，關於其各篇眞僞和續補篡附的問題，始終爭議不絕，莫衷一是。〈今上本紀〉亦然，故成爲《史記》研究史上的一大公案。

近代探討〈今上本紀〉亡佚原因的專文，爲數不多。其中較早也是較深入的文章，是余嘉錫的《太史公書亡篇考·武紀第四》〔註3〕（1941），主要討論的重點，在於今本〈孝武本紀〉是否爲褚少孫所補，文中列舉前人之說，一一詳加比對，最後余氏認爲〈孝武本紀〉並非褚補，實乃後人妄續。李長之《司馬遷之人格與風格》第六章第一節〈缺與補〉〔註4〕，則認爲太史公抄〈封禪書〉而成〈孝武本紀〉，故此紀實未亡。張大可《〈史記〉殘缺與補竄考辨》〔註5〕（1982），則認爲衛宏所說的景、武兩紀被削，是因爲他看的是《史記》的刪節本，但張大可並未解釋今本〈今上本紀〉亡佚的原因。逯耀東先生〈司馬遷「通古今之變」的「今」之開端〉〔註6〕（1993），則認爲因「巫蠱之禍」，「〈今上本紀〉可能被司馬遷自己親手刪削了」〔註7〕。除此之外，其他討論〈今上本紀〉亡佚的文章，多半只是在討論《史記》十篇缺問題時，附帶提及前人之說，而未加以深考，故不一一列舉。

如第三章曾經提到的，《史記》在最早成書的時候，應該是完備無缺的。據《史記·太史公自序》所說：「凡百三十篇，五十二萬六千五百字，爲《太史公書》」。篇數、字數都已數的清清楚楚，不太可能有草創未作的部份存在。而這樣完整的本子，

〔註3〕 收於氏著《余嘉錫論學雜著》內，北京：中華書局，1963年。

〔註4〕 李長之，《司馬遷之人格與風格》第六章第一節〈缺與補〉，台北：里仁書局，1997年。

〔註5〕 張大可，〈《史記》殘缺與補竄考辨〉，《蘭州大學學報》（社會科學版）第3期，1993年。

〔註6〕 逯耀東，〈司馬遷「通古今之變」的「今」之開端〉，《輔仁歷史學報》第5期，1993年12月。

〔註7〕 同上註。

太史公一共留下了兩部，一部「藏之名山」〔註8〕，也就是俗稱的藏本；一部「副在京師」〔註9〕、「傳之其人通邑大都」〔註10〕，也就是俗稱的傳本。所謂的「名山」，指的是「西漢官方秘府」，此即藏本之所在；而所謂的「傳之其人」，就目前的史料來看，指的應該是太史公的外孫楊惲，此即傳本之所在〔註11〕。太史公之所以多留下一個本子，極可能是為了防範此書日後亡佚或遭人篡亂。武帝時，太史公父子負責石室金匱的圖書整理工作〔註12〕，眼見秦火劫餘典籍「書缺簡脫」〔註13〕的散亂情形，不由得不心生戒懼，故其在《史記·六國年表》序中慨嘆：「秦既得意，燒天下詩書，諸侯史記尤甚，為其有所刺譏也。詩書所以復見者，多藏人家；而史記獨藏周室，以故滅。惜哉，惜哉！」因此，太史公留下藏、傳兩本，又在〈自序〉中對全書篇數和字數特別加以強調，就是希望日後其中一個本子缺佚時，還有另一個本子可以校補。

藏本後來藏在秘府中，不能輕易一見，更不用說是外流了。《漢書·宣元六王傳》曾記載成帝時東平思王劉宇，以叔父身份求《太史公書》，成帝問大將軍王鳳，王鳳云：「《太史公書》有戰國從橫權譎之謀，漢興之初謀臣奇策，天官災異，地形阨塞，皆不宜在諸侯王，不可予」。諸侯王尚且不予《太史公書》，可知漢廷對此書重視的程度。至於傳本的流傳情形，《漢書·司馬遷傳》說：「遷既死後，其書稍出。宣帝時，遷外孫平通侯楊惲祖述其書，遂宣布焉」，但是後來楊惲因大逆罪被腰斬，於是傳本從此下落不明。但從「其書稍出」四字來看，在太史公死後到楊惲「宣布」之間，《史記》已有少數篇卷流入民間，然多以單篇行之，並非完帙。然而到了兩漢更替之際，京師禍亂不已，秘府典籍，重遭劫難，中秘本《太史公書》亦未能倖免。所以東漢的班固在《漢書·藝文志》中說「《太史公》百三十篇，十篇有錄無書」；又在〈司馬遷傳〉中說「而十篇缺，有錄無書」。而班固所看到的《史記》，已經不是中秘本之舊，而是集藏本、傳本和民間抄本之大成的蘭臺藏本。但是，蘭臺藏本並非天下孤本；更重要的是，班固始終沒有說明，到底《史記》亡缺的是哪十篇。因此，「十篇缺」之說並不能用來論斷《史記》任何一篇的真偽，它的價值在於確定

〔註8〕《史記·太史公自序》。
〔註9〕《史記·太史公自序》。
〔註10〕語見《報任少卿書》。
〔註11〕關於這一部份的詳細討論，請參考易平〈楊惲與《太史公書》〉，《大陸雜誌》第九十三卷第一期，頁33～40。
〔註12〕請參考逯耀東〈論司馬遷「成一家之言」的兩個層次──〈太史公自序〉的「拾遺補藝」〉，《國立臺灣大學歷史學系學報》第17期，1992年12月。
〔註13〕《漢書·藝文志》序。

《史記》在東漢初年已有缺佚的部份。

然而，在兩漢之間還有一個《史記》的本子，是過去學者從未討論過的。班固在《漢書・敘傳》中曾述其先祖之業曰：

> （班）斿博學有俊材，左將軍史丹舉賢良方正，以對策爲議郎，遷諫大夫、右曹中郎將，與劉向校祕書。每奏事，斿以選受詔進讀羣書。上器其能，賜以祕書之副。時書不布，自東平思王以叔父求《太史公》、諸子書，大將軍白不許。語在〈東平王傳〉。

從上面這段話可知，班氏在西漢成帝時，就已經受賜以「秘書之副」，也就是秘府藏書的副本，可見班氏受朝廷信任的程度。這一批藏書的內容包含哪些，我們雖不得而知，但從下列幾點來看，其中應該包括《太史公》書：

（一）班固言其家受書之榮寵，即舉東平思王求《太史公》書不得爲例，以爲對比。可見受賜的「秘書之副」中，應有《太史公》書，否則這樣的對照有何意義？

（二）班固又敘其父少年之學曰：「彪字叔皮，幼與從兄嗣共遊學，家有賜書，內足於財，好古之士自遠方至，父黨揚子雲以下莫不造門」，既然是「家有賜書」，又「與從兄嗣共遊學」，可見班彪在少年時代就已經看過了家藏的秘書副本。在《後漢書・班彪列傳》中談到，班彪在王莽之亂時避地河西，而後還至京師，「拜徐令，以病免」，於是遂「專心史籍之閒」，作《太史公》之「後傳」。同時他又針對《太史公》書的內容，作出略論：

> 孝武之世，太史令司馬遷採《左氏》、《國語》，刪《世本》、《戰國策》，據楚、漢列國時事，上自黃帝，下訖獲麟，作本紀、世家、列傳、書、表凡百三十篇，而十篇缺焉。遷之所記，從漢元至武以絕，則其功也。至於採經摭傳，分散百家之事，甚多疎略，不如其本，務欲以多聞廣載爲功，論議淺而不篤。其論術學，則崇黃老而薄五經；序貨殖，則輕仁義而羞貧窮；道游俠，則賤守節而貴俗功：此其大敝傷道，所以遇極刑之咎也。然善述序事理，辯而不華，質而不野，文質相稱，蓋良史之才也。誠令遷依五經之法言，同聖人之是非，意亦庶幾矣。
>
> 夫百家之書，猶可法也。若《左氏》、《國語》、《世本》、《戰國策》、《楚漢春秋》、《太史公》書，今之所以知古，後之所由觀前，聖人之耳目也。司馬遷序帝王則曰本紀，公侯傳國則曰世家，卿士特起則曰列傳。又進項羽、陳涉而黜淮南、衡山，細意委曲，條列不經。若遷之著作，採獲古今，貫穿經傳，至廣博也。一人之精，文重思煩，故其書刊落不盡，尚有盈辭，多不齊一。若序司馬相如，舉郡縣，著其字，至蕭、曹、陳平之屬，及董

　　仲舒並時之人，不記其字，或縣而不郡者，蓋不暇也。今此後篇，慎覈其
　　事，整齊其文，不爲世家，唯紀、傳而已。

　　從上文來看，班彪在東漢初，不過官拜「徐令」，是無由得見中秘藏書的。而病免居家後，尚能作《後傳》，又能對《太史公》書的內容作出如此詳盡的敘述，足以證明他家必定藏有《太史公》書。

　　（三）《後漢書・王充傳》中曾提到：「充少孤，鄉里稱孝，後到京師，授業太學，師事扶風班彪」，而今日王充所著《論衡》中，〈命祿篇〉、〈幸偶篇〉、〈禍虛篇〉、〈道虛篇〉、〈超奇篇〉、〈須頌篇〉、〈佚文篇〉、〈實知篇〉、〈定賢篇〉、〈書解篇〉、〈案書篇〉、〈對作篇〉多引太史公言及《太史公》書，徵引的範圍包括〈佞幸列傳〉、〈蒙恬列傳〉、〈伯夷列傳〉、〈封禪書〉、〈留侯世家〉、〈孟子荀卿列傳〉、〈三代世表〉、〈刺客列傳〉等，這極可能是從班彪處見到的。可作爲班氏持有《太史公》書的旁證。

　　從班彪的略論中，還可以知道一件更重要的事。即班彪所說的「十篇缺」，一開始指的並非蘭臺藏本，而是班氏家中所藏之中秘副本。也就是說，從漢武帝到成帝之間，秘府中所藏的《太史公》書，就已經遺失了十篇，故賜予班氏之副本才會沒有這十篇。漢代對秘書管理極其嚴格，就目前所見的史料來看，並沒有任何關於中秘藏書損失的記載，因此這十篇比較有可能是被朝廷削去了。

　　然而秘府藏書既不虞爲常人所見，爲什麼漢廷還要削去十篇？何況當時的中秘本《太史公》書，連「有戰國從橫權譎之謀，漢興之初謀臣奇策，天官災異，地形阸塞」的篇章都還能留下（否則王鳳就不會知道它們的內容），何以這十篇會不見容於漢廷？唯一的解釋是，這十篇的內容「微文譏刺，貶損當世」〔註14〕的程度，是遠遠超過漢廷所能容忍的極限，故必削之而後快。而日後班固因「私改作國史」爲人所告，明帝「盡取其家書」，班氏家藏本也因此沒入漢廷，由此可見當時朝廷的嚴厲查緝態度。因此日後朝廷徵集遺文逸典時，民間就算眞藏有亡缺的這十篇，也未必敢獻上來；而以班固尊顯漢天子的一貫態度來看〔註15〕，就算民間眞有人敢獻出這不見容於漢廷的十篇，他是否願意收錄，都是一個問題。而他在《漢書・司馬遷傳》中，始終不願清楚說明《太史公》亡缺的篇目，亦可能與此有關。故由此推論，《太史公》書之亡缺，應該與漢廷之厲禁有密不可分的關係。

〔註14〕《藝文類聚》卷十引班固《典引》敍文。
〔註15〕《史記・太史公自序》言《春秋》「貶天子，退諸侯，討大夫」，《漢書・司馬遷傳》刪之爲「貶諸侯，討大夫」，而不敢言天子，由此可見班固維護天子的態度。而他在《典引》中也贊漢室曰：「盛哉！皇家帝世，德臣列辟，功君百王，榮鏡宇宙，尊無與抗」，以漢爲尊之意，明見言中。

據陳直〈漢晉人對《史記》的傳播與評價〉〔註16〕一文考證，兩漢之間，朝廷雖亦曾賜《太史公》書於下，但多為散篇，未如班氏之全。如《後漢書・竇融傳》：「乃賜以《外屬圖》，及《太史公》〈五宗〉、〈外戚世家〉、〈魏其侯列傳〉」；又《後漢書・王景傳》：「又以嘗修浚儀，功業有成，乃賜景《山海經》、〈河渠書〉，及《禹貢圖》及錦帛衣物」。而由《史記》續書者眾〔註17〕，及邊郡漢簡〔註18〕出現《史記》內文來看，當時官方雖密不示人，但民間傳播極速。漢廷愈秘禁，而民間愈流傳。因此，論斷《史記》篇章的真偽，是萬萬不能根據一人之說，就率爾斷定的。

最早明確指出亡缺十篇名目的，是三國時代的魏人張晏。其云：

> 遷沒之後，亡〈景紀〉、〈武紀〉、〈禮書〉、〈樂書〉、〈兵書〉、〈漢興以來將相年表〉、〈日者列傳〉、〈三王世家〉、〈龜策列傳〉、〈傅靳列傳〉。元、成之間，褚先生補闕，作〈武帝紀〉、〈三王世家〉、〈龜策〉、〈日者列傳〉，言辭鄙陋，非遷本意也。（《漢書・司馬遷傳》顏師古注引張晏言）

但是，後人對於張晏所舉的篇目，是很有疑惑的。疑惑的原因，就像呂祖謙所說的「以張晏所列亡篇之目校之《史記》，或其篇具在，或草具而未成」〔註19〕，實在不能率爾斷其為偽。事實上，就連引用張晏說的顏師古，都不完全相信張晏所提出的亡缺篇目〔註20〕。產生這種情況的的原因，在於張晏所見的，究竟是《史記》的哪一個本子？當時是否還有其他相異的《史記》版本？在這個問題未確定前，張晏之說恐怕不能作為定論。而張晏之後，在《史記》亡佚篇目的問題上，學者更是眾說紛紜，有主張十篇全亡的〔註21〕，有主張七篇亡的〔註22〕，有主張僅亡一篇的〔註23〕，甚至有如崔適，

〔註16〕陳直，〈漢晉人對《史記》的傳播與評價〉，收入氏著《文史考古論叢》，天津：天津古籍，1988年。

〔註17〕劉知幾《史通・古今正史篇》：「《史記》所書，年止漢武太初，已後闕而不錄。其後劉向、向子歆及諸好事者若馮商、衛衡、揚雄、史岑、梁審、肆仁、晉馮、段肅、金丹、馮衍、韋融、蕭奮、劉恂等，相次撰續」。

〔註18〕陳直〈漢晉人對《史記》的傳播與評價〉一文中，引羅布淖爾《考古記》，認為有一殘簡之文字，類《史記・匈奴列傳》，故知西漢末期《史記》已有一部份流傳邊郡；且敦煌漢簡，亦有類似〈淳于髡傳〉文字。

〔註19〕呂祖謙《大事記解題》卷十。

〔註20〕《漢書・司馬遷傳》顏師古注：「序目本無〈兵書〉，張云亡失，此說非也」。

〔註21〕如《史記集解》、《史記索隱》、余嘉錫《太史公書亡篇考》等都認為亡佚十篇，如張晏所言。

〔註22〕此為梁玉繩在《史記志疑》卷七中所提出的說法，他認為「十」乃「七」的筆誤，將張晏的篇目刪去〈景紀〉、〈將相表〉、〈律書〉、〈傅靳傳〉，再加上〈曆書〉，就成了亡七篇。

〔註23〕此為呂祖謙《大事記解題》卷十提出之說，他認為《史記》僅亡〈今上本紀〉，其餘九篇皆佚而復出。

主張《史記》共亡二十九篇〔註24〕。但是，不管是那一種說法，都有一個共同點，那就是大家都認爲《史記·今上本紀》已然亡佚，此絕無疑問。

最早談到本紀體有缺的，是東漢初年的衛宏。《史記集解·太史公自序》引衛宏《漢書舊儀注》〔註25〕曰：

> 司馬遷作〈景帝本紀〉，極言其短及武帝過，武帝怒而削去之。後坐舉李陵，陵降匈奴，故下遷蠶室。有怨言，下獄死。

後來魏的王肅，也主張這種說法。《三國志·魏書·王肅傳》曰：

> 帝又問：「司馬遷以受刑之故，內懷隱切，著《史記》非貶孝武，令人切齒。」對曰：「司馬遷記事，不虛美，不隱惡。劉向、揚雄服其善敘事，有良史之才，謂之實錄。漢武帝聞其述史記，取孝景及己本紀覽之，於是大怒，削而投之。於今此兩紀有錄無書。後遭李陵事，遂下遷蠶室。此爲隱切在孝武，而不在於史遷也。」

而葛洪的《西京雜記》則說：「作〈景帝本紀〉，極言其短，及武帝之過，帝怒而削去之。後坐舉李陵，陵降匈奴，下遷蠶室。有怨言，下獄死」，這幾乎一字不改，明顯的是承襲衛宏的說法。雖然三人都主張武帝「怒而削書」說，但如詳加比較，則可以歸納出下列幾個重點：

(一) 衛宏、葛洪只說武帝削去了〈景帝本紀〉，而王肅卻說削去了〈景帝本紀〉和〈今上本紀〉。因此〈今上本紀〉亡佚之說，應該是始於王肅而非衛宏。但是，在衛宏之說中提到「極言其短及武帝過」，而今本《史記·孝景本紀》中，我們實在找不到有關於「武帝過」的記載。因此，衛宏所指被「怒而削去之」的部份，是否包括〈今上本紀〉，是可以再商榷的。

(二) 衛宏的《漢舊儀》和葛洪的《西京雜記》，內容多收集里巷傳聞之辭，及小說家言。如「坐舉李陵」，很明顯的就和史實不符，故後世學者常因此質疑其說。但王肅不同，其身爲一時顯學，所問答的對象，又是當時的天子。因此他所說的話，應該有相當的可信度，不可輕率視之。

(三) 但三人的說法中，有一個最大的漏洞，使其說多不爲後人所信。三人都說武帝先削本紀，而後因李陵事，下太史公於蠶室。但是史公之下蠶室，在天漢二年（西元前 99 年）；而《報任少卿書》，完成於征和二年（西元前 91 年）。觀之《報任少卿書》中，太史公很明白的說「草創未就，適

〔註24〕 請參閱崔適《史記探源》卷一。
〔註25〕 衛宏之書，《史記集解》作《漢書舊儀注》，《隋書·經籍志》作《漢舊儀》，馬端臨《文獻通考·經籍考》作《漢官舊儀》，實乃一書而異名。

—89—

會此禍」,可見《史記》之完成,必在李陵事之後。而後來完成的《史記》,的確是「本紀十二」、「百三十篇」〔註26〕的足本,這絕無疑問。

換句話說,武帝到底有沒有削去兩篇本紀,我們雖然不得而知。但是我們可以肯定在李陵之禍後,太史公確實完成了〈景帝本紀〉和〈今上本紀〉。也就是說,後來〈今上本紀〉的亡佚,和武帝這一次的「怒而削之」是沒有關係的。如《三國志・吳書・韋曜傳》引華覈言:「昔李陵為漢將,軍敗不還而降匈奴,司馬遷不加疾惡,為陵遊說,漢武帝以遷有良史之才,欲使畢成所撰,忍不加誅,書卒成立,垂之無窮」。因此當《史記》成書之時,應該是百三十篇完整無缺之作,〈今上本紀〉應該是在成書之後才亡佚的。

但是,這並不代表衛宏、王肅、葛洪之說沒有價值。事實上,從他們的說法中,我們至少可以確定兩件事:

（一）在東漢初年,當時的人就必須對《史記》譏制武帝的問題提出解釋。可見〈今上本紀〉極可能亡佚於東漢以前,因此班氏父子所說的「十篇有錄無書」,也極有可能包括〈今上本紀〉在內。

（二）從東漢到西晉,當時的學者普遍相信,〈今上本紀〉是因為譏刺武帝之過,所以才會遭到亡佚的命運。就連對《史記》持負面評價的王允也說:「昔武帝不殺司馬遷,使作謗書,流於後世」,因此我們可以推論,〈今上本紀〉的內容對於武帝應該是有所譏刺的。

然而,〈今上本紀〉雖然亡佚,但今本《史記》中卻有一篇〈孝武本紀〉在,其內容全取《史記・封禪書》,不過更動少許文字而已。近人如李長之主張這是太史公自己重抄的〈封禪書〉,以此加強對武帝迷信鬼神的諷刺〔註27〕。但這是不太可能的,因為〈太史公自序〉敘目中說:「漢興五世,隆在建元,外攘夷狄,內脩法度,封禪,改正朔,易服色。作今上本紀第十二」,封禪不過其中一事。更何況,太史公所作的是〈今上本紀〉,不是〈孝武本紀〉,補缺者之所以更改名稱,就是不想冒充原作。可見〈孝武本紀〉絕非太史公所作,應為後人所補,李長之之說實在無法成立。

那麼這位「後人」是否如張晏所言,乃是褚少孫呢?依今本〈孝武本紀〉的內容來看,這也是不太可能的。因為:

（一）《史記》中凡是褚少孫所續或所補的文字,多半都用「褚先生曰」開頭,例如〈三王世家〉、〈龜策列傳〉、〈日者列傳〉皆是。而今本〈孝武本紀〉,

---

〔註26〕見《報任少卿書》。

〔註27〕見氏著《司馬遷之人格與風格》第六章第一節〈缺與補〉,台北:里仁書局,1997年。

卻完全不見「褚先生曰」。

(二) 褚少孫續補，多半爲其自己的發明。如〈三王世家〉之編列封策書及敘
　　述三王事蹟，〈滑稽列傳〉增列六人事蹟等皆是。但今本〈孝武本紀〉卻
　　是完全移〈封禪書〉以代，不似褚生補續風格。

　　因此古今學者如梁玉繩〔註28〕、孫同元〔註29〕、崔適〔註30〕、余嘉錫〔註31〕等，
都認爲今本〈孝武本紀〉絕非褚生所補。當然張晏之說並非沒有價值，我們從他的
說法中至少可以確定，在曹魏以前就已經有〈孝武本紀〉出現了。

　　然而如以今本《史記》的內容，來驗證張晏所說的十篇篇目，則除了〈今上本
紀〉之外，其餘九篇今日都可一見，這有可能是藏、傳兩本之間互補的結果〔註32〕。
但令人好奇的是，爲何九篇都能有所補，獨有〈今上本紀〉亡佚至今，不見蹤跡？
有許多前輩學者，都嘗試對此提出解釋。如張晏、王肅提出了「怒而削之」說，呂
祖謙認爲「〈武紀〉終不見者，豈非指切尤甚，雖民間亦畏禍而不藏乎」〔註33〕，
茅坤認爲「豈腐刑之後，太史公多戒心，遂毀其書而不出耶」〔註34〕，逯耀東先生
則認爲因「巫蠱之禍」，「〈今上本紀〉可能被司馬遷自己親手刪削了」〔註35〕。以
上的說法，當然都有可能，但是在沒有確切的證據之下，實在無法做出最後的論斷。
不過，從古人的說法來看，至少自東漢以下，普遍都認爲〈今上本紀〉有譏刺武帝
的內容在；而「怒而削之」說，極可能就是從漢廷刪削《史記》的事實而來。

　　因此從以上的論證，可以總結出下列三點：

(一) 〈今上本紀〉極可能是在西漢中期《太史公》書成書之後，到東漢初年之
　　間亡佚的。

(二) 遲至曹魏時，就已經有人補作了〈孝武本紀〉。

(三) 〈今上本紀〉也極可能因漢廷的嚴厲查禁之故，以致亡佚而不復出。

二、《史記》全書關於「今上」的記載：附〈今上長編〉

　　〈今上本紀〉的亡佚，是已經可以確定的事實。然而，〈今上本紀〉雖亡，但今

〔註28〕《史記志疑》卷七。
〔註29〕見《詁經精舍文集》卷四孫同元〈史記缺篇補篇考〉。
〔註30〕見崔適《史記探源》卷一。
〔註31〕見余嘉錫《太史公書亡篇考・武紀第四》。
〔註32〕關於這一點，請參閱本文第三章第三節，有詳細的討論。
〔註33〕《東萊呂太史別集》卷十四〈辨史記十篇有錄無書〉。
〔註34〕《史記鈔》卷七。
〔註35〕見逯耀東，〈司馬遷「通古今之變」的「今」之開端〉，《輔仁歷史學報》第5期，1993
　　　年12月。

本《史記》中仍然留有大量與「今上」相關的材料，分散於各篇之中。如果我們能將這些材料，全面的加以彙整，或許能夠彌補〈今上本紀〉的損失於萬一。同時，用這個基礎再來討論太史公心中的「今上」，才不致成為無根之談或一偏之見。茲先將《史記》中有關武帝直接相關之篇章共二十九篇，及旁及武帝之篇章共二十七篇，分別條列其篇名與敘目如下：

　　（一）直接相關：即內容之全部或大部，以武帝一朝為重點，或與武帝密切相關者。

1. 漢興五世，隆在建元，外攘夷狄，內脩法度，封禪，改正朔，易服色。作〈今上本紀〉第十二。

2. 漢興已來，至于太初百年，諸侯廢立分削，譜紀不明，有司靡踵，彊弱之原云以世。作〈漢興以來諸侯王年表〉第五。

3. 維高祖元功，輔臣股肱，剖符而爵，澤流苗裔，忘其昭穆，或殺身隕國。作〈高祖功臣侯者年表〉第六。

4. 惠景之閒，維申功臣宗屬爵邑，作〈惠景閒侯者年表〉第七。

5. 北討彊胡，南誅勁越，征伐夷蠻，武功爰列。作〈建元以來侯者年表〉第八。

6. 諸侯既彊，七國為從，子弟眾多，無爵封邑，推恩行義，其埶銷弱，德歸京師。作〈建元以來王子侯者年表〉第九。

7. 國有賢相良將，民之師表也。維見〈漢興以來將相名臣年表〉，賢者記其治，不賢者彰其事。作〈漢興以來將相名臣年表〉第十。

8. 受命而王，封禪之符罕用，用則萬靈罔不禋祀。追本諸神名山大川禮，作〈封禪書〉第六。

9. 維禹浚川，九州攸寧；爰及宣防，決瀆通溝。作〈河渠書〉第七。

10. 維幣之行，以通農商；其極則玩巧，并兼茲殖，爭於機利，去本趨末。作〈平準書〉以觀事變，第八。

11. 五宗既王，親屬洽和，諸侯大小為藩，爰得其宜，僭擬之事稍衰貶矣。作〈五宗世家〉第二十九。

12. 三子之王，文辭可觀。作〈三王世家〉第三十。

13. 吳楚為亂，宗屬唯嬰賢而喜士，士鄉之，率師抗山東滎陽。作〈魏其武安侯列傳〉第四十七。

14. 智足以應近世之變，寬足用得人。作〈韓長孺列傳〉第四十八。

15. 勇於當敵，仁愛士卒，號令不煩，師徒鄉之。作〈李將軍列傳〉第四十九。

16. 自三代以來，匈奴常為中國患害；欲知彊弱之時，設備征討，作〈匈奴列傳〉

第五十。

17. 直曲塞，廣河南，破祁連，通西國，靡北胡。作〈衞將軍驃騎列傳〉第五十一。

18. 大臣宗室以侈靡相高，唯弘用節衣食爲百吏先。作〈平津侯主父列傳〉第五十二。

19. 漢既平中國，而佗能集楊越以保南藩，納貢職。作〈南越列傳〉第五十三。

20. 吳之叛逆，甌人斬濞，葆守封禺爲臣。作〈東越列傳〉第五十四。

21. 燕丹散亂遼閒，滿收其亡民，厥聚海東，以集眞藩，葆塞爲外臣。作〈朝鮮列傳〉第五十五。

22. 唐蒙使略通夜郎，而邛笮之君請爲內臣受吏。作〈西南夷列傳〉第五十六。

23. 子虛之事，大人賦說，靡麗多誇，然其指風諫，歸於無爲。作〈司馬相如列傳〉第五十七。

24. 黥布叛逆，子長國之，以塡江淮之南，安剽楚庶民。作〈淮南衡山列傳〉第五十八。

25. 正衣冠立於朝廷，而羣臣莫敢言浮說，長孺矜焉；好薦人，稱長者，壯有溉。作〈汲鄭列傳〉第六十。

26. 自孔子卒，京師莫崇庠序，唯建元元狩之閒，文辭粲如也。作〈儒林列傳〉第六十一。

27. 民倍本多巧，姦軌弄法，善人不能化，唯一切嚴削爲能齊之。作〈酷吏列傳〉第六十二。

28. 漢既通使大夏，而西極遠蠻，引領內鄉，欲觀中國。作〈大宛列傳〉第六十三。

29. 〈太史公自序〉第一百三十。

（二）連帶提及：即內容雖敘前事，但旁及武帝一朝史事者。

1. 〈周本紀〉（封周子南君事）

2. 〈孝景本紀〉

3. 〈禮書〉

4. 〈樂書〉

5. 〈曆書〉

6. 〈天官書〉

7. 〈孔子世家〉（孔安國爲博士事）

8. 〈外戚世家〉

9. 〈荊燕世家〉

10. 〈齊悼惠王世家〉

11. 〈蕭相國世家〉

12. 〈絳侯周勃世家〉

13. 〈梁孝王世家〉

14. 〈仲尼弟子列傳〉

15. 〈樊酈滕灌列傳〉

16. 〈張丞相列傳〉

17. 〈酈生陸賈列傳〉

18. 〈傅靳蒯成列傳〉

19. 〈季布欒布列傳〉

20. 〈袁盎鼂錯列傳〉

21. 〈張釋之馮唐列傳〉

22. 〈萬石張叔列傳〉

23. 〈田叔列傳〉

24. 〈游俠列傳〉

25. 〈佞幸列傳〉

26. 〈龜策列傳〉

27. 〈貨殖列傳〉

　　有了這五十六篇的材料後，接下來就是如何彙整的工作。基本上，《史記》中的本紀體，是以編年為主，內容僅書大事，包括「政刑大端」、「興衰變故」、「列國大事」三大項〔註36〕。因此，今天要用《史記》中的材料，來補〈今上本紀〉，也應該採取編年的體裁。但由於這裡是補佚，為了能全面的瞭解太史公心中的「今上」，因此採取「寧失於詳，毋失於略」的原則，只要是和武帝一朝有關之事，全部都將收入，以成〈今上長編〉。

　　但是，這樣的作法，也產生了一些問題必須加以解決：

　　（一）《史記》中的記事年份，有許多是和《漢書》相異之處。有些的確是《史記》流傳中，所造成的誤書。最明顯的例子，就是〈匈奴列傳〉中李廣利降匈奴事〔註37〕，此事發生於征和三年（97B.C.），而〈匈奴列傳〉誤置於天漢四年〔註38〕

〔註36〕 請參閱阮芝生〈論史記五體及「太史公曰」的述與作〉，《國立臺灣大學歷史學系學報》第6期，1979年12月。

〔註37〕 《史記索隱》引張晏言，認為此段乃劉向、褚少孫所錄。但近人王國維則認為，此

（90B.C.）。然而，本長編的目的不在考證漢代史實（這個工作，《資治通鑑》已經做過了），而是在整理今日所見《史記》中的記述。因此即使明知《史記》所記年份有誤，本文仍會按其所記年份排列，以存原貌。

　　（二）本紀體固然是編年，但書體和列傳體中，卻不一定記述其明確的年份。史公常用「其後數歲」、「後十餘年」、「後二十餘年」等語，將同一人同一事連類而敘之，使得按年代排列其事的工作有所困難。因此，本長編所採取的原則是：

1. 《史記》如有明確年份，則依《史記》所記排序。

2. 《史記》無明確年份，則參考《漢書》或《資治通鑑》定年。

3. 如果上述材料都不足以定其年份，就依《史記》原文之次序，附記於同一類事之下。

　　（三）此外，如太史公之生年，向有「景帝中五年」說，及「建元六年」說之爭議。在這一方面，袁傳璋〈從書體演變角度論「索隱」、「正義」的十年之差──兼爲司馬遷生於武帝建元六年說補證〉〔註39〕（1995）及〈太史公「二十歲前在故鄉耕讀說」商酌〉〔註40〕（1995）兩文，是目前最具代表性的專文。因此姑依袁說，以建元六年爲史公生年，以序史公之生平。

　　（四）《史記‧太史公自序》曰：「上記軒轅，下至于茲，著十二本紀」，由此推測〈今上本紀〉的記事之迄，有可能和〈太史公自序〉相同。《報任少卿書》成於征和二年十一月〔註41〕，〈太史公自序〉之成，則後於《報任少卿書》〔註42〕。故〈今上本紀〉的記事最晚可能到征和三年。

　　而《史記》記事的最後斷限，應該是迄於征和三年李廣利降匈奴事。但如果依〈匈奴列傳〉，把此事置於天漢四年，則《史記》的最晚記事，應該是征和二年田仁事〔註43〕。以此二事參之，則〈今上本紀〉的記事斷限，是有可能晚到征和三年的。

乃《史記》中可信爲出自史公之手的最晚記事。因此仍收入長編之中。

〔註38〕《史記‧匈奴列傳》注引《正義》：「自此以下，上至貳師聞其家，非天漢四年事，似錯誤，人所知」，可見這一條誤書的出現年代極早。

〔註39〕袁傳璋〈從書體演變角度論「索隱」、「正義」的十年之差──兼爲司馬遷生於武帝建元六年說補證〉，《大陸雜誌》90卷4期，1995年4月。

〔註40〕袁傳璋〈太史公「二十歲前在故鄉耕讀說」商酌〉，《大陸雜誌》91卷6期，1995年12月。

〔註41〕關於這一點的詳細討論，請參閱阮芝生〈司馬遷的心〉，《國立臺灣大學文史哲學報》23期，1974年12月。然於此，尚有其他不同意見的文章。

〔註42〕《報任少卿書》中說「僕誠已著此書，……，則僕償前辱之責，雖萬被戮，豈有悔哉！」可見此時《史記》尚未完成；而〈太史公自序〉能算清全書字數，必定成於《史記》完成之時。

〔註43〕見《史記‧田叔列傳》。

（五）《報任少卿書》雖然不是《史記》的一部份，但其為太史公親作，又與武帝有所關連。故附於長編之內，以備參考。

依照上述的原則，茲將《史記》中所有關於武帝之記事，依其年份編為〈今上長編〉。由於〈今上長編〉內容多達十餘萬字，因篇幅所限，不適合放在本書之中。因此這裡採取折衷的做法，對於直接與武帝相關之記事，將做全文引出。至於關係較不密切之記事，則提要記之，並標明出處，以供讀者查詢參照。

編集〈今上長編〉及其提要，以彌補《史記‧今上本紀》之闕佚，這是前人從未嘗試過的作法。因卷帙浩繁，不免有疏誤之處，尚請讀者見諒，並請不吝指教。茲將〈今上長編〉及部份提要，全文依年代、頁數（中華書局本）、篇名、內容敘次於下〔註44〕：

景帝前元年

1975〈外戚世家〉

男方在身時，王美人夢日入其懷。以告太子，太子曰：「此貴徵也。」未生而孝文帝崩，孝景帝即位，王夫人生男。

景帝前四年

0442〈孝景本紀〉

四年夏，立太子，立皇子徹為膠東王。

景帝前七年

1131〈漢興以來將相名臣年表〉

廢太子榮為臨江王。四月丁巳，膠東王立為太子。

1977〈外戚世家〉

長公主日譽王夫人男之美，景帝亦賢之，又有曩者所夢日符，計未有所定。王夫人知帝望栗姬，因怒未解，陰使人趣大臣立栗姬為皇后。大行奏事畢，曰：「『子以母貴，母以子貴』，今太子母無號，宜立為皇后。」景帝怒曰：「是而所宜言邪！」遂案誅大行，而廢太子為臨江王。栗姬愈恚恨，不得見，以憂死。卒立王夫人為皇后，其男為太子，封皇后兄信為蓋侯。

0444〈孝景本紀〉

〔註44〕〈漢興以來將相名臣年表〉因逐年記載相關大事與武帝關係密切。故自武帝即位起，將表中大事分記各年之下，不另註出。

四月乙巳，立膠東王太后爲皇后。丁巳，立膠東王爲太子，名徹。

2770〈萬石張叔列傳〉
既已，上立膠東王爲太子，召（衛）綰，拜爲太子太傅。

2085〈梁孝王世家〉
其夏四月，上立膠東王爲太子。梁王怨袁盎及議臣，乃與羊勝、公孫詭之屬陰使人刺殺袁盎及他議臣十餘人。逐其賊，未得也。於是天子意梁王，逐賊，果梁使之。乃遣使冠蓋相望於道，覆按梁，捕公孫詭、羊勝。公孫詭、羊勝匿王後宮。使者責二千石急，梁相軒丘豹及內史韓安國進諫王，王乃令勝、詭皆自殺，出之。上由此怨望於梁王。梁王恐，乃使韓安國因長公主謝罪太后，然后得釋。

景帝後三年

1133〈漢興以來將相名臣年表〉
正月甲子，孝景〔皇帝〕崩。二月丙子，太子立。

0448〈孝景本紀〉
正月甲寅，皇太子冠。

1977〈外戚世家〉
景帝崩，太子襲號爲皇帝。尊皇太后母臧兒爲平原君。封田蚡爲武安侯，勝爲周陽侯。

1977〈外戚世家〉
景帝十三男，一男爲帝，十二男皆爲王。而兒姁早卒，其四子皆爲王。王太后長女號日平陽公主，次爲南宮公主，次爲林慮公主。

0448〈孝景本紀〉
太子即位，是爲孝武皇帝。

2841〈魏其武安侯列傳〉
孝景崩，即日太子立，稱制，所鎮撫多有田蚡賓客計筴，蚡弟田勝，皆以太后弟，孝景後三年封蚡爲武安侯，勝爲周陽侯。

0448〈孝景本紀〉
三月，封皇太后弟蚡爲武安侯，弟勝爲周陽侯。置陽陵。

2846〈魏其武安侯列傳〉

孝景崩，今上初即位，以爲淮陽天下交，勁兵處，故徙（灌）夫爲淮陽太守。

2772〈萬石張叔列傳〉

武帝立，以爲先帝臣，重之。（周）仁乃病免，以二千石祿歸老，子孫咸至大官矣。

1384〈封禪書〉

數年而孝景即位。十六年，祠官各以歲時祠如故，無有所興，至今天子。

建元元年
綰免相。
魏其侯竇嬰為丞相。
置太尉。
武安侯田蚡為太尉。
御史大夫抵。

1420〈平準書〉

至今上即位數歲，漢興七十餘年之閒，國家無事，非遇水旱之災，民則人給家足，都鄙廩庾皆滿，而府庫餘貨財。京師之錢累巨萬，貫朽而不可校。太倉之粟陳陳相因，充溢露積於外，至腐敗不可食。眾庶街巷有馬，阡陌之閒成群，而乘字牝者儐而不得聚會。守閭閻者食粱肉，爲吏者長子孫，居官者以爲姓號。故人人自愛而重犯法，先行義而後絀恥辱焉。當此之時，網疏而民富，役財驕溢，或至兼并豪黨之徒，以武斷於鄉曲。宗室有土公卿大夫以下，爭于奢侈，室廬輿服僭于上，無限度。物盛而衰，固其變也。

2770〈萬石張叔列傳〉

（衛綰）爲丞相三歲，景帝崩，武帝立。建元年中，丞相以景帝疾時諸官囚多坐不辜者，而君不任職，免之。（其後綰卒，子信代。坐酎金失侯。）

2771〈萬石張叔列傳〉

武帝建元年中，（直不疑）與丞相綰俱以過免。不疑學老子言。其所臨，爲官如故，唯恐人知其爲吏跡也。不好立名稱，稱爲長者。（不疑卒，子相如代。孫望，坐酎金失侯。）

2842〈魏其武安侯列傳〉

武安侯新欲用事爲相，卑下賓客，進名士家居者貴之，欲以傾魏其諸將相。建元元年，丞相綰病免，上議置丞相、太尉。籍福說武安侯曰：「魏其貴久矣，天下士素歸之。今將軍初興，未如魏其，即上以將軍爲丞相，必讓魏其。魏其爲丞相，將軍必爲太尉。太尉、丞相尊等耳，又有讓賢名。」武安侯乃微言太后風上，於是乃以魏

其侯爲丞相，武安侯爲太尉。籍福賀魏其侯，因弔曰：「君侯資性喜善疾惡，方今善人譽君侯，故至丞相；然君侯且疾惡，惡人，亦且毀君侯。君侯能兼容，則幸久；不能，今以毀去矣。」魏其不聽。

魏其、武安俱好儒術，推轂趙綰爲御史大夫，王臧爲郎中令。迎魯申公，欲設明堂，令列侯就國，除關，以禮爲服制，以興太平。舉適諸竇宗室毋節行者，除其屬籍。時諸外家爲列侯，列侯多尚公主，皆不欲就國，以故毀日至竇太后。太后好黃老之言，而魏其、武安、趙綰、王臧等務隆推儒術，貶道家言，是以竇太后滋不說魏其等。

2860〈韓長孺列傳〉

建元中，武安侯田蚡爲漢太尉，親貴用事，安國以五百金物遺蚡。蚡言安國太后，天子亦素聞其賢，卽召以爲北地都尉，遷爲大司農。

2846〈魏其武安侯列傳〉

建元元年，（灌夫）入爲太僕。

1384〈封禪書〉

今天子初即位，尤敬鬼神之祀。元年，漢興已六十餘歲矣，天下艾安，搢紳之屬皆望天子封禪改正度也，而上鄉儒術，招賢良，趙綰、王臧等以文學爲公卿，欲議古立明堂城南，以朝諸侯。草巡狩封禪改曆服色事未就。

3118〈儒林列傳〉

及今上即位，趙綰、王臧之屬明儒學，而上亦鄉之，於是招方正賢良文學之士。自是之後，言詩於魯則申培公，於齊則轅固生，於燕則韓太傅。言尚書自濟南伏生。言禮自魯高堂生。言易自菑川田生。言春秋於齊魯自胡毋生，於趙自董仲舒。

3124〈儒林列傳〉

（燕趙閒言詩者由韓生）韓生孫商爲今上博士。

3128〈儒林列傳〉

胡毋生，齊人也。孝景時爲博士，以老歸教授。齊之言春秋者多受胡毋生，公孫弘亦頗受焉。

3129〈儒林列傳〉

瑕丘江生爲穀梁春秋。自公孫弘得用，嘗集比其義，卒用董仲舒。

2748〈袁盎鼂錯列傳〉

鄧公，成固人也，多奇計。建元中，上招賢良，公卿言鄧公，時鄧公免，起家爲九

卿。一年,復謝病免歸。其子章以脩黃老言顯於諸公閒。

2761 〈張釋之馮唐列傳〉

武帝立,求賢良,舉馮唐。唐時年九十餘,不能復為官,乃以唐子馮遂為郎。遂字王孫,亦奇士,與余善。

2949 〈平津侯主父列傳〉

建元元年,天子初即位,招賢良文學之士。是時弘年六十,徵以賢良為博士。使匈奴,還報,不合上意,上怒,以為不能,弘迺病免歸。

3121 〈儒林列傳〉

蘭陵王臧既受詩,以事孝景帝為太子少傅,免去。今上初即位,臧迺上書宿上,累遷,一歲中為郎中令。及代趙綰亦嘗受詩申公,綰為御史大夫。綰、臧請天子,欲立明堂以朝諸侯,不能就其事,乃言師申公。於是天子使使束帛加璧安車駟馬迎申公,弟子二人乘軺傳從。至,見天子。天子問治亂之事,申公時已八十餘,老,對曰:「為治者不在多言,顧力行何如耳。」是時天子方好文詞,見申公對,默然。然已招致,則以為太中大夫,舍魯邸,議明堂事。

3123 〈儒林列傳〉

今上初即位,復以賢良徵固。諸諛儒多疾毀固,曰「固老」,罷歸之。時固已九十餘矣。固之徵也,薛人公孫弘亦徵,側目而視固。固曰:「公孫子,務正學以言,無曲學以阿世!」自是之後,齊言詩皆本轅固生也。諸齊人以詩顯貴,皆固之弟子也。

3127 〈儒林列傳〉

董仲舒,廣川人也。以治春秋,孝景時為博士。下帷講誦,弟子傳以久次相受業,或莫見其面,蓋三年董仲舒不觀於舍園,其精如此。進退容止,非禮不行,學士皆師尊之。今上即位,為江都相。以春秋災異之變推陰陽所以錯行,故求雨閉諸陽,縱諸陰,其止雨反是。行之一國,未嘗不得所欲。中廢為中大夫,居舍,著災異之記。

2869 〈李將軍列傳〉

居久之,孝景崩,武帝立,左右以為廣名將也,於是廣以上郡太守為未央尉,而程不識亦為長樂尉。程不識故與李廣俱以邊太守將軍屯。及出擊胡,而廣行無部伍行陳,就善水草屯,舍止,人人自便,不擊刀斗以自,莫府省約文書籍事,然亦遠斥候,未嘗遇害。程不識正部曲行伍營陳,擊刀斗,士吏治軍簿至明,軍不得休息,然亦未嘗遇害。不識曰:「李廣軍極簡易,然虜卒犯之,無以禁也;而其士卒亦佚樂,

咸樂爲之死。我軍雖煩擾，然虜亦不得犯我。」是時漢邊郡李廣、程不識皆爲名將，然匈奴畏李廣之略，士卒亦多樂從李廣而苦程不識。程不識孝景時以數直諫爲太中大夫。爲人廉，謹於文法。

2904〈匈奴列傳〉
今帝即位，明和親約束，厚遇，通關市，饒給之。匈奴自單于以下皆親漢，往來長城下。

3135〈酷吏列傳〉
武帝即位，徙爲內史。外戚多毀成之短，抵罪髡鉗。是時九卿罪死即死，少被刑，而成極刑，自以爲不復收，於是解脫，詐刻傳出關歸家。稱曰：「仕不至二千石，賈不至千萬，安可比人乎！」乃貰貸買陂田千餘頃，假貧民，役使數千家。數年，會赦。致產數千金，爲任俠，持吏長短，出從數十騎。其使民威重於郡守。

建元二年
置茂陵。
嬰免相。
二月乙未，太常柏至侯許昌為丞相。
蚡免太尉。
罷太尉官。
御史大夫趙綰。

3082〈淮南衡山列傳〉
淮南王安爲人好讀書鼓琴，不喜弋獵狗馬馳騁，亦欲以行陰德拊循百姓，流譽天下。時時怨望厲王死，時欲畔逆，未有因也。及建元二年，淮南王入朝。素善武安侯，武安侯時爲太尉，乃逆王霸上，與王語曰：「方今上無太子，大王親高皇帝孫，行仁義，天下莫不聞。即宮車一日晏駕，非大王當誰立者！」淮南王大喜，厚遺武安侯金財物。陰結賓客，拊循百姓，爲畔逆事。

2855〈魏其武安侯列傳〉
王前朝，武安侯爲太尉，時迎王至霸上，謂王曰：「上未有太子，大王最賢，高祖孫，即宮車晏駕，非大王立當誰哉！」淮南王大喜，厚遺金財物。

2843〈魏其武安侯列傳〉
及建元二年，御史大夫趙綰請無奏事東宮。竇太后大怒，乃罷逐趙綰、王臧等，而免丞相、太尉，以柏至侯許昌爲丞相，武彊侯莊青翟爲御史大夫。魏其、武安由此

以侯家居。

2843〈魏其武安侯列傳〉
武安侯雖不任職，以王太后故，親幸，數言事多效，天下吏士趨勢利者，皆去魏其歸武安，武安日益橫。

1384〈封禪書〉
會竇太后治黃老言，不好儒術，使人微伺得趙綰等姦利事，召案綰、臧，綰、臧自殺，諸所興為皆廢。

2846〈魏其武安侯列傳〉
二年，（灌）夫與長樂尉竇甫飲，輕重不得，夫醉，搏甫。甫，竇太后昆弟也。上恐太后誅夫，徙為燕相。數歲，坐法去官，家居長安。

1978〈外戚世家〉
皇后字子夫，生微矣。蓋其家號曰氏，出平陽侯邑。子夫為平陽主謳者。武帝初即位，數歲無子。平陽主求諸良家子女十餘人，飾置家。武帝祓霸上還，因過平陽主。主見所侍美人。上弗說。既飲，謳者進，上望見，獨說子夫。是日，武帝起更衣，子夫侍尚衣軒中，得幸。上還坐，驩甚。賜平陽主金千斤。主因奏子夫奉送入宮。子夫上車，平陽主拊其背曰：「行矣，彊飯，勉之！即貴，無相忘。」入宮歲餘，竟不復幸。武帝擇宮人不中用者，斥出歸之。子夫得見，涕泣請出。上憐之，復幸，遂有身，尊寵日隆。召其兄長君弟青為侍中。而子夫後大幸，有寵，凡生三女一男。男名據。

1980〈外戚世家〉
陳皇后母大長公主，景帝姊也，數讓武帝姊平陽公主曰：「帝非我不得立，已而弃捐吾女，壹何不自喜而倍本乎！」平陽公主曰：「用無子故廢耳。」陳皇后求子，與醫錢凡九千萬，然竟無子。

2922〈將軍驃騎列傳〉
青壯，為侯家騎，從平陽主。建元二年春，青姊子夫得入宮幸上。皇后，堂邑大長公主女也，無子，妒。大長公主聞子夫幸，有身，妒之，乃使人捕青。青時給事建章，未知名。大長公主執囚青，欲殺之。其友騎郎公孫敖與壯士往篡取之，以故得不死。上聞，乃召青為建章監，侍中，及同母昆弟貴，賞賜數日閒累千金。孺為太僕公孫賀妻。少兒故與陳掌通，上召貴掌。公孫敖由此益貴。子夫為夫人。青為大中大夫。

2876〈李將軍列傳〉

廣子三人，曰當戶、椒、敢，爲郎。……天子與韓嫣戲，嫣少不遜，當戶擊嫣，嫣走。於是天子以爲勇。當戶早死，拜椒爲代郡太守，皆先廣死。當戶有遺腹子名陵。

3194〈佞幸列傳〉

今天子中寵臣，士人則韓王孫嫣，宦者則李延年。嫣者，弓高侯孽孫也。今上爲膠東王時，嫣與上學書相愛。及上爲太子，愈益親嫣。嫣善騎射，善佞。上卽位，欲事伐匈奴，而嫣先習胡兵，以故益尊貴，官至上大夫，賞賜擬於鄧通。時嫣常與上臥起。江都王入朝，有詔得從入獵上林中。天子車駕蹕道未行，而先使嫣乘副車，從數十百騎，騖馳視獸。江都王望見，以爲天子，辟從者，伏謁道傍。嫣驅不見。既過，江都王怒，爲皇太后泣：「請得歸國入宿，比韓嫣。」太后由此嗛嫣。嫣侍上，出入永巷不禁，以姦聞皇太后。皇太后怒，使使賜嫣死。上爲謝，終不能得，嫣遂死。而案道侯韓說，其弟也，亦佞幸。

3196〈佞幸列傳〉

自是之後，內寵嬖臣大底外戚之家，然不足數也。青、霍去病亦以外戚貴幸，然頗用材能自進。

2685〈張丞相列傳〉

自申屠嘉死之後，景帝時開封侯陶青、桃侯劉舍爲丞相。及今上時，柏至侯許昌、平棘侯薛澤、武彊侯莊青翟、高陵侯趙周等爲丞相。皆以列侯繼嗣，娖娖廉謹，爲丞相備員而已，無所能發明功名有著於當世者。

2765〈萬石張叔列傳〉

建元二年，郎中令王臧以文學獲罪。皇太后以爲儒者文多質少，今萬石君家不言而躬行，乃以長子建爲郎中令，少子慶爲內史。建老白首，萬石君尚無恙。建爲郎中令，每五日洗沐歸謁親，入子舍，竊問侍者，取親中帬廁牏，身自浣滌，復與侍者，不敢令萬石君知，以爲常。建爲郎中令，事有可言，屏人恣言，極切；至廷見，如不能言者。是以上乃親尊禮之。萬石君徙居陵里。內史慶醉歸，入外門不下車。萬石君聞之，不食。慶恐，肉袒請罪，不許。舉宗及兄建肉袒，萬石君讓曰：「內史貴人，入閭里，里中長老皆走匿，而內史坐車中自如，固當！」乃謝罷慶。慶及諸子弟入里門，趨至家。

3122〈儒林列傳〉

太皇竇太后好老子言，不說儒術，得趙綰、王臧之過以讓上，上因廢明堂事，盡下

趙綰、王臧吏，後皆自殺。申公亦疾免以歸，數年卒。弟子爲博士者十餘人：孔安國至臨淮太守，周霸至膠西內史，夏寬至城陽內史，碭魯賜至東海太守，蘭陵繆生至長沙內史，徐偃爲膠西中尉，鄒人闕門慶忌爲膠東內史。其治官民皆有廉節，稱其好學。學官弟子行雖不備，而至於大夫、郎中、掌故以百數。言詩雖殊，多本於申公。

建元三年
東甌王廣武侯望率其眾四萬餘人來降，處廬江郡。
2088〈梁孝王世家〉
七歲，（濟川王明）坐射殺其中尉，漢有司請誅，天子弗忍誅，廢明爲庶人。遷房陵，地入于漢爲郡。

2980〈東越列傳〉
吳王子子駒亡走閩越，怨東甌殺其父，常勸閩越擊東甌。至建元三年，閩越發兵圍東甌。東甌食盡，困，且降，乃使人告急天子。天子問太尉田蚡，蚡對曰：「越人相攻擊，固其常，又數反覆，不足以煩中國往救也。自秦時弃弗屬。」於是中大夫莊助詰蚡曰：「特患力弗能救，德弗能覆；誠能，何故弃之？且秦舉咸陽而弃之，何乃越也！今小國以窮困來告急天子，天子弗振，彼當安所愬？又何以子萬國乎？」上曰：「太尉未足與計。吾初即位，不欲出虎符發兵郡國。」乃遣莊助以節發兵會稽。會稽太守欲距不爲發兵，助乃斬一司馬，諭意指，遂發兵浮海救東甌。未至，閩越引兵而去。東甌請舉國徙中國，乃悉舉來，處江淮之閒。

3157〈大宛列傳〉
大宛之跡，見自張騫。張騫，漢中人。建元中爲郎。是時天子問匈奴降者，皆言匈奴破月氏王，以其頭爲飲器，月氏遁逃而常怨仇匈奴，無與共擊之。漢方欲事滅胡，聞此言，因欲通使。道必更匈奴中，乃募能使者。騫以郎應募，使月氏，與堂邑氏（故）胡奴甘父俱出隴西。經匈奴，匈奴得之，傳詣單于。單于留之，曰：「月氏在吾北，漢何以得往使？吾欲使越，漢肯聽我乎？」留騫十餘歲，與妻，有子，然騫持漢節不失。

3002〈司馬相如列傳〉
（建元三年（通））
蜀人楊得意爲狗監，侍上。上讀子虛賦而善之，曰：「朕獨不得與此人同時哉！」得意曰：「臣邑人司馬相如自言爲此賦。」上驚，乃召問相如。相如曰：「有是。然此

乃諸侯之事，未足觀也。請爲天子游獵賦，賦成奏之。」上許，令尙書給筆札。相如以「子虛」，虛言也，爲楚稱；「烏有先生」者，烏有此事也，爲齊難；「無是公」者，無是人也，明天子之義。故空藉此三人爲辭，以推天子諸侯之苑囿。其卒章歸之於節儉，因以風諫。奏之天子，天子大說。其辭曰：（略）

賦奏，天子以爲郎。無是公言天子上林廣大，山谷水泉萬物，乃子虛言楚雲夢所有甚，侈靡過其實，且非義理所尙，故刪取其要，歸正道而論之。

建元四年
御史大夫青翟。
2970〈南越列傳〉

（建元四年）

然南越其居國竊如故號名，其使天子，稱王朝命如諸侯。（趙陀）至建元四年卒。

3112〈汲鄭列傳〉

鄭莊以任俠自喜，脫張羽於戹，聲聞梁楚之閒。孝景時，爲太子舍人。每五日洗沐，常置驛馬安諸郊，存諸故人，請謝賓客，夜以繼日，至其明旦，常恐不徧。莊好黃老之言，其慕長者如恐不見。年少官薄，然其游知交皆其大父行，天下有名之士也。武帝立，莊稍遷爲魯中尉、濟南太守、江都相，至九卿爲右內史。以武安侯魏其時議，貶秩爲詹事，遷爲大農令。

莊爲太史，誡門下：「客至，無貴賤無留門者。」執賓主之禮，以其貴下人。莊廉，又不治其產業，仰奉賜以給諸公。然其餽遺人，不過算器食。每朝，候上之閒，說未嘗不言天下之長者。其推轂士及官屬丞史，誠有味其言之也，常引以爲賢於己。未嘗名吏，與官屬言，若恐傷之。聞人之善言，進之上，唯恐後。山東士諸公以此翕然稱鄭莊。

建元五年
行三分錢。
2089〈梁孝王世家〉

山陽哀王定者，梁孝王子，以孝景中六年爲山陽王。九年卒，無，國除，地入于漢，爲山陽郡。

2101〈五宗世家〉

（廣川王）十二年卒，子齊立爲王。齊有幸臣桑距。已而有罪，欲誅距，距亡，王

因禽其宗族。距怨王，乃上書告王齊與同產姦。自是之後，王齊數上書告言漢公卿及幸臣所忠等。

2102〈五宗世家〉
清河哀王乘，以孝景中三年用皇子為清河王。十二年卒，無後，國除，地入于漢，為清河郡。

2682〈張丞相列傳〉
子類代為（北平）侯，八年，坐臨諸侯喪後就位不敬，國除。

建元六年
正月，閩越王反。
孝景太后崩。
昌免相。
六月癸巳，武安侯田蚡為丞相。
青翟為太子太傅。
御史大夫安國。

2981〈東越列傳〉
至建元六年，閩越擊南越。南越守天子約，不敢擅發兵擊而以聞。上遣大行王恢出豫章，大農韓安國出會稽，皆為將軍。兵未踰嶺，閩越王郢發兵距險。其弟餘善乃與相、宗族謀曰：「王以擅發兵擊南越，不請，故天子兵來誅。今漢兵彊，今即幸勝之，後來益多，終滅國而止。今殺王以謝天子。天子聽，罷兵，固一國完；不聽，乃力戰；不勝，即亡入海。」皆曰「善」。即鏦殺王，使使奉其頭致大行。大行曰：「所為來者誅王。今王頭至，謝罪，不戰而耘，利莫大焉。」乃以便宜案兵告大農軍，而使使奉王頭馳報天子。詔罷兩將兵，曰：「郢等首惡，獨無諸孫繇君丑不與謀焉。」乃使郎中將立為越繇王，奉閩越先祭祀。餘善已殺郢，威行於國，國民多屬，竊自立為王。繇王不能矯其持正。天子聞之，為餘善不足復興師，曰：「餘善數與郢謀亂，而後首誅郢，師得不勞。」因立餘善為東越王，與繇王並處。

2970〈南越列傳〉
佗孫胡為南越王。此時閩越王郢興兵擊南越邊邑，胡使人上書曰：「兩越俱為藩臣，毋得擅興兵相攻擊。今閩越興兵侵臣，臣不敢興兵，唯天子詔之。」於是天子多南越義，守職約，為興師，遣兩將軍往討閩越。兵未踰嶺，閩越王弟餘善殺郢以降，於是罷兵。

2860〈韓長孺列傳〉

閩越、東越相攻，安國及大行王恢將。未至越，越殺其王降，漢兵亦罷。

2971〈南越列傳〉

天子使莊助往諭意南越王，胡頓首曰：「天子乃爲臣興兵討閩越，死無以報德！」遣太子嬰齊入宿。謂助曰：「國新被寇，使者行矣。胡方日夜裝入見天子。」助去後，其大臣諫胡曰：「漢興兵誅郢，亦行以驚動南越。且先王昔言，事天子期無失禮，要之不可以說好語入見。入見則不得復歸，亡國之勢也。」於是胡稱病，竟不入見。後十餘歲，胡實病甚，太子嬰齊請歸。胡薨，諡爲文王。

2993〈西南夷列傳〉

建元六年，大行王恢擊東越，東越殺王郢以報。恢因兵威使番陽令唐蒙風指曉南越。南越食蒙蜀枸醬，蒙問所從來，曰「道西北牂柯，牂柯江廣數里，出番禺城下」。蒙歸至長安，問蜀賈人，賈人曰：「獨蜀出枸醬，多持竊出市夜郎。夜郎者，臨牂柯江，江廣百餘步，足以行船。南越以財物役屬夜郎，西至同師，然亦不能臣使也。」蒙乃上書說上曰：「南越王黃屋左纛，地東西萬餘里，名爲外臣，實一州主也。今以長沙、豫章往，水道多絕，難行。竊聞夜郎所有精兵，可得十餘萬，浮船牂柯江，出其不意，此制越一奇也。誠以漢之彊，巴蜀之饒，通夜郎道，爲置吏，易甚。」上許之。乃拜蒙爲郎中將，將千人，食重萬餘人，從巴蜀筰關入，遂見夜郎侯多同。蒙厚賜，喻以威德，約爲置吏，使其子爲令。夜郎旁小邑皆貪漢繒帛，以爲漢道險，終不能有也，乃且聽蒙約。還報，乃以爲犍爲郡。發巴蜀卒治道，自僰道指牂柯江。蜀人司馬相如亦言西夷邛、筰可置郡。使相如以郎中將往喻，皆如南夷，爲置一都尉，十餘縣，屬蜀。

1420〈平準書〉

唐蒙、司馬相如開路西南夷，鑿山通道千餘里，以廣巴蜀，巴蜀之民罷焉。

3044〈司馬相如列傳〉

相如爲郎數歲，會唐蒙使略通夜郎西僰中，發巴蜀吏卒千人，郡又多爲發轉漕萬餘人，用興法誅其渠帥，巴蜀民大驚恐。上聞之，乃使相如責唐蒙，因喻告巴蜀民以非上意。檄曰：（略）

2995〈西南夷列傳〉

當是時，巴蜀四郡通西南夷道，戍轉相饋。數歲，道不通，士罷餓離溼死者甚；西南夷又數反，發兵興擊，秏費無功。上患之，使公孫弘往視問焉。還對，言其不便。

1384〈封禪書〉

後六年，竇太后崩。

2843〈魏其武安侯列傳〉

建元六年，竇太后崩，丞相昌、御史大夫青翟坐喪事不辦，免。以武安侯蚡為丞相，以大司農韓安國為御史大夫。天下士郡諸侯愈益附武安。

2860〈韓長孺列傳〉

建元六年，武安侯為丞相，安國為御史大夫。

2844〈魏其武安侯列傳〉

（建元六年）

武安者，貌侵，生貴甚。又以為諸侯王多長，上初即位，富於春秋，蚡以肺腑為京師相，非痛折節以禮詘之，天下不肅。當是時，丞相入奏事，坐語移日，所言皆聽。薦人或起家至二千石，權移主上。上乃曰：「君除吏已盡未？吾亦欲除吏。」嘗請考工地益宅，上怒曰：「君何不遂取武庫！」是後乃退。嘗召客飲，坐其兄蓋侯南鄉，自坐東鄉，以為漢相尊，不可以兄故私橈。武安由此滋驕，治宅甲諸第。田園極膏腴，而市買郡縣器物相屬於道。前堂羅鍾鼓，立曲旃；後房婦女以百數。諸侯奉金玉狗馬玩好，不可勝數。

3118〈儒林列傳〉

及竇太后崩，武安侯田蚡為丞相，絀黃老、刑名百家之言，延文學儒者數百人。

2845〈魏其武安列傳〉

魏其失竇太后，益疏不用，無勢，諸客稍稍自引而怠傲，唯灌將軍獨不失故。魏其日默默不得志，而獨厚遇灌將軍。

3082〈淮南衡山列傳〉

建元六年，彗星見，淮南王心怪之。或說王曰：「先吳軍起時，彗星出長數尺，然尚流血千里。今彗星長竟天，天下兵當大起。」王心以為上無太子，天下有變，諸侯並爭，愈益治器械攻戰具，積金錢賂遺郡國諸侯游士奇材。諸辨士為方略者，妄作妖言，詔諛王，王喜，多賜金錢，而謀反滋甚。

2861〈韓長孺列傳〉

匈奴來請和親，天子下議。大行王恢，燕人也，數為邊吏，習知胡事。議曰：「漢與匈奴和親，率不過數歲即復倍約。不如勿許，興兵擊之。」安國曰：「千里而戰，兵

不獲利。今匈奴負戎馬之足，懷禽獸之心，遷徙鳥舉，難得而制也。得其地不足以爲廣，有其不足以爲彊，自上古不屬爲人。漢數千里爭利，則人馬罷，虜以全制其敝。且彊弩之極，矢不能穿魯縞；衝風之末，力不能漂鴻毛。非初不勁，末力衰也。擊之不便，不如和親。」羣臣議者多附安國，於是上許和親。

3105〈汲鄭列傳〉

（建元六年（通））

汲黯字長孺，濮陽人也。其先有寵於古之君。至黯七世，世爲卿大夫。黯以父任，孝景時爲太子洗馬，以莊見憚。孝景帝崩，太子即位，黯爲謁者。東越相攻，上使黯往視之。不至，至吳而還，報曰：「越人相攻，固其俗然，不足以辱天子之使。」河內失火，延燒千餘家，上使黯往視之。還報曰：「家人失火，屋比延燒，不足憂也。臣過河南，河南貧人傷水旱萬餘家，或父子相食，臣謹以便宜，持節發河南倉粟以振貧民。臣請歸節，伏矯制之罪。」上賢而釋之，遷爲滎陽令。黯恥爲令，病歸田里。上聞，乃召拜爲中大夫。以數切諫，不得久留內，遷爲東海太守。黯學黃老之言，治官理民，好清靜，擇丞史而任之。其治，責大指而已，不苛小。黯多病，臥閨閤內不出。歲餘，東海大治。稱之。上聞，召以爲主爵都尉，列於九卿。治務在無爲而已，弘大體，不拘文法。

3106〈汲鄭列傳〉

（建元六年（通））

黯爲人性倨，少禮，面折，不能容人之過。合己者善待之，不合己者不能忍見，士亦以此不附焉。然好學，游俠，任氣節，內行脩絜，好直諫，數犯主之顏色，常慕傅柏、袁盎之爲人也。善灌夫、鄭當時及宗正劉弃。亦以數直諫，不得久居位。

當是時，太后弟武安侯蚡爲丞相，中二千石來拜謁，蚡不爲禮。然黯見蚡未嘗拜，常揖之。天子方招文學儒者，上曰吾欲云云，黯對曰：「陛下內多欲而外施仁義，奈何欲效唐虞之治乎！」上默然，怒，變色而罷朝。公卿皆爲黯懼。上退，謂左右曰：「甚矣，汲黯之戇也！」羣臣或數黯，黯曰：「天子置公卿輔弼之臣，寧令從諛承意，陷主於不義乎？且已在其位，縱愛身，奈辱朝廷何！」

黯多病，病且滿三月，上常賜告者數，終不愈。最後病，莊助爲請告。上曰：「汲黯何如人哉？」助曰：「使黯任職居官，無以踰人。然至其輔少主，守城深堅，招之不來，麾之不去，雖自謂賁育亦不能奪之矣。」上曰：「然。古有社稷之臣，至如黯，近之矣。」

3288〈太史公自序〉

太史公（司馬談）學天官於唐都，受易於楊何，習道論於黃子。

（仕於建元元封之間）

太史公既掌天官，不治民。有子曰遷。遷生龍門，耕牧河山之陽。

元光元年

1384〈封禪書〉

其明年，徵文學之士公孫弘等。

2953〈平津侯主父列傳〉

主父偃者，齊臨菑人也。學長短縱橫之術，晚乃學易、春秋、百家言。游齊諸生間，莫能厚遇也。齊諸儒生相與排擯，不容於齊。家貧，假貸無所得，迺北游燕、趙、中山，皆莫能厚遇，為客甚困。孝武元光元年中，以為諸侯莫足游者，乃西入關見將軍。將軍數言上，上不召。

3127〈儒林列傳〉

自魯商瞿受易孔子，孔子卒，商瞿傳易，六世至齊人田何，字子莊，而漢興。田何傳東武人王同子仲，子仲傳菑川人楊何。何以易，元光元年徵，官至中大夫。齊人卽墨成以易至城陽相。廣川人孟但以易為太子門大夫。魯人周霸，莒人衡胡，臨菑人主父偃，皆以易至二千石。然要言易者本於楊何之家。

2861〈韓長孺列傳〉

其明年，則元光元年，雁門馬邑豪聶翁壹因大行王恢言上曰：「匈奴初和親，親信邊，可誘以利。」

元光二年

帝初之雍，郊見五畤。

夏，御史大夫韓安國為護軍將軍，衛尉李廣為驍騎將軍，太僕公孫賀為輕車將軍，大行王恢為將屯將軍，太中大夫李息為材官將軍，篡單于馬邑，不合，誅恢。

1384〈封禪書〉

明年，今上初至雍，郊見五畤。後常三歲一郊。是時上求神君，舍之上林中蹄氏觀。神君者，長陵女子，以子死，見神於先後宛若。宛若祠之其室，民多往祠。平原君往祠，其後子孫以尊顯。及今上即位，則厚禮置祠之內中。聞其言，不見其人云。

1385〈封禪書〉

是時李少君亦以祠竈、穀道、卻老方見上，上尊之。少君者，故深澤侯舍人，主方。匿其年及其生長，常自謂七十，能使物，卻老。其游以方徧諸侯。無妻子。人聞其能使物及不死，更饋遺之，常餘金錢衣食。人皆以爲不治生業而饒給，又不知其何所人，愈信，爭事之。少君資好方，善爲巧發奇中。嘗從武安侯飲，坐中有九十餘老人，少君乃言與其大父游射處，老人爲兒時從其大父，識其處，一坐盡驚。少君見上，上有故銅器，問少君。少君曰：「此器齊桓公十年陳於柏寢。」已而案其刻，果齊桓公器。一宮盡駭，以爲少君神，數百歲人也。

少君言上曰：「祠竈則致物，致物而丹沙可化爲黃金，黃金成以爲飲食器則益壽，益壽而海中蓬萊僊者乃可見，見之以封禪則不死，黃帝是也。臣嘗游海上，見安期生，安期生食巨棗，大如瓜。安期生僊者，通蓬萊中，合則見人，不合則隱。」於是天子始親祠竈，遣方士入海求蓬萊安期生之屬，而事化丹沙諸藥齊爲黃金矣。居久之，李少君病死。天子以爲化去不死，而使黃錘史寬舒受其方。求蓬萊安期生莫能得，而海上燕齊怪迂之方士多更來言神事矣。

1386〈封禪書〉

亳人謬忌奏祠太一方，曰：「天神貴者太一，太一佐曰五帝。古者天子以春秋祭太一東南郊，用太牢，七日，爲壇開八通之鬼道。」於是天子令太祝立其祠長安東南郊，常奉祠如忌方。其後人有上書，言「古者天子三年壹用太牢祠神三一：天一、地一、太一」。天子許之，令太祝領祠之於忌太一壇上，如其方。後人復有上書，言「古者天子常以春解祠，祠黃帝用一梟破鏡；冥羊用羊祠；馬行用一青牡馬；太一、澤山君地長用牛；武夷君用乾魚；陰陽使者以一牛」。令祠官領之如其方，而祠於忌太一壇旁。

2081〈梁孝王世家〉

（代共王）立二十九年，元光二年卒。子義立，是爲代王。

2861〈韓長孺列傳〉

陰使聶翁壹爲閒，亡入匈奴，謂單于曰：「吾能斬馬邑令丞吏，以城降，財物可盡得。」單于愛信之，以爲然，許聶翁壹。聶翁壹乃還，詐斬死罪囚，縣其頭馬邑城，示單于使者爲信。曰：「馬邑長吏已死，可急來。」於是單于穿塞將餘萬騎，入武州塞。

當是時，漢伏兵車騎材官二十餘萬，匿馬邑旁谷中。尉李廣爲驍騎將軍，太僕公孫賀爲輕車將軍，大行王恢爲將屯將軍，太中大夫李息爲材官將軍。御史大夫韓安國

爲護軍將軍，諸將皆屬護軍。約單于入馬邑而漢兵縱發。王恢、李息、李廣別從代主擊其輜重。於是單于入漢長城武州塞。未至馬邑百餘里，行掠鹵，徒見畜牧於野，不見一人。單于怪之，攻烽燧，得武州尉史。欲刺問尉史。尉史曰：「漢兵數十萬伏馬邑下。」單于顧謂左右曰：「幾爲漢所賣！」乃引兵還。出塞，曰：「吾得尉史，乃天也。」命尉史爲「天王」。塞下傳言單于已引去。漢兵追至塞，度弗及，即罷。王恢等兵三萬，聞單于不與漢合，度往擊輜重，必與單于精兵戰，漢兵勢必敗，則以便宜罷兵，皆無功。

2862〈韓長孺列傳〉

天子怒王恢不出擊單于輜重，擅引兵罷也。恢曰：「始約虜入馬邑城，兵與單于接，而臣擊其輜重，可得利。今單于聞，不至而還，臣以三萬人不敵，秖取辱耳。臣固知還而斬，然得完陛下士三萬人。」於是下恢廷尉。廷尉當恢逗橈，當斬。恢私行千金丞相蚡。蚡不敢言上，而言於太后曰：「王恢首造馬邑事，今不成而誅恢，是爲匈奴報仇也。」上朝太后，太后以丞相言告上。上曰：「首爲馬邑事者，恢也，故發天下兵數十萬，從其言，爲此。且縱單于不可得，恢所部擊其輜重，猶頗可得，以慰士大夫心。今不誅恢，無以謝天下。」於是恢聞之，乃自殺。

2870〈李將軍列傳〉

後漢以馬邑城誘單于，使大軍伏馬邑旁谷，而廣爲驍騎將軍，領屬護軍將軍。是時單于覺之，去，漢軍皆無功。

2905〈匈奴列傳〉

漢使馬邑下人聶翁壹奸蘭出物與匈奴交，詳爲賣馬邑城以誘單于。單于信之，而貪馬邑財物，乃以十萬騎入武州塞。漢伏兵三十餘萬馬邑旁，御史大夫韓安國爲護軍，護四將軍以伏單于。單于既入漢塞，未至馬邑百餘里，見畜布野而無人牧者，怪之，乃攻亭。是時鴈門尉史行徼，見寇，葆此亭，知漢兵謀，單于得，欲殺之，尉史乃告單于漢兵所居。單于大驚曰：「吾固疑之。」乃引兵還。出曰：「吾得尉史，天也，天使若言。」以尉史爲「天王」。漢兵約單于入馬邑而縱，單于不至，以故漢兵無所得。漢將軍王恢部出代擊胡輜重，聞單于還，兵多，不敢出。漢以恢本造兵謀而不進，斬恢。自是之後，匈奴絕和親，攻當路塞，往往入盜於漢邊，不可勝數。然匈奴貪，尚樂關市，嗜漢財物，漢亦尚關市不絕以中之。

1420〈平準書〉

及王恢設謀馬邑，匈奴絕和親，侵擾北邊，兵連而不解，天下苦其勞，而干戈日滋。

行者齎，居者送，中外騷擾而相奉，百姓抏獘以巧法，財賂衰秏而不贍。入物者補官，出貨者除罪，選舉陵遲，廉恥相冒，武力進用，法嚴令具。興利之臣自此始也。

3046〈司馬相如列傳〉

相如還報。唐蒙已略通夜郎，因通西南夷道，發巴、蜀、廣漢卒，作者數萬人。治道二歲，道不成，士卒多物故，費以巨萬計。蜀民及漢用事者多言其不便。是時邛筰之君長聞南夷與漢通，得賞賜多，多欲願爲內臣妾，請吏，比南夷。天子問相如，相如曰：「邛、筰、冄、駹者近蜀，道亦易通，秦時嘗通爲郡縣，至漢興而罷。今誠復通，爲置郡縣，愈於南夷。」天子以爲然，乃拜相如爲中郎將，建節往使。副使王然于、壺充國、呂越人馳四乘之傳，因巴蜀吏幣物以賂西夷。至蜀，蜀太守以下郊迎，縣令負弩矢先驅，蜀人以爲寵。於是卓王孫、臨邛諸公皆因門下獻牛酒以交驩。卓王孫喟然而歎，自以得使女尚司馬長卿晚，而厚分與其女財，與男等同。司馬長卿便略定西夷，邛、筰、冄、駹、斯榆之君皆請爲內臣。除邊關，關益斥，西至沫、若水，南至牂柯爲徼，通零關道，橋孫水以通邛都。還報天子，天子大說。

3048〈司馬相如列傳〉

相如使時，蜀長老多言通西南夷不爲用，唯大臣亦以爲然。相如欲諫，業已建之，不敢，乃著書，籍以蜀父老爲辭，而己詰難之，以風天子，且因宣其使指，令百姓知天子之意。其辭曰：（略）

3053〈司馬相如列傳〉

其後人有上書言相如使時受金，失官。

元光三年

五月丙子，（決河）〔河決〕于瓠子。

1409〈河渠書〉

（元光三年）

其後四十有餘年，今天子元光之中，而河決於瓠子，東南注鉅野，通於淮、泗。於是天子使汲黯、鄭當時興人徒塞之，輒復壞。是時武安侯田蚡爲丞相，其奉邑食鄃。鄃居河北，河決而南則鄃無水菑，邑收多。蚡言於上曰：「江河之決皆天事，未易以人力爲彊塞，塞之未必應天。」而望氣用數者亦以爲然。於是天子久之不事復塞也。

3113〈汲鄭列傳〉

鄭莊使視決河，自請治行五日。上曰：「吾聞『鄭莊行，千里不齎糧』，請治行者何也？」然鄭莊在朝，常趨和承意，不敢甚引當否。

2673〈樊酈滕灌列傳〉

元光三年，天子封灌嬰孫賢為臨汝侯，續灌氏後。

元光四年

十二月丁亥，地動。

蚡卒。

平棘侯薛澤為丞相。

御史大夫歐。

2847〈魏其武安侯列傳〉

灌夫為人剛直使酒，不好面諛。貴戚諸有勢在己之右，不欲加禮，必陵之；諸士在己之左，愈貧賤，尤益敬，與鈞。稠人廣，薦寵下輩。士亦以此多之。

夫不喜文學，好任俠，已然諾。諸所與交通，無非豪桀大猾。家累數千萬，食客日數十百人。陂池田園，宗族賓客為權利，橫於潁川。潁川兒乃歌之曰：「潁水清，灌氏寧；潁水濁，灌氏族。」

灌夫家居雖富，然失勢，卿相侍中賓客益衰。及魏其侯失勢，亦欲倚灌夫引繩批根生平慕之後弃之者。灌夫亦倚魏其而通列侯宗室為名高。兩人相為引重，其游如父子然。相得驩甚，無厭，恨相知晚也。

灌夫有服，過丞相。丞相從容曰：「吾欲與仲孺過魏其侯，會仲孺有服。」灌夫曰：「將軍乃肯幸臨況魏其侯，夫安敢以服為解！請語魏其侯帳具，將軍旦日蚤臨。」武安許諾。灌夫具語魏其侯如所謂武安侯。魏其與其夫人益市牛酒，夜灑埽，早帳具至旦。平明，令門下候伺。至日中，丞相不來。魏其謂灌夫曰：「丞相豈忘之哉？」灌夫不懌，曰：「夫以服請，宜往。」乃駕，自往迎丞相。丞相特前戲許灌夫，殊無意往。及夫至門，丞相尚臥。於是夫入見，曰：「將軍昨日幸許過魏其，魏其夫妻治具，自旦至今，未敢嘗食。」武安鄂謝曰：「吾昨日醉，忽忘與仲孺言。」乃駕往，又徐行，灌夫愈益怒。及飲酒酣，夫起舞屬丞相，丞相不起，夫從坐上語侵之。魏其乃扶灌夫去，謝丞相。丞相卒飲至夜，極驩而去。

丞相嘗使籍福請魏其城南田。魏其大望曰：「老僕雖弃，將軍雖貴，寧可以勢奪乎！」不許。灌夫聞，怒，罵籍福。籍福惡兩人有郤，乃謾自好謝丞相曰：「魏其老且死，易忍，且待之。」已而武安聞魏其、灌夫實怒不予田，亦怒曰：「魏其子嘗殺人，蚡活之。蚡事魏其無所不可，何愛數頃田？且灌夫何與也？吾不敢復求田。」武安由此大怨灌夫、魏其。

2849〈魏其武安侯列傳〉
元光四年春，丞相言灌夫家在潁川，橫甚，民苦之。請案。上曰：「此丞相事，何請。」灌夫亦持丞相陰事，爲姦利，受淮南王金與語言。賓客居閒，遂止，俱解。

2849〈魏其武安侯列傳〉
夏，丞相取燕王女爲夫人，有太后詔，召列侯宗室皆往賀。魏其侯過灌夫，欲與俱。夫謝曰：「夫數以酒失得過丞相，丞相今者又與夫有郤。」魏其曰：「事已解。」彊與俱。飲酒酣，武安起爲壽，坐皆避席伏。已魏其侯爲壽，獨故人避席耳，餘半膝席。灌夫不悅。起行酒，至武安，武安膝席曰：「不能滿觴。」夫怒，因嘻笑曰：「將軍貴人也，屬之！」時武安不肯。行酒次至臨汝侯，臨汝侯方與程不識耳語，又不避席。夫無所發怒，乃罵臨汝侯曰：「生平毀程不識不直一錢，今日長者爲壽，乃效女兒呫囁耳語！」武安謂灌夫曰：「程李俱東西宮尉，今辱程將軍，仲孺獨不爲李將軍地乎？」灌夫曰：「今日斬頭陷匈，何知程李乎！」坐乃起更衣，稍稍去。魏其侯去，麾灌夫出。武安遂怒曰：「此吾驕灌夫罪。」乃令騎留灌夫。灌夫欲出不得。籍福起爲謝，案灌夫項令謝。夫愈怒，不肯謝。武安乃麾騎縛夫置傳舍，召長史曰：「今日召宗室，有詔。」劾灌夫罵坐不敬，繫居室。遂按其前事，遣吏分曹逐捕諸灌氏支屬，皆得弃市罪。魏其侯大媿，爲資使賓客請，莫能解。武安吏皆爲耳目，諸灌氏皆亡匿，夫繫，遂不得告言武安陰事。

2851〈魏其武安侯列傳〉
魏其銳身爲救灌夫。夫人諫魏其曰：「灌將軍得罪丞相，與太后家忤，寧可救邪？」魏其侯曰：「侯自我得之，自我捐之，無所恨。且終不令灌仲孺獨死，嬰獨生。」乃匿其家，竊出上書。立召入，具言灌夫醉飽事，不足誅。上然之，賜魏其食，曰：「東朝廷辯之。」

2851〈魏其武安侯列傳〉
（元光四年）
魏其之東朝，盛推灌夫之善，言其醉飽得過，乃丞相以他事誣罪之。武安又盛毀灌夫所爲橫恣，罪逆不道。魏其度不可奈何，因言丞相短。武安曰：「天下幸而安樂無事，蚡得爲肺腑，所好音樂狗馬田宅。蚡所愛倡優巧匠之屬，不如魏其、灌夫日夜招聚天下豪桀壯士與論議，腹誹而心謗，不仰視天而俯畫地，辟倪兩宮閒，幸天下有變，而欲有大功。臣乃不知魏其等所爲。」於是上問朝臣：「兩人孰是？」御史大夫韓安國曰：「魏其言灌夫父死事，身荷戟馳入不測之吳軍，身被數十創，名冠三軍，此天下壯士，非有大惡，爭杯酒，不足引他過以誅也。魏其言是也。丞相亦言灌夫

通姦猾，侵細民，家累巨萬，橫恣穎川，淩轢宗室，侵犯骨肉，此所謂『枝大於本，脛大於股，不折必披』，丞相言亦是。唯明主裁之。」主爵都尉汲黯是魏其。內史鄭當時是魏其，後不敢堅對。餘皆莫敢對。上怒內史曰：「公平生數言魏其、武安長短，今日廷論，局趣效轅下駒，吾并斬若屬矣。」即罷起入，上食太后。太后亦已使人候伺，具以告太后。太后怒，不食，曰：「今我在也，而人皆藉吾弟，令我百歲後，皆魚肉之矣。且帝寧能為石人邪！此特帝在，即錄錄，設百歲後，是屬寧有可信者乎？」上謝曰：「俱宗室外家，故廷辯之。不然，此一獄吏所決耳。」是時郎中令石建為上別言兩人事。

2853〈魏其武安侯列傳〉

（元光四年）

武安已罷朝，出止車門，召韓御史大夫載，怒曰：「與長孺共一老禿翁，何為首鼠兩端？」韓御史良久謂丞相曰：「君何不自喜？夫魏其毀君，君當免冠解印綬歸，曰『臣以肺腑幸得待罪，固非其任，魏其言皆是』。如此，上必多君有讓，不廢君。魏其必內愧，杜門齰舌自殺。今人毀君，君亦毀人，譬如賈豎女子爭言，何其無大體也！」武安謝罪曰：「爭時急，不知出此。」

2853〈魏其武安侯列傳〉

（元光四年）

於是上使御史簿責魏其所言灌夫，頗不讎，欺謾。劾繫都司空。孝景時，魏其常受遺詔，曰「事有不便，以便宜論上」。及繫，灌夫罪至族，事日急，諸公莫敢復明言於上。魏其乃使昆弟子上書言之，幸得復召見。書奏上，而案尚書大行無遺詔。詔書獨藏魏其家，家丞封。乃劾魏其矯先帝詔，罪當弃市。

2773〈萬石張叔列傳〉

至武帝元朔（光）四年，韓安國免，詔拜（張）歐為御史大夫。自歐為吏，未嘗言案人，專以誠長者處官。官屬以為長者，亦不敢大欺。上具獄事，有可卻，卻之；不可者，不得已，為涕泣面對而封之。其愛人如此。

3053〈司馬相如列傳〉

（司馬相如）居歲餘，復召為郎。

相如口吃而善著書。常有消渴疾。與卓氏婚，饒於財。其進仕宦，未嘗肯與公卿國家之事，稱病閒居，不慕官爵。常從上至長楊獵，是時天子方好自擊熊彘，馳逐野獸，相如上疏諫之。其辭曰：（略）

上善之。還過宜春宮，相如奏賦以哀二世行失也。其辭曰：（略）

相如拜爲孝文園令。天子既美子虛之事，相如見上好僊道，因曰：「上林之事未足美也，尙有靡者。臣嘗爲大人賦，未就，請具而奏之。」相如以爲列僊之傳居山澤閒，形容甚臞，此非帝王之僊意也，乃遂就大人賦。其辭曰：（略）

相如既奏大人之頌，天子大說，**飄飄有凌雲之氣，似游天地之閒意**。

2663〈樊酈滕灌列傳〉
繆靖侯卒，子康侯遂成立。

元光五年

十月，族灌夫家，弃魏其侯市。

2853〈魏其武安列傳〉
五年十月，悉論灌夫及家屬。魏其良久乃聞，聞卽恚，病痱，不食欲死。或聞上無意殺魏其，魏其復食，治病，議定不死矣。乃有蜚語爲惡言聞上，故以二月晦論弃市渭城。

2854〈魏其武安侯列傳〉
其春，武安侯病，專呼服謝罪。使巫視鬼者視之，見魏其、灌夫共守，欲殺之。竟死。

2863〈韓長孺列傳〉
安國爲人多大略，智足以當世取合，而出於忠厚焉。貪嗜於財。所推舉皆廉士，賢於己者也。於梁舉壺遂、臧固、郅他，皆天下名士，士亦以此稱慕之，唯天子以爲國器。安國爲御史大夫四歲餘，丞相田蚡死，安國行丞相事，奉引墮車蹇。天子議置相，欲用安國，使使視之，蹇甚，乃更以平棘侯薛澤爲丞相。安國病免數月，蹇愈，上復以安國爲中尉。歲餘，徙爲尉。

2096〈五宗世家〉
元光五年，匈奴大入漢爲賊，（江都易王）非上書願擊匈奴，上不許。非好氣力，治宮觀，招四方豪桀，驕奢甚。

2770〈萬石張叔列傳〉
其後（衛）綰卒，子信代（侯）。

2949〈平津侯主父列傳〉
元光五年，有詔徵文學，菑川國復推上公孫弘。弘讓謝國人曰：「臣已嘗西應命，以

不能罷歸，願更推選。」國人固推弘，弘至太常。太常令所徵儒士各對策，百餘人，弘第居下。策奏，天子擢弘對爲第一。召入見，狀貌甚麗，拜爲博士。是時通西南夷道，置郡，巴蜀民苦之，詔使弘視之。還奏事，盛毀西南夷無所用，上不聽。

2950〈平津侯主父列傳〉

弘爲人恢奇多聞，常稱以爲人主病不廣大，人臣病不儉節。弘爲布被，食不重肉。後母死，服喪三年。每朝會議，開陳其端，令人主自擇，不肯面折庭爭。於是天子察其行敦厚，辯論有餘，習文法吏事，而又緣飾以儒術，上大說之。

2950〈平津侯主父列傳〉

（元光五年）

（公孫弘）二歲中，至左內史。弘奏事，有不可，不庭辯之。嘗與主爵都尉汲黯請閒，汲黯先發之，弘推其後，天子常說，所言皆聽，以此日益親貴。嘗與公卿約議，至上前，皆倍其約以順上旨。汲黯庭詰弘曰：「齊人多詐而無情實，始與臣等建此議，今皆倍之，不忠。」上問弘。弘謝曰：「夫知臣者以臣爲忠，不知臣者以臣爲不忠。」上然弘言。左右幸臣每毀弘，上益厚遇之。

元光六年

南夷始置郵亭。

太中大夫衛青爲車騎將軍，出上谷；衛尉李廣爲驍騎將軍，出鴈門；大中大夫公孫敖爲騎將軍，出代；太僕公孫賀爲輕車將軍，出雲中：皆擊匈奴。

1027〈建元以來侯者年表〉

況乃以中國一統，明天子在上，兼文武，席卷四海，內輯億萬之，豈以晏然不爲邊境征伐哉！是後，遂出師北討彊胡，南誅勁越，將卒以次封矣。

2864〈韓長孺列傳〉

車騎將軍青擊匈奴，出上谷，破胡龍城。將軍李廣爲匈奴所得，復失之；公孫敖大亡卒：皆當斬，贖爲庶人。

2870〈李將軍列傳〉

其後四歲，廣以尉爲將軍，出鴈門擊匈奴。匈奴兵多，破敗廣軍，生得廣。單于素聞廣賢，令曰：「得李廣必生致之。」胡騎得廣，廣時傷病，置廣兩馬閒，絡而盛臥廣。行十餘里，廣詳死，睨其旁有一胡兒騎善馬，廣暫騰而上胡兒馬，因推墮兒，取其弓，鞭馬南馳數十里，復得其餘軍，因引而入塞。匈奴捕者騎數百追之，廣行取胡兒弓，射殺追騎，以故得脫。於是至漢，漢下廣吏。吏當廣所失亡多，爲虜所

生得，當斬，贖爲庶人。

2906〈匈奴列傳〉

自馬邑軍後五年之秋，漢使四將軍各萬騎擊胡關市下。將軍青出上谷，至龍城，得胡首虜七百人。公孫賀出雲中，無所得。公孫敖出代郡，爲胡所敗七千餘人。李廣出鴈門，爲胡所敗，而匈奴生得廣，廣後得亡歸。漢囚敖、廣，敖、廣贖爲庶人。

2923〈將軍驃騎列傳〉

元光五年，青爲車騎將軍，擊匈奴，出上谷；太僕公孫賀爲輕車將軍，出雲中；大中大夫公孫敖爲騎將軍，出代郡；尉李廣爲驍騎將軍，出鴈門：軍各萬騎。青至龍城，斬首虜數百。騎將軍敖亡七千騎；尉李廣爲虜所得，得脫歸：皆當斬，贖爲庶人。賀亦無功。

2906〈匈奴列傳〉

其冬，匈奴數入盜邊，漁陽尤甚。漢使將軍韓安國屯漁陽備胡。

1348〈天官書〉

元光、元狩，蚩尤之旗再見，長則半天。其後京師師四出，誅夷狄者數十年，而伐胡尤甚。越之亡，熒惑守斗；朝鮮之拔，星茀于河戍；兵征大宛，星茀招搖：此其犖犖大者。

3095〈淮南衡山列傳〉

元光六年，衡山王入朝，其謁者慶有方術，欲上書事天子，王怒，故劾慶死罪，彊榜服之。衡山內史以爲非是，卻其獄。王使人上書告內史，內史治，言王不直。王又數侵奪人田，壞人冢以爲田。有司請逮治衡山王。天子不許，爲置吏二百石以上。衡山王以此恚，與奚慈、張廣昌謀，求能爲兵法候星氣者，日夜從容王密謀反事。

2094〈五宗世家〉

（河間獻王）二十六年卒，子共王不害立。

元朔元年

衛夫人立爲皇后。

車騎將軍青出雁門，擊匈奴。衛尉韓安國爲將屯將軍，軍代，明年，屯漁陽卒。

1420〈平準書〉

（元朔元年？）

彭吳賈滅朝鮮，置滄海之郡，則燕齊之閒靡然發動。

2906〈匈奴列傳〉

其明年秋，匈奴二萬騎入漢，殺遼西太守，略二千餘人。胡又入敗漁陽太守軍千餘人，圍漢將軍安國，安國時千餘騎亦且盡，會燕救至，匈奴乃去。匈奴又入鴈門，殺略千餘人。於是漢使將軍青將三萬騎出鴈門，李息出代郡，擊胡。得首虜數千人。

2864〈韓長孺列傳〉

明年，匈奴大入邊，殺遼西太守，及入鴈門，所殺略數千人。車騎將軍青擊之，出鴈門。尉安國為材官將軍，屯於漁陽。安國捕生虜，言匈奴遠去。即上書言方田作時，請且罷軍屯。罷軍屯月餘，匈奴大入上谷、漁陽。安國壁乃有七百餘人，出與戰，不勝，復入壁。匈奴虜略千餘人及畜產而去。天子聞之，怒，使使責讓安國。徙安國益東，屯右北平。是時匈奴虜言當入東方。

2871〈李將軍列傳〉

頃之，家居數歲。廣家與故潁陰侯孫屏野居藍田南山中射獵。嘗夜從一騎出，從人田閒飲。還至霸陵亭，霸陵尉醉，呵止廣。廣騎曰：「故李將軍。」尉曰：「今將軍尚不得夜行，何乃故也！」止廣宿亭下。居無何，匈奴入殺遼西太守，敗韓將軍，後韓將軍徙右北平。於是天子乃召拜廣為右北平太守。廣即請霸陵尉與俱，至軍而斬之。

2871〈李將軍列傳〉

廣居右北平，匈奴聞之，號曰「漢之飛將軍」，避之數歲，不敢入右北平。廣出獵，見草中石，以為虎而射之，中石沒鏃，視之石也。因復更射之，終不能復入石矣。廣所居郡聞有虎，嘗自射之。及居右北平射虎，虎騰傷廣，廣亦竟射殺之。

廣廉，得賞賜輒分其麾下，飲食與士共之。終廣之身，為二千石四十餘年，家無餘財，終不言家產事。廣為人長，猨臂，其善射亦天性也，雖其子孫他人學者，莫能及廣。廣訥口少言，與人居則畫地為軍陳，射闊狹以飲。專以射為戲，竟死。廣之將兵，乏絕之處，見水，士卒不盡飲，廣不近水，士卒不盡食，廣不嘗食。寬緩不苛，士以此愛樂為用。其射，見敵急，非在數十步之內，度不中不發，發即應弦而倒。用此，其將兵數困辱，其射猛獸亦為所傷云。

1979〈外戚世家〉

初，上為太子時，娶長公主女為妃。立為帝，妃立為皇后，姓陳氏，無子。上之得為嗣，大長公主有力焉，以故陳皇后驕貴。聞子夫大幸，恚，幾死者數矣。上愈怒。陳皇后挾婦人媚道，其事頗覺，於是廢陳皇后，而立子夫為皇后。

2923〈將軍驃騎列傳〉

元朔元年春，夫人有男，立爲皇后。其秋，青爲車騎將軍，出雁門，三萬騎擊匈奴，斬首虜數千人。

1421〈平準書〉

其後漢將歲以數萬騎出擊胡，及車騎將軍衛青取匈奴河南地，築朔方。當是時，漢通西南夷道，作者數萬人，千里負擔饋糧，率十餘鍾致一石，散幣於邛僰以集之。數歲道不通，蠻夷因以數攻，吏發兵誅之。悉巴蜀租賦不足以更之，乃募豪民田南夷，入粟縣官，而內受錢於都內。東至滄海之郡，人徒之費擬於南夷。又興十萬餘人築衛朔方，轉漕甚遼遠，自山東咸被其勞，費數十百巨萬，府庫益虛。乃募民能入奴婢得以終身復，爲郎增秩，及入羊爲郎，始於此。

1980〈外戚世家〉

子夫已立爲皇后，先是長君死，乃以青爲將軍，擊胡有功，封爲長平侯。青三子在襁褓中，皆封爲列侯。及皇后所謂姊少兒，少兒生子霍去病，以軍功封冠軍侯，號驃騎將軍。青號大將軍。立皇后子據爲太子。氏枝屬以軍功起家，五人爲侯。

1997〈荊燕世家〉

至（燕王）孫定國，與父康王姬姦，生子男一人。奪弟妻爲姬。與子女三人姦。定國有所欲誅殺臣肥如令郢人，郢人等告定國，定國使謁者以他法劾捕格殺郢人以滅口。至元朔元年，郢人昆弟復上書具言定國陰事，以此發覺。詔下公卿，皆議曰：「定國禽獸行，亂人倫，逆天，當誅。」上許之。定國自殺，國除爲郡。

2953〈平津侯主父列傳〉

（元朔元年（通））

（主父偃）資用乏，留久，諸公賓客多厭之，乃上書闕下。朝奏，暮召入見。所言九事，其八事爲律令，一事諫伐匈奴。其辭曰：（略）

是時趙人徐樂、齊人嚴安俱上書言世務，各一事。徐樂曰：（略）

嚴安上書曰：（略）

書奏天子，天子召見三人，謂曰：「公等皆安在？何相見之晚也！」於是上乃拜主父偃、徐樂、嚴安爲郎中。〔偃〕數見，上疏言事，詔拜偃爲謁者，遷（樂）爲中大夫。一歲中四遷偃。

2007〈齊悼惠王世家〉

齊有宦者徐甲，入事漢皇太后。皇太后有愛女曰脩成君，脩成君非劉氏，太后憐之。脩成君有女名娥，太后欲嫁之於諸侯，宦者甲乃請使齊，必令王上書請娥。皇太后喜，使甲之齊。是時齊人主父偃知甲之使齊以取后事，亦因謂甲：「即事成，幸言偃女願得充王後宮。」甲既至齊，風以此事。紀太后大怒，曰：「王有后，後宮具備。且甲，齊貧人，急乃為宦者，入事漢，無補益，乃欲亂吾王家！

且主父偃何為者？乃欲以女充後宮！」徐甲大窮，還報皇太后曰：「王已願尚娥，然有一害，恐如燕王。」燕王者，與其子昆弟姦，新坐以死，亡國，故以燕感太后。太后曰：「無復言嫁女齊事。」事浸潯（不得）聞於天子。主父偃由此亦與齊有卻。

3127〈儒林列傳〉

是時遼東高廟災，主父偃疾之，取其（董仲舒）書奏之天子。天子召諸生示其書，有刺譏。董仲舒弟子呂步舒不知其師書，以為下愚。於是下董仲舒吏，當死，詔赦之。於是董仲舒竟不敢復言災異。

3128〈儒林列傳〉

董仲舒為人廉直。是時方外攘四夷，公孫弘治春秋不如董仲舒，而弘希世用事，位至公卿。董仲舒以弘為從諛。弘疾之，乃言上曰：「獨董仲舒可使相膠西王。」膠西王素聞董仲舒有行，亦善待之。董仲舒恐久獲罪，疾免居家。至卒，終不治產業，以脩學著書為事。故漢興至于五世之閒，唯董仲舒名為明於春秋，其傳公羊氏也。

3129〈儒林列傳〉

仲舒弟子遂者：蘭陵褚大，廣川殷忠，溫呂步舒。褚大至梁相。步舒至長史，持節使決淮南獄，於諸侯擅專斷，不報，以春秋之義正之，天子皆以為是。弟子通者，至於命大夫；為郎、謁者、掌故者以百數。而董仲舒子及孫皆以學至大官。

3158〈大宛列傳〉

（張騫）居匈奴中，益寬，騫因與其屬亡鄉月氏，西走數十日至大宛。大宛聞漢之饒財，欲通不得，見騫，喜，問曰：「若欲何之？」騫曰：「為漢使月氏，而為匈奴所閉道。今亡，唯王使人導送我。誠得至，反漢，漢之賂遺王財物不可勝言。」大宛以為然，遣騫，為發導繹，抵康居，康居傳致大月氏。大月氏王已為胡所殺，立其太子為王。既臣大夏而居，地肥饒，少寇，志安樂，又自以遠漢，殊無報胡之心。騫從月氏至大夏，竟不能得月氏要領。

2095〈五宗世家〉

（魯共王）二十六年卒，子光代為王。初好音輿馬；晚節嗇，惟恐不足於財。

2100〈五宗世家〉

（長沙王）立二十七年卒，子康王庸立。

元朔二年
春，車騎將軍青出雲中，至高闕，取河南地。

2906〈匈奴列傳〉

其明年，青復出雲中以西至隴西，擊胡之樓煩、白羊王於河南，得胡首虜數千，牛羊百餘萬。於是漢遂取河南地，築朔方，復繕故秦時蒙恬所爲塞，因河爲固。漢亦弃上谷之什辟縣造陽地以予胡。是歲，漢之元朔二年也。

2923〈將軍驃騎列傳〉

明年，匈奴入殺遼西太守，虜略漁陽二千餘人，敗韓將軍軍。漢令將軍李息擊之，出代；令車騎將軍青出雲中以西至高闕。遂略河南地，至于隴西，捕首虜數千，畜數十萬，走白羊、樓煩王。遂以河南地爲朔方郡。以三千八百戶封青爲長平侯。青校尉蘇建有功，以千一百戶封建爲平陵侯。使建築朔方城。青校尉張次公有功，封爲岸頭侯。天子曰：「匈奴逆天理，亂人倫，暴長虐老，以盜竊爲務，行詐諸蠻夷，造謀藉兵，數爲邊害，故興師遣將，以征厥罪。詩不云乎，『薄伐玁狁，至于太原』，『出車彭彭，城彼朔方』。今車騎將軍青度西河至高闕，獲首虜二千三百級，車輜畜產畢收爲鹵，已封爲列侯，遂西定河南地，按榆谿舊塞，絕梓領，梁北河，討蒲泥，破符離，斬輕銳之卒，捕伏聽者三千七十一級，執訊獲醜，驅馬牛羊百有餘萬，全甲兵而還，益封青三千戶。」

2864〈韓長孺列傳〉

安國始爲御史大夫及護軍，後稍斥疏，下遷；而新幸壯將軍青等有功，益貴。安國既疏遠，默默也；將屯又爲匈奴所欺，失亡多，甚自愧。幸得罷歸，乃益東徙屯，意忽忽不樂。數月，病歐血死。安國以元朔二年中卒。

2961〈平津侯主父列傳〉

偃說上曰：「古者諸侯不過百里，彊弱之形易制。今諸侯或連城數十，地方千里，緩則驕奢易爲淫亂，急則阻其彊而合從以逆京師。今以法割削之，則逆節萌起，前日量錯是也。今諸侯子弟或十數，而適嗣代立，餘雖骨肉，無尺寸地封，則仁孝之道不宣。願陛下令諸侯得推恩分子弟，以地侯之。彼人人喜得所願，上以德施，實分其國，不削而稍弱矣。」於是上從其計。又說上曰：「茂陵初立，天下豪桀并兼之家，亂之民，皆可徙茂陵，內實京師，外銷姦猾，此所謂不誅而害除。」上又從其計。

1071〈建元以來王子侯者年表〉
制詔御史：「諸侯王或欲推私恩分子弟邑者，令各條上，朕且臨定其號名。」
太史公曰：盛哉，天子之德！一人有慶，天下賴之。

2088〈梁孝王世家〉
元朔中，睢陽人類犴反者，人有辱其父，而與淮陽太守客出同車。太守客出下車，類犴反殺其仇於車上而去。淮陽太守怒，以讓梁二千石。二千石以下求反甚急，執反親戚。反知國陰事，乃上變事，具告知王與大母爭樽狀。時丞相以下見知之，欲以傷梁長吏，其書聞天子。天子下吏驗問，有之。公卿請廢襄為庶人。天子曰：「李太后有淫行，而梁王襄無良師傅，故陷不義。」乃削梁八城，梟任王后首于市。梁餘尚有十城。

3187〈游俠列傳〉
及徙豪富茂陵也，解家貧，不中訾，吏恐，不敢不徙。將軍為言：「郭解家貧不中徙。」上曰：「布衣權至使將軍為言，此其家不貧。」解家遂徙。諸公送者出千餘萬。軹人楊季主子為縣掾，舉徙解。解兄子斷楊掾頭。由此楊氏與郭氏為仇。

2961〈平津侯主父列傳〉
尊立皇后，及發燕王定國陰事，蓋偃有功焉。大臣皆畏其口，賂遺累千金。人或說偃曰：「太橫矣。」主父曰：「臣結髮游學四十餘年，身不得遂，親不以為子，昆弟不收，賓客弃我，我阸日久矣。且丈夫生不五鼎食，死即五鼎烹耳。吾日暮途遠，故倒行暴施之。」

2961〈平津侯主父列傳〉
偃盛言朔方地肥饒，外阻河，蒙恬城之以逐匈奴，內省轉輸戍漕，廣中國，滅胡之本也。上覽其說，下公卿議，皆言不便。公孫弘曰：「秦時常發三十萬築北河，終不可就，已而弃之。」主父偃盛言其便，上竟用主父計，立朔方郡。

2962〈平津侯主父列傳〉
元朔二年，主父言齊王內淫佚行僻，上拜主父為齊相。至齊，遍召昆弟賓客，散五百金予之，數之曰：「始吾貧時，昆弟不我衣食，賓客不我內門；今吾相齊，諸君迎我或千里。吾與諸君絕矣，毋復入偃之門！」乃使人以王與姊姦事動王，王以為終不得脫罪，恐效燕王論死，乃自殺。有司以聞。

2008〈齊悼惠王世家〉
主父偃方幸於天子，用事，因言：「齊臨菑十萬戶，市租千金，人眾富，巨於長安，

此非天子親弟愛子不得王此。今齊王於親屬益疏。」乃從容言：「呂太后時齊欲反，吳楚時孝王幾為亂。今聞齊王與其姊亂。」於是天子乃拜主父偃為齊相，且正其事。主父偃既至齊，乃急治王後宮宦者為王通於姊翁主所者，令其辭證皆引王。王年少，懼大罪為吏所執誅，乃飲藥自殺。絕無後。

2008〈齊悼惠王世家〉

是時趙王懼主父偃一出廢齊，恐其漸疏骨肉，乃上書言偃受金及輕重之短。天子亦既囚偃。公孫弘言：「齊王以憂死毋後，國入漢，非誅偃無以塞天下之望。」遂誅偃。

2962〈平津侯主父列傳〉

主父始為布衣時，嘗游燕、趙，及其貴，發燕事。趙王恐其為國患，欲上書言其陰事，為偃居中，不敢發。及為齊相，出關，即使人上書，告言主父偃受諸侯金，以故諸侯子弟多以得封者。及齊王自殺，上聞大怒，以為主父劫其王令自殺，乃徵下吏治。主父服受諸侯金，實不劫王令自殺。上欲勿誅，是時公孫弘為御史大夫，乃言曰：「齊王自殺無後，國除為郡，入漢，主父偃本首惡，陛下不誅主父偃，無以謝天下。」乃遂族主父偃。

2962〈平津侯主父列傳〉

主父方貴幸時，賓客以千數，及其族死，無一人收者，唯獨洨孔車收葬之。天子後聞之，以為孔車長者也。

2008〈齊悼惠王世家〉

齊厲王立五年死，毋後，國入于漢。齊悼惠王後尚有二國，城陽及菑川。菑川地比齊。天子憐齊，為悼惠王家園在郡，割臨菑東環悼惠王家園邑盡以予菑川，以奉悼惠王祭祀。

3144〈酷吏列傳〉

義縱者，河東人也。為少年時，嘗與張次公俱攻剽為羣盜。縱有姊姁，以醫幸王太后。王太后問：「有子兄弟為官者乎？」姊曰：「有弟無行，不可。」太后乃告上，拜義姁弟縱為中郎，補上黨郡中令。治敢行，少蘊藉，縣無逋事，舉為第一。遷為長陵及長安令，直法行治，不避貴戚。以捕案太后外孫脩成君子仲，上以為能，遷為河內都尉。至則族滅其豪穰氏之屬，河內道不拾遺。而張次公亦為郎，以勇悍從軍，敢深入，有功，為岸頭侯。

元朔三年

匈奴（敗）〔殺〕代太守友。

御史大夫弘。

2907〈匈奴列傳〉

其後冬，匈奴軍臣單于死。軍臣單于弟左谷蠡王伊稚斜自立為單于，攻破軍臣單于太子於單。於單亡降漢，漢封於單為涉安侯，數月而死。伊稚斜單于既立，其夏，匈奴數萬騎入殺代郡太守恭友，略千餘人。其秋，匈奴又入鴈門，殺略千餘人。

2925〈將軍驃騎列傳〉

其明年，匈奴入殺代郡太守友，入略鴈門千餘人。

2773〈萬石張叔列傳〉

（張歐）老病篤，請免。於是天子亦策罷，以上大夫祿歸老于家。家於陽陵。子孫咸至大官矣。

2950〈平津侯主父列傳〉

元朔三年，張歐免，以弘為御史大夫。是時通西南夷，東置滄海，北築朔方之郡。弘數諫，以為罷敝中國以奉無用之地，願罷之。於是天子乃使朱買臣等難弘置朔方之便。發十策，弘不得一。弘迺謝曰：「山東鄙人，不知其便若是，願罷西南夷、滄海而專奉朔方。」上乃許之。

2995〈西南夷列傳〉

及弘為御史大夫，是時方築朔方以據河逐胡，弘因數言西南夷害，可且罷，專力事匈奴。上罷西夷，獨置南夷夜郎兩縣一都尉，稍令犍為自葆就。

3145〈酷吏列傳〉

寧成家居，上欲以為郡守。御史大夫弘曰：「臣居山東為小吏時，寧成為濟南都尉，其治如狼牧羊。成不可使治民。」上乃拜成為關都尉。歲餘，關東吏隸郡國出入關者，號曰「寧見乳虎，無值寧成之怒」。義縱自河內遷為南陽太守，聞寧成家居南陽，及縱至關，寧成側行送迎，然縱氣盛，弗為禮。至郡，遂案寧氏，盡破碎其家。成坐有罪，及孔、暴之屬皆犇亡，南陽吏民重足一迹。而平氏朱彊、杜衍、杜周為縱牙爪之吏，任用，遷為廷史。軍數出定襄，定襄吏民亂敗，於是徙縱為定襄太守。縱至，掩定襄獄中重罪輕繫二百餘人，及賓客昆弟私入相視亦二百餘人。縱一捕鞠，曰「為死罪解脫」。是日皆報殺四百餘人。其後郡中不寒而栗，猾民佐吏為治。

3136〈酷吏列傳〉

今上時，（趙）禹以刀筆吏積勞，稍遷為御史。上以為能，至太中大夫。與張湯論定諸律令，作見知，吏傳得相監司。用法益刻，蓋自此始。

3138〈酷吏列傳〉

周陽侯始爲諸卿時，嘗繫長安，湯傾身爲之。及出爲侯，大與湯交，徧見湯貴人。湯給事內史，爲寧成掾，以湯爲無害，言大府，調爲茂陵尉，治方中。

3138〈酷吏列傳〉

武安侯爲丞相，徵湯爲史，時薦言之天子，補御史，使案事。治陳皇后蠱獄，深竟黨與。於是上以爲能，稍遷至太中大夫。與趙禹共定諸律令，務在深文，拘守職之吏。已而趙禹遷爲中尉，徙爲少府，而張湯爲廷尉，兩人交驩，而兄事禹。禹爲人廉倨。爲吏以來，舍毋食客。公卿相造請禹，禹終不報謝，務在絕知友賓客之請，孤立行一意而已。見文法輒取，亦不覆案，求官屬陰罪。湯爲人多詐，舞智以御人。始爲小吏，乾沒，與長安富賈田甲、魚翁叔之屬交私。及列九卿，收接天下名士大夫，己心內雖不合，然陽浮慕之。

3142〈酷吏列傳〉

湯之客田甲，雖賈人，有賢操。始湯爲小吏時，與錢通，及湯爲大吏，甲所以責湯行義過失，亦有烈士風。

3188〈游俠列傳〉

解入關，關中賢豪知與不知，聞其聲，爭交驩解。解爲人短小，不飲酒，出未嘗有騎。已又殺楊季主。楊季主家上書，人又殺之闕下。上聞，乃下吏捕解。解亡，置其母家室夏陽，身至臨晉。臨晉籍少公素不知解，解冒，因求出關。籍少公已出解，解轉入太原，所過輒告主人家。吏逐之，跡至籍少公。少公自殺，口絕。久之，乃得解。窮治所犯，爲解所殺，皆在赦前。軹有儒生侍使者坐，客譽郭解，生曰：「郭解專以姦犯公法，何謂賢！」解客聞，殺此生，斷其舌。吏以此責解，解實不知殺者。殺者亦竟絕，莫知爲誰。吏奏解無罪。御史大夫公孫弘議曰：「解布衣爲任俠行權，以睚眦殺人，解雖弗知，此罪甚於解殺之。當大逆無道。」遂族郭解翁伯。

自是之後，爲俠者極，敖而無足數者。然關中長安樊仲子，槐里趙王孫，長陵高公子，西河郭公仲，太原鹵公孺，臨淮兒長卿，東陽田君孺，雖爲俠而逡逡有退讓君子之風。至若北道姚氏，西道諸杜，南道仇景，東道趙他、羽公子，南陽趙調之徒，此盜跖居民閒者耳，曷足道哉！此乃鄉者朱家之羞也。

太史公曰：吾視郭解，狀貌不及中人，言語不足採者。然天下無賢與不肖，知與不知，皆慕其聲，言俠者皆引以爲名。諺曰：「人貌榮名，豈有既乎！」於戲，惜哉！

3082〈淮南衡山列傳〉

淮南王有女陵，慧，有口辯。王愛陵，常多予金錢，爲中詗長安，約結上左右。元朔三年，上賜淮南王几杖，不朝。淮南王王后荼，王愛幸之。王后生太子遷，遷取王皇太后外孫修成君女爲妃。王謀爲反具，畏太子妃知而內泄事，乃與太子謀，令詐弗愛，三月不同席。王乃詳爲怒太子，閉太子使與妃同內三月，太子終不近妃。妃求去，王乃上書謝歸去之。王后荼、太子遷及女陵得愛幸王，擅國權，侵奪民田宅，妄致繫人。

2211〈仲尼弟子列傳〉

孔子傳易於瞿，瞿傳楚人馯臂子弘，弘傳江東人矯子庸疵，疵傳燕人周子家豎，豎傳淳于人光子乘羽，羽傳齊人田子莊何，何傳東武人王子中同，同傳菑川人楊何。何元朔中以治易爲漢中大夫。

1947〈孔子世家〉

安國爲今皇帝博士，至臨淮太守，蚤卒。安國生印，印生驩。

3293〈太史公自序〉

（太史公遷）年十歲則誦古文。

3125〈儒林列傳〉

伏生教濟南張生及歐陽生，歐陽生教千乘兒寬。兒寬既通尙書，以文學應郡舉，詣博士受業，受業孔安國。兒寬貧無資用，常爲弟子都養，及時時閒行傭賃，以給衣食。行常帶經，止息則誦習之。以試第次，補廷尉史。是時張湯方鄉學，以爲奏讞掾，以古法議決疑大獄，而愛幸寬。寬爲人溫良，有廉智，自持，而善著書、書奏，敏於文，口不能發明也。湯以爲長者，數稱譽之。

3139〈酷吏列傳〉

是時上方鄉文學，湯決大獄，欲傅古義，乃請博士弟子治尙書、春秋補廷尉史，亭疑法。奏讞疑事，必豫先爲上分別其原，上所是，受而著讞決法廷尉，絜令揚主之明。奏事卽讁，湯應謝，鄉上意所便，必引正、監、掾史賢者，曰：「固爲臣議，如上責臣，臣弗用，愚抵於此。」罪常釋。（聞）〔閒〕卽奏事，上善之，曰：「臣非知爲此奏，乃正、監、掾史某爲之。」其欲薦吏，揚人之善蔽人之過如此。所治卽上意所欲罪，予監史深禍者；卽上意所欲釋，與監史輕平者。所治卽豪，必舞文巧詆；卽下戶羸弱，時口言，雖文致法，上財察。於是往往釋湯所言。湯至於大吏，內行脩也。通賓客飲食。於故人子弟爲吏及貧昆弟，調護之尤厚。其造請諸公，不避寒暑。是以湯雖文深意忌不專平，然得此聲譽。而刻深吏多爲爪牙用者，依於文

學之士。丞相弘數稱其美。

1424〈平準書〉

自公孫弘以春秋之義繩臣下取漢相，張湯用峻文決理爲廷尉，於是見知之法生，而廢格沮誹窮治之獄用矣。

3107〈汲鄭列傳〉

張湯方以更定律令爲廷尉，黯數質責湯於上前，曰：「公爲正卿，上不能先帝之功業，下不能抑天下之邪心，安國富民，使囹圄空虛，二者無一焉。非苦就行，放析就功，何乃取高皇帝約束紛更之爲？公以此無種矣。」黯時與湯論議，湯辯常在文深小苛，黯伉厲守高不能屈，忿發罵曰：「天下謂刀筆吏不可以爲公卿，果然。必湯也，令天下重足而立，側目而視矣！」

3159〈大宛列傳〉

（張騫）留歲餘，還，並南山，欲從羌中歸，復爲匈奴所得。留歲餘，單于死，左谷蠡王攻其太子自立，國內亂，騫與胡妻及堂邑父俱亡歸漢。漢拜騫爲太中大夫，堂邑父爲奉使君。

騫爲人彊力，寬大信人，蠻夷愛之。堂邑父故胡人，善射，窮急射禽獸給食。初，騫行時百餘人，去十三歲，唯二人得還。

3160〈大宛列傳〉

騫身所至者大宛、大月氏、大夏、康居，而傳聞其旁大國五六，具爲天子言之。曰：（略）

3166〈大宛列傳〉

騫曰：「臣在大夏時，見邛竹杖、蜀布。問曰：『安得此？』大夏國人曰：『吾賈人往市之身毒。身毒在大夏東南可數千里。其俗土著，大與大夏同，而卑溼暑熱云。其人民乘象以戰。其國臨大水焉。』以騫度之，大夏去漢萬二千里，居漢西南。今身毒國又居大夏東南數千里，有蜀物，此其去蜀不遠矣。今使大夏，從羌中，險，羌人惡之；少北，則爲匈奴所得；從蜀宜徑，又無寇。」天子既聞大宛及大夏、安息之屬皆大國，多奇物，土著，頗與中國同業，而兵弱，貴漢財物；其北有大月氏、康居之屬，兵彊，可以賂遺設利朝也。且誠得而以義屬之，則廣地萬里，重九譯，致殊俗，威德徧於四海。天子欣然，以騫言爲然，乃令騫因蜀犍爲發閒使，四道並出：出駹，出冄，出徙，出邛、僰，皆各行一二千里。其北方閉氐、筰，南方閉巂、昆明。昆明之屬無君長，善寇盜，輒殺略漢使，終莫得通。然聞其西可千餘里有乘

象國，名曰滇越，而蜀賈姦出物者或至焉，於是漢以求大夏道始通滇國。初，漢欲通西南夷，費多，道不通，罷之。及張騫言可以通大夏，乃復事西南夷。

2663〈樊酈滕灌列傳〉

（繆侯）遂成卒，子懷侯世宗立。

2854〈魏其武安侯列傳〉

子恬嗣。元朔三年，武安侯坐衣襜褕入宮，不敬。

元朔四年

匈奴入定襄、代、上郡。

2907〈匈奴列傳〉

其明年，匈奴又復入代郡、定襄、上郡，各三萬騎，殺略數千人。匈奴右賢王怨漢奪之河南地而築朔方，數為寇，盜邊，及入河南，侵擾朔方，殺略吏民甚。

3095〈淮南衡山列傳〉

衡山王賜，王后乘舒生子三人，長男爽為太子，次男孝，次女無采。又姬徐來生子男女四人，美人厥姬生子二人。衡山王、淮南王兄弟相責望禮節，閒不相能。衡山王聞淮南王作為畔逆反具，亦心結賓客以應之，恐為所并。

3095〈淮南衡山列傳〉

王后乘舒死，立徐來為王后。厥姬俱幸。兩人相妒，厥姬乃惡王后徐來於太子曰：「徐來使婢蠱道殺太子母。」太子心怨徐來。徐來兄至衡山，太子與飲，以刃刺傷王后兄。王后怨怒，數毀惡太子於王。太子女弟無采，嫁弃歸，與奴姦，又與客姦。太子數讓無采，無采怒，不與太子通。王后聞之，即善遇無采。無采及中兄孝少失母，附王后，王后以計愛之，與共毀太子，王以故數擊笞太子。元朔四年中，人有賊傷王后假母者，王疑太子使人傷之，笞太子。後王病，太子時稱病不侍。孝、王后、無采惡太子：「太子實不病，自言病，有喜色。」王大怒，欲廢太子，立其弟孝。王后知王決廢太子，又欲并廢孝。王后有侍者，善舞，王幸之，王后欲令侍者與孝亂以汙之，欲并廢兄弟而立其子廣代太子。太子爽知之，念后數惡己無已時，欲與亂以止其口。王后飲，太子前為壽，因據王后股，求與王后臥。王后怒，以告王。王乃召，欲縛而笞之。太子知王常欲廢己立其弟孝，乃謂王曰：「孝與王御者姦，無采與奴姦，王彊食，請上書。」即倍王去。王使人止之，莫能禁，乃自駕追捕太子。太子妄惡言，王械繫太子宮中。孝日益親幸。王奇孝材能，乃佩之王印，號曰將軍，令居外宅，多給金錢，招致賓客。賓客來者，微知淮南、衡山有逆計，日夜從容勸

之。王乃使孝客江都人救赫、陳喜作輣車鏃矢，刻天子璽，將相軍吏印。王日夜求
壯士如周丘等，數稱引吳楚反時計畫，以約束。衡山王非敢效淮南王求即天子位，
畏淮南起并其國，以為淮南已西，發兵定江淮之閒而有之，望如是。

2094〈五宗世家〉
（河間王）四年卒，子剛王基代立。

元朔五年
匈奴（敗）〔殺〕代都尉朱英。
澤免相。
十一月乙丑，御史大夫公孫弘為丞相，封平津侯。
春，長平侯青為大將軍，擊右賢。尉蘇建為游擊將軍，屬青。左內史李沮。為強
弩將軍，太僕賀為車騎將軍，代相李蔡為輕車將軍，岸頭侯張次公為將軍，大行
息為將軍：皆屬大將軍，擊匈奴。

2951〈平津侯主父列傳〉
汲黯曰：「弘位在三公，奉祿甚多。然為布被，此詐也。」上問弘。弘謝曰：「有之。
夫九卿與臣善者無過黯，然今日庭詰弘，誠中弘之病。夫以三公為布被，誠飾詐欲
以釣名。且臣聞管仲相齊，有三歸，侈擬於君，桓公以霸，亦上僭於君。晏嬰相景
公，食不重肉，妾不衣絲，齊國亦治，此下比於民。今臣弘位為御史大夫，而為布
被，自九卿以下至於小吏，無差，誠如汲黯言。且無汲黯忠，陛下安得聞此言。」
天子以為謙讓，愈益厚之。卒以弘為丞相，封平津侯。

弘為人意忌，外寬內深。諸嘗與弘有郤者，雖詳與善，陰報其禍。殺主父偃，徙董
仲舒於膠西，皆弘之力也。食一肉脫粟之飯。故人所善賓客，仰衣食，弘奉祿皆以
給之，家無所餘。士亦以此賢之。

2907〈匈奴列傳〉
其明年春，漢以青為大將軍，將六將軍，十餘萬人，出朔方、高闕擊胡。右賢王以
為漢兵不能至，飲酒醉，漢兵出塞六七百里，夜圍右賢王。右賢王大驚，脫身逃走，
諸精騎往往隨後去。漢得右賢王男女萬五千人，裨小王十餘人。其秋，匈奴萬騎入
殺代郡都尉朱英，略千餘人。

2925〈將軍驃騎列傳〉
其明年，元朔之五年春，漢令車騎將軍青將三萬騎，出高闕；尉蘇建為游擊將軍，
左內史李沮為彊弩將軍，太僕公孫賀為騎將軍，代相李蔡為輕車將軍，皆領屬車騎

將軍，俱出朔方；大行李息、岸頭侯張次公為將軍，出右北平：咸擊匈奴。匈奴右賢王當青等兵，以為漢兵不能至此，飲醉。漢兵夜至，圍右賢王，右賢王驚，夜逃，獨與其愛妾一人壯騎數百馳，潰圍北去。漢輕騎校尉郭成等逐數百里，不及，得右賢裨王十餘人，男女萬五千餘人，畜數千百萬，於是引兵而還。至塞，天子使使者持大將軍印，即軍中拜車騎將軍青為大將軍，諸將皆以兵屬大將軍，大將軍立號而歸。天子曰：「大將軍青躬率戎士，師大捷，獲匈奴王十有餘人，益封青六千戶。」而封青子伉為宜春侯，青子不疑為陰安侯，青子登為發干侯。青固謝曰：「臣幸得待罪行閒，賴陛下神靈，軍大捷，皆諸校尉力戰之功也。陛下幸已益封臣青。臣青子在繈褓中，未有勤勞，上幸列地封為三侯，非臣待罪行閒所以勸士力戰之意也。伉等三人何敢受封！」天子曰：「我非忘諸校尉功也，今固且圖之。」乃詔御史曰：「護軍都尉公孫敖三從大將軍擊匈奴，常護軍，傅校獲王，以千五百戶封敖為合騎侯。都尉韓說從大將軍出窳渾，至匈奴右賢王庭，為麾下搏戰獲王，以千三百戶封說為龍頟侯。騎將軍公孫賀從大將軍獲王，以千三百戶封賀為南窌侯。輕車將軍李蔡再從大將軍獲王，以千六百戶封蔡為樂安侯。校尉李朔，校尉趙不虞，校尉公孫戎奴，各三從大將軍獲王，以千三百戶封朔為涉軹侯，以千三百戶封不虞為隨成侯，以千三百戶封戎奴為從平侯。將軍李沮、李息及校尉豆如意有功，賜爵關內侯，食邑各三百戶。」其秋，匈奴入代，殺都尉朱英。

1422〈平準書〉

其後四年，而漢遣大將將六將軍，軍十餘萬，擊右賢王，獲首虜萬五千級。

2873〈李將軍列傳〉

初，廣之從弟李蔡與廣俱事孝文帝。景帝時，蔡積功勞至二千石。孝武帝時，至代相。以元朔五年為輕車將車，從大將軍擊右賢王，有功中率，封為樂安侯。

3107〈汲鄭列傳〉

大將軍青侍中，上踞廁而視之。丞相弘燕見，上或時不冠。至如黯見，上不冠不見也。上嘗坐武帳中，黯前奏事，上不冠，望見黯，避帳中，使人可其奏。其見敬禮如此。

3108〈汲鄭列傳〉

是時，漢方征匈奴，招懷四夷。黯務少事，乘上閒，常言與胡和親，無起兵。上方向儒術，尊公孫弘。及事益多，吏民巧弄。上分別文法，湯等數奏決讞以幸。而黯常毀儒，面觸弘等徒懷詐飾智以阿人主取容，而刀筆吏專深文巧詆，陷人於罪，使

不得反其眞，以勝爲功。上愈益貴弘、湯，弘、湯深心疾黯，唯天子亦不說也，欲誅之以事。弘爲丞相，乃言上曰：「右內史界部中多貴人宗室，難治，非素重臣不能任，請徙黯爲右內史。」爲右內史數歲，官事不廢。

大將軍青既益尊，姊爲皇后，然黯與亢禮。人或說黯曰：「自天子欲羣臣下大將軍，大將軍尊重益貴，君不可以不拜。」黯曰：「夫以大將軍有揖客，反不重邪？」大將軍聞，愈賢黯，數請問國家朝廷所疑，遇黯過於平生。

3118〈儒林列傳〉
而公孫弘以春秋白衣爲天子三公，封以平津侯。天下之學士靡然鄉風矣。

3118〈儒林列傳〉
公孫弘爲學官，悼道之鬱滯，乃請曰：「丞相御史言：制曰『蓋聞導民以禮，風之以樂。婚姻者，居屋之大倫也。今禮廢樂崩，朕甚愍焉。故詳延天下方正博聞之士，咸登諸朝。其令禮官勸學，講議洽聞興禮，以爲天下先。太常議，與博士弟子，崇鄉里之化，以廣賢材焉』。謹與太常臧、博士平等議曰：聞三代之道，鄉里有教，夏曰校，殷曰序，周曰庠。其勸善也，顯之朝廷；其懲惡也，加之刑罰。故教化之行也，建首善自京師始，由內及外。今陛下昭至德，開大明，配天地，本人倫，勸學脩禮，崇化屬賢，以風四方，太平之原也。古者政教未洽，不備其禮，請因舊官而興焉。爲博士官置弟子五十人，復其身。太常擇民年十八已上，儀狀端正者，補博士弟子。郡國縣道邑有好文學，敬長上，肅政教，順鄉里，出入不悖所聞者，令相長丞上屬所二千石，二千石謹察可者，當與計偕，詣太常，得受業如弟子。一歲皆輒試，能通一藝以上，補文學掌故缺；其高弟可以爲郎中者，太常籍奏。即有秀才異等，輒以名聞。其不事學若下材及不能通一藝，輒罷之，而請諸不稱者罰。臣謹案詔書律令下者，明天人分際，通古今之義，文章爾雅，訓辭深厚，恩施甚美。小吏淺聞，不能究宣，無以明布諭下。治禮次治掌故，以文學禮義爲官，遷留滯。請選擇其秩比二百石以上，及吏百石通一藝以上，補左右內史、大行卒史；比百石已下，補郡太守卒史：皆各二人，邊郡一人。先用誦多者，若不足，乃擇掌故補中二千石屬，文學掌故補郡屬，備員。請著功令。佗如律令。」制曰：「可。」自此以來，則公卿大夫士吏斌斌多文學之士矣。

3083〈淮南衡山列傳〉
元朔五年，太子學用劍，自以爲人莫及，聞郎中靁被巧，乃召與戲。被一再辭讓，誤中太子。太子怒，被恐。此時有欲從軍者輒詣京師，被即願奮擊匈奴。太子遷數

惡被於王，王使郎中令斥免，欲以禁後，被遂亡至長安，上書自明。詔下其事廷尉、河南。河南治，逮淮南太子，王、王后計欲無遣太子，遂發兵反，計猶豫，十餘日未定。會有詔，即訊太子。當是時，淮南相怒壽春丞留太子逮不遣，劾不敬。王以請相，相弗聽。王使人上書告相，事下廷尉治。蹤跡連王，王使人候伺漢公卿，公卿請逮捕治王。王恐事發，太子遷謀曰：「漢使即逮王，王令人衣士衣，持戟居庭中，王旁有非是，則刺殺之，臣亦使人刺殺淮南中尉，乃舉兵，未晚。」是時上不許公卿請，而遣漢中尉宏即訊驗王。王聞漢使來，即如太子謀計。漢中尉至，王視其顏色和，訊王以斥靁被事耳，王自度無何，不發。中尉還，以聞。公卿治者曰：「淮南王安擁閼奮擊匈奴者靁被等，廢格明詔，當弃市。」詔弗許。公卿請廢勿王，詔弗許。公卿請削五縣，詔削二縣。使中尉宏赦淮南王罪，罰以削地。中尉入淮南界，宣言赦王。王初聞漢公卿請誅之，未知得削地，聞漢使來，恐其捕之，乃與太子謀刺之如前計。及中尉至，即賀王，王以故不發。其後自傷曰：「吾行仁義見削，甚恥之。」然淮南王削地之後，其為反謀益甚。諸使道從長安來，為妄妖言，言上無男，漢不治，即喜；即言漢廷治，有男，王怒，以為妄言，非也。

3085〈淮南衡山列傳〉

（元朔五年）

王日夜與伍被、左吳等案輿地圖，部署兵所從入。王曰：「上無太子，宮車即晏駕，廷臣必徵膠東王，不即常山王，諸侯並爭，吾可以無備乎！且吾高祖孫，親行仁義，陛下遇我厚，吾能忍之；萬世之後，吾寧能北面臣事豎子乎！」

王坐東宮，召伍被與謀，曰：「將軍上。」被悵然曰：「上寬赦大王，王復安得此亡國之語乎！臣聞子胥諫吳王，吳王不用，乃曰『臣今見麋鹿游姑蘇之臺也』。今臣亦見宮中生荊棘，露霑衣也。」王怒，繫伍被父母，囚之三月。復召曰：「將軍許寡人乎？」被曰：「（略）」於是（王）氣怨結而不揚，涕滿匡而橫流，即起，歷階而去。

2766〈萬石張叔列傳〉

萬石君以元朔五年中卒。長子郎中令建哭泣哀思，扶杖乃能行。歲餘，建亦死。諸子孫咸孝，然建最甚，甚於萬石君。建為郎中令，書奏事，事下，建讀之，曰：「誤書！『馬』者與尾當五，今乃四，不足一。上譴死矣！」甚惶恐。其為謹慎，雖他皆如是。

2767〈萬石張叔列傳〉

萬石君少子慶為太僕，御出，上問車中幾馬，慶以策數馬畢，舉手曰：「六馬。」慶

於諸子中最爲簡易矣，然猶如此。爲齊相，舉齊國皆慕其家行，不言而齊國大治，
爲立石相祠。

2673 〈樊酈滕灌列傳〉

（灌嬰孫賢爲臨汝侯）八歲，坐行賕有罪，國除。

元朔六年

**大將軍青再出定襄擊胡。合騎侯公孫敖爲中將軍，太僕賀爲左將軍，郎中令李廣
爲後將軍。翕侯趙信爲前將軍，敗降匈奴。尉蘇建爲右將軍，敗，身脫。左內史
沮爲彊弩將軍。皆屬青。**

2927 〈將軍驃騎列傳〉

其明年春，大將軍青出定襄，合騎侯敖爲中將軍，太僕賀爲左將軍，翕侯趙信爲前
將軍，尉蘇建爲右將軍，郎中令李廣爲後將軍，右內史李沮爲彊弩將軍，咸屬大將
軍，斬首數千級而還。月餘，悉復出定襄擊匈奴，斬首虜萬餘人。右將軍建、前將
軍信并軍三千餘騎，獨逢單于兵，與戰一日餘，漢兵且盡。前將軍故胡人，降爲翕
侯，見急，匈奴誘之，遂將其餘騎可八百，犇降單于。右將軍蘇建盡亡其軍，獨以
身得亡去，自歸大將軍。大將軍問其罪正閎、長史安、議郎周霸等：「建當云何？」
霸曰：「自大將軍出，未嘗斬裨將。今建弃軍，可斬以明將軍之威。」閎、安曰：「不
然。兵法『小敵之堅，大敵之禽也』。今建以數千當單于數萬，力戰一日餘，士盡，
不敢有二心，自歸。自歸而斬之，是示後無反意也。不當斬。」大將軍曰：「青幸得
以肺腑待罪行閒，不患無威，而霸說我以明威，甚失臣意。且使臣職雖當斬將，以
臣之尊寵而不敢自擅專誅於境外，而具歸天子，天子自裁之，於是以見爲人臣不敢
專權，不亦可乎？」軍吏皆曰「善」。遂囚建詣行在所。入塞罷兵。

2928 〈將軍驃騎列傳〉

是歲也，大將軍姊子霍去病年十八，幸，爲天子侍中。善騎射，再從大將軍，受詔
與壯士，爲剽姚校尉，與輕勇騎八百直弃大軍數百里赴利，斬捕首虜過當。於是天
子曰：「剽姚校尉去病斬首虜二千二十八級，及相國、當戶，斬單于大父行籍若侯產，
生捕季父羅姑比，再冠軍，以千六百戶封去病爲冠軍侯。上谷太守郝賢四從大將軍，
捕斬首虜二千餘人，以千一百戶封賢爲利侯。」是歲，失兩將軍軍，亡翕侯，軍功
不多，故大將軍不益封。右將軍建至，天不誅，赦其罪，贖爲庶人。

2946 〈將軍驃騎列傳〉

太史公曰：蘇建語余曰：「吾嘗責大將軍至尊重，而天下之賢大夫毋稱焉，願將軍觀

古名將所招選擇賢者，勉之哉。大將軍謝曰：『自魏其、武安之厚賓客，天子常切齒。彼親附士大夫，招賢絀不肖者，人主之柄也。人臣奉法遵職而已，何與招士！』」驃騎亦放此意，其為將如此。

2907〈匈奴列傳〉

其明年春，漢復遣大將軍青將六將軍，兵十餘萬騎，乃再出定襄數百里擊匈奴，得首虜前後凡萬九千餘級，而漢亦亡兩將軍，軍三千餘騎。右將軍建得以身脫，而前將軍翕侯趙信兵不利，降匈奴。趙信者，故胡小王，降漢，漢封為翕侯，以前將軍與右將軍并軍分行，獨遇單于兵，故盡沒。單于既得翕侯，以為自次王，用其姊妻之，與謀漢。信教單于益北絕幕，以誘罷漢兵，徼極而取之，無近塞。單于從其計。

2872〈李將軍列傳〉

居頃之，石建卒，於是上召廣代建為郎中令。元朔六年，廣復為後將軍，從大將軍軍出定襄，擊匈奴。諸將多中首虜率，以功為侯者，而廣軍無功。

2929〈將軍驃騎列傳〉

張騫從大將軍，以嘗使大夏，留匈奴中久，導軍，知善水草處，軍得以無飢渴，因前使絕國功，封騫博望侯。

3167〈大宛列傳〉

騫以校尉從大將軍擊匈奴，知水草處，軍得以不乏，乃封騫為博望侯。是歲元朔六年也。

1422〈平準書〉

明年，大將軍將六將軍仍再出擊胡，得首虜萬九千級。捕斬首虜之士受賜黃金二十餘萬斤，虜數萬人皆得厚賞，衣食仰給縣官；而漢軍之士馬死者十餘萬，兵甲之財轉漕之費不與焉。於是大農陳藏錢經耗，賦稅既竭，猶不足以奉戰士。有司言：「天子曰『朕聞五帝之教不相復而治，禹湯之法不同道而王，所由殊路，而建德一也。北邊未安，朕甚悼之。日者，大將軍攻匈奴，斬首虜萬九千級，留蹛無所食。議令民得買爵及贖禁錮免減罪』。請置賞官，命曰武功爵。級十七萬，凡直三十餘萬金。諸買武功爵官首者試補吏，先除；千夫如五大夫；其有罪又減二等；爵得至樂卿：以顯軍功。」軍功多用越等，大者封侯卿大夫，小者郎吏。吏道雜而多端，則官職耗廢。

2929〈將軍驃騎列傳〉

大將軍既還，賜千金。是時王夫人方幸於上，甯乘說大將軍曰：「將軍所以功未甚多，身食萬戶，三子皆為侯者，徒以皇后故也。今王夫人幸而宗族未富貴，願將軍奉所

賜千金為王夫人親壽。」大將軍乃以五百金為壽。天子聞之，問大將軍，大將軍以實言，上乃拜甯乘為東海都尉。

3088〈淮南衡山列傳〉

王有孽子不害，最長，王弗愛，王、王后、太子皆不以為子兄數。不害有子建，材高有氣，常怨望太子不省其父；又怨時諸侯皆得分子弟為侯，而淮南獨二子，一為太子，建父獨不得為侯。建陰結交，欲告敗太子，以其父代之。太子知之，數捕繫而榜笞建。建具知太子之謀欲殺漢中尉，即使所善壽春莊芷以元朔六年上書於天子曰：「毒藥苦於口利於病，忠言逆於耳利於行。今淮南王孫建，材能高，淮南王王后荼、荼子太子遷常疾害建。建父不害無罪，擅數捕繫，欲殺之。今建在，可徵問，具知淮南陰事。」書聞，上以其事下廷尉，廷尉下河南治。是時故辟陽侯孫審卿善丞相公孫弘，怨淮南屬王殺其大父，乃深購淮南事於弘，弘乃疑淮南有畔逆計謀，深窮治其獄。河南治建，辭引淮南太子及黨與。淮南王患之，欲發，問伍被曰：「漢廷治亂？」伍被曰：「天下治。」王意不說，謂伍被曰：「公何以言天下治也？」被曰：「被竊觀朝廷之政，君臣之義，父子之親，夫婦之別，長幼之序，皆得其理，上之舉錯遵古之道，風俗紀綱未有所缺也。重裝富賈，周流天下，道無不通，故交易之道行。南越賓服，羌僰入獻，東甌入降，廣長榆，開朔方，匈奴折翅傷翼，失援不振。雖未及古太平之時，然猶為治也。」王怒，被謝死罪。王又謂被曰：「山東即有兵，漢必使大將軍將而制山東，公以為大將軍何如人也？」被曰：「被所善者黃義，從大將軍擊匈奴，還，告被曰：『大將軍遇士大夫有禮，於士卒有恩，皆樂為之用。騎上下山若蜚，材幹絕人。』被以為材能如此，數將習兵，未易當也。及謁者曹梁使長安來，言大將軍號令明，當敵勇敢，常為士卒先。休舍，穿井未通，須士卒盡得水，乃敢飲。軍罷，卒盡已度河，乃度。皇太后所賜金帛，盡以賜軍吏。雖古名將弗過也。」王默然。

3089〈淮南衡山列傳〉

淮南王見建已徵治，恐國陰事且覺，欲發，被又以為難，乃復問被曰：「公以為吳興兵是邪非也？」被曰：「以為非也。吳王至富貴也，舉事不當，身死丹徒，頭足異處，子孫無遺類。臣聞吳王悔之甚。願王孰慮之，無為吳王之所悔。」王曰：「男子之所死者一言耳。且吳何知反，漢將一日過成皋者四十餘人。今我令樓緩先要成皋之口，周被下潁川兵塞轘轅、伊闕之道，陳定發南陽兵守武關。河南太守獨有雒陽耳，何足憂。然此北尚有臨晉關、河東、上黨與河內、趙國。人言曰『絕成皋之口，天下不通』。據三川之險，招山東之兵，舉事如此，公以為何如？」被曰：「臣見其禍，

未見其福也。」王曰：「左吳、趙賢、朱驕如皆以爲有福，什事九成，公獨以爲有禍無福，何也？」被曰：「大王之衆臣近幸素能使者，皆前繫詔獄，餘無可用者。」王曰：「陳勝、吳廣無立錐之地，千人之聚，起於大澤，奮臂大呼而天下響應，西至於戲而兵百二十萬。今吾國雖小，然而勝兵者可得十餘萬，非直適戍之，鑿鑿棘矜也，公何以言有禍無福？」被曰：「往者秦爲無道，殘賊天下。興萬乘之駕，作阿房之宮，收太半之賦，發閭左之戍，父不寧子，兄不便弟，政苛刑峻，天下熬然若焦，民皆引領而望，傾耳而聽，悲號仰天，叩心而怨上，故陳勝大呼，天下響應。當今陛下臨制天下，一齊海內，汎愛蒸庶，布德施惠。口雖未言，聲疾雷霆，令雖未出，化馳如神，心有所懷，威動萬里，下之應上，猶影響也。而大將軍材能不特章邯、楊熊也。大王以陳勝、吳廣諭之，被以爲過矣。」王曰：「苟如公言，不可徼幸邪？」被曰：「被有愚計。」王曰：「奈何？」被曰：「當今諸侯無異心，百姓無怨氣。朔方之郡田地廣，水草美，民徙者不足以實其地。臣之愚計，可僞爲丞相御史請書，徙郡國豪桀任俠及有耐罪以上，赦令除其罪，產五十萬以上者，皆徙其家屬朔方之郡，益發甲卒，急其會日。又僞爲左右都司空上林中都官詔獄（逮）書，〔逮〕諸侯太子幸臣。如此則民怨，諸侯懼，即使辯武隨而說之，儻可徼幸什得一乎？」王曰：「此可也。雖然，吾以爲不至若此。」於是王乃令官奴入宮，作皇帝璽，丞相、御史、大將軍、軍吏、中二千石、都官令、丞印，及旁近郡太守、都尉印，漢使節法冠，欲如伍被計。使人僞得罪而西，事大將軍、丞相；一日發兵，使人即刺殺大將軍青，而說丞相下之，如發蒙耳。

3092〈淮南衡山列傳〉

王欲發國中兵，恐其相、二千石不聽。王乃與伍被謀，先殺相、二千石；僞失火宮中，相、二千石救火，至即殺之。計未決，又欲令人衣求盜衣，持羽檄，從東方來，呼曰「南越兵入界」，欲因以發兵。乃使人至廬江、會稽爲求盜，未發。王問伍被曰：「吾舉兵西鄉，諸侯必有應我者；即無應，奈何？」被曰：「南收衡山以擊廬江，有尋陽之船，守下雉之城，結九江之浦，絕豫章之口，彊弩臨江而守，以禁南郡之下，東收江都、會稽，南通勁越，屈彊江淮閒，猶可得延歲月之壽。」王曰：「善，無以易此。急則走越耳。」

3093〈淮南衡山列傳〉

於是廷尉以王孫建辭連淮南王太子遷聞。上遣廷尉監因拜淮南中尉，逮捕太子。至淮南，淮南王聞，與太子謀召相、二千石，欲殺而發兵。召相，相至；內史以出爲解。中尉曰：「臣受詔使，不得見王。」王念獨殺相而內史中尉不來，無益也，即罷

相。王猶豫，計未決。太子念所坐者謀刺漢中尉，所與謀者已死，以為口絕，乃謂王曰：「羣臣可用者皆前繫，今無足與舉事者。王以非時發，恐無功，臣願會逮。」王亦偷欲休，即許太子。太子即自剄，不殊。伍被自詣吏，因告與淮南王謀反，反蹤跡具如此。

3097〈淮南衡山列傳〉

元朔五年秋，衡山王當朝，（六年）過淮南，淮南王乃昆弟語，除前卻，約束反具。衡山王即上書謝病，上賜書不朝。

3097〈淮南衡山列傳〉

元朔六年中，衡山王使人上書請廢太子爽，立孝為太子。爽聞，即使所善白嬴之長安上書，言孝作輀車鏃矢，與王御者姦，欲以敗孝。白嬴至長安，未及上書，吏捕嬴，以淮南事繫。王聞爽使白嬴上書，恐言國陰事，即上書反告太子爽所為不道弃市罪事。事下沛郡治。

元狩元年

十月中，淮南王安、衡山王賜謀反，皆自殺，國除。

御史大夫蔡。

1387〈封禪書〉

其明年，郊雍，獲一角獸，若麃然。有司曰：「陛下肅祗郊祀，上帝報享，錫一角獸，蓋麟云。」於是以薦五時，時加一牛以燎。錫諸侯白金，風符應合于天也。

於是濟北王以為天子且封禪，乃上書獻太山及其旁邑，天子以他縣償之。常山王有罪，遷，天子封其弟於真定，以續先王祀，而以常山為郡，然后五岳皆在天子之（邦）〔郡〕。

3109〈汲鄭列傳〉

淮南王謀反，憚黯，曰：「好直諫，守節死義，難惑以非。至如說丞相弘，如發蒙振落耳。」

3109〈汲鄭列傳〉

天子既數征匈奴有功，黯之言益不用。

3111〈汲鄭列傳〉

黯姑姊子司馬安亦少與黯為太子洗馬。安文深巧善宦，官四至九卿，以河南太守卒。昆弟以安故，同時至二千石者十人。濮陽段宏始事蓋侯信，信任宏，宏亦再至九卿。然人仕者皆嚴憚汲黯，出其下。

3135〈酷吏列傳〉

周陽由者，其父趙兼以淮南王舅父侯周陽，故因姓周陽氏。由以宗家任爲郎，事孝文及景帝。景帝時，由爲郡守。武帝即位，吏治尙循謹甚，然由居二千石中，最爲暴酷驕恣。所愛者，撓法活之；所憎者，曲法誅滅之。所居郡，必夷其豪。爲守，視都尉如令。爲都尉，必陵太守，奪之治。與汲黯俱爲忮，司馬安之文惡，俱在二千石列，同車未嘗敢均茵伏。

3136〈酷吏列傳〉

由後爲河東都尉，時與其守勝屠公爭權，相告言罪。勝屠公當抵罪，義不受刑，自殺，而由弃市。

3136〈酷吏列傳〉

自寧成、周陽由之後，事益多，民巧法，大抵吏之治類多成、由等矣。

3093〈淮南衡山列傳〉

吏因捕太子、王后，圍王宮，盡求捕王所與謀反賓客在國中者，索得反具以聞。上下公卿治，所連引與淮南王謀反列侯二千石豪傑數千人，皆以罪輕重受誅。衡山王賜，淮南王弟也，當坐收，有司請逮捕衡山王。天子曰：「諸侯各以其國爲本，不當相坐。與諸侯王列侯會肄丞相諸侯議。」趙王彭祖、列侯臣讓等四十三人議，皆曰：「淮南王安甚大逆無道，謀反明白，當伏誅。」膠西王臣端議曰：「淮南王安廢法行邪，懷詐僞心，以亂天下，熒惑百姓，倍畔宗廟，妄作妖言。春秋曰『臣無將，將而誅』。安罪重於將，謀反形已定。臣端所見其書節印圖及他逆無道事驗明白，甚大逆無道，當伏其法。而論國吏二百石以上及比者，宗室近幸臣不在法中者，不能相教，當皆免官削爵爲士伍，毋得宦爲吏。其非吏，他贖死金二斤八兩。以章臣安之罪，使天下明知臣子之道，毋敢復有邪僻倍畔之意。」丞相弘、廷尉湯等以聞，天子使宗正以符節治王。未至，淮南王安自剄殺。王后荼、太子遷諸所與謀反者皆族。天子以伍被雅辭多引漢之美，欲勿誅。廷尉湯曰：「被首爲王畫反謀，被罪無赦。」遂誅被。國除爲九江郡。

3097〈淮南衡山列傳〉

元狩元年冬，有司公卿下沛郡求捕所與淮南謀反者未得，得陳喜於衡山王子孝家。吏劾孝首匿喜。孝以爲陳喜雅數與王計謀反，恐其發之，聞律先自告除其罪，又疑太子使白嬴上書發其事，即先自告，告所與謀反者救赫、陳喜等。廷尉治驗，公卿請逮捕衡山王治之。天子曰：「勿捕。」遣中尉安、大行息即問王，王具以情

實對。吏皆圍王宮而守之。中尉大行還，以聞，公卿請遣宗正、大行與沛郡雜治王。王聞，即自剄殺。孝先自告反，除其罪；坐與王御婢姦，弃市。王后徐來亦坐蠱殺前王后乘舒，及太子爽坐王告不孝，皆弃市。諸與衡山王謀反者皆族。國除為衡山郡。

2855〈魏其武安列傳〉
淮南王安謀反覺，治。王前朝，武安侯為太尉，時迎王至霸上，謂王曰：「上未有太子，大王最賢，高祖孫，即宮車晏駕，非大王立當誰哉！」淮南王大喜，厚遺金財物。上自魏其時不直武安，特為太后故耳。及聞淮南王金事，上曰：「使武安侯在者，族矣。」

2696〈酈生陸賈列傳〉
元狩元年中，武遂侯（酈食其之孫）平坐詐詔衡山王取百斤金，當弃市，病死，國除也。

2952〈平津侯主父列傳〉
淮南、衡山謀反，治黨與方急。弘病甚，自以為無功而封，位至丞相，宜佐明主填撫國家，使人由臣子之道。今諸侯有畔逆之計，此皆宰相奉職不稱，恐竊病死，無以塞責。乃上書曰：「臣聞天下之通道五，所以行之者三。曰君臣，父子，兄弟，夫婦，長幼之序，此五者天下之通道也。智，仁，勇，此三者天下之通德，所以行之者也。故曰『力行近乎仁，好問近乎智，知恥近乎勇』。知此三者，則知所以自治；知所以自治，然後知所以治人。天下未有不能自治而能治人者也，此百世不易之道也。今陛下躬行大孝，鑒三王，建周道，兼文武，厲賢予祿，量能授官。今臣弘罷駑之質，無汗馬之勞，陛下過意擢臣弘卒伍之中，封為列侯，致位三公。臣弘行能不足以稱，素有負薪之病，恐先狗馬填溝壑，終無以報德塞責。願歸侯印，乞骸骨，避賢者路。」天子報曰：「古者賞有功，褒有德，守成尚文，遭遇右武，未有易此者也。朕宿昔庶幾獲承尊位，懼不能寧，惟所與共為治者，君宜知之。蓋君子善善惡惡，（君宜知之）君若謹行，常在朕躬。君不幸罹霜露之病，何恙不已，迺上書歸侯，乞骸骨，是章朕之不德也。今事少閒，君其省思慮，一精神，輔以醫藥。」因賜告牛酒雜帛。居數月，病有瘳，視事。

1424〈平準書〉
其明年，淮南、衡山、江都王謀反跡見，而公卿尋端治之，竟其黨與，而坐死者數萬人，長吏益慘急而法令明察。

3152〈酷吏列傳〉

減宣者，楊人也。以佐史無害給事河東守府。將軍青使買馬河東，見宣無害，言上，徵為大廄丞。官事辨，稍遷至御史及中丞。使治主父偃及治淮南反獄，所以微文深詆，殺者甚，稱為敢決疑。數廢數起，為御史及中丞者幾二十歲。王溫舒免中尉，而宣為左內史。其治米鹽，事大小皆關其手，自部署縣名曹實物，官吏令丞不得擅搖，痛以重法繩之。居官數年，一切郡中為小治辨，然獨宣以小致大，能因力行之，難以為經。中廢。為右扶風，坐怨成信，信亡藏上林中，宣使郿令格殺信，吏卒格信時，射中上林苑門，宣下吏詆罪，以為大逆，當族，自殺。而杜周任用。

3152〈酷吏列傳〉

杜周者，南陽杜衍人。義縱為南陽守，以為爪牙，舉為廷尉史。事張湯，湯數言其無害，至御史。使案邊失亡，所論殺甚。奏事中上意，任用，與減宣相編，更為中丞十餘歲。

2767〈萬石張叔列傳〉

元狩元年，上立太子，選羣臣可為傅者，（石）慶自沛守為太子太傅，七歲遷為御史大夫。

1424〈平準書〉

當是之時，招尊方正賢良文學之士，或至公卿大夫。公孫弘以漢相，布被，食不重味，為天下先。然無益於俗，稍騖於功利矣。

2907〈匈奴列傳〉

其明年，胡騎萬人入上谷，殺數百人。

2995〈西南夷列傳〉

及元狩元年，博望侯張騫使大夏來，言居大夏時見蜀布、邛竹、杖，使問所從來，曰「從東南身毒國，可數千里，得蜀賈人市」。或聞邛西可二千里有身毒國。騫因盛言大夏在漢西南，慕中國，患匈奴隔其道，誠通蜀，身毒國道便近，有利無害。於是天子乃令王然于、柏始昌、呂越人等，使閒出西夷西，指求身毒國。至滇，滇王嘗羌乃留，為求道西十餘輩。歲餘，皆閉昆明，莫能通身毒國。

2996〈西南夷列傳〉

滇王與漢使者言曰：「漢孰與我大？」及夜郎侯亦然。以道不通故，各自以為一州主，不知漢廣大。使者還，因盛言滇大國，足事親附。天子注意焉。

元狩二年

匈奴入鴈門、代郡。江都王建反。膠東王子慶立為六安王。

弘卒。

御史大夫樂安侯李蔡為丞相。

冠軍侯霍去病為驃騎將軍，擊胡，至祁連；合騎侯敖為將軍。出北地；博望侯張騫、郎中令李廣為將軍，出右北平。

御史大夫湯。

3125〈儒林列傳〉

及湯為御史大夫，以兒寬為掾，薦之天子。天子見問，說之。

3147〈酷吏列傳〉

王溫舒者，陽陵人也。少時椎埋為姦。已而試補縣亭長，數廢。為吏，以治獄至廷史。事張湯，遷為御史。督盜賊，殺傷甚多，稍遷至廣平都尉。擇郡中豪敢任吏十餘人，以為爪牙，皆把其陰重罪，而縱使督盜賊，快其意所欲得。此人雖有百罪，弗法；即有避，因其事夷之，亦滅宗。以其故齊趙之郊盜賊不敢近廣平，廣平聲為道不遺。上聞，遷為河內太守。

3148〈酷吏列傳〉

（王溫舒）素居廣平時，皆知河內豪姦之家，及往，九月而至。令郡具私馬五十匹，為驛自河內至長安，部吏如居廣平時方略，捕郡中豪猾，郡中豪猾相連坐千餘家。上書請，大者至族，小者乃死，家盡沒入償臧。奏行不過二三日，得可事。論報，至流血十餘里。河內皆怪其奏，以為神速。盡十二月，郡中毋聲，毋敢夜行，野無犬吠之盜。其頗不得，失之旁郡國，黎來，會春，溫舒頓足歎曰：「嗟乎，令冬月益展一月，足吾事矣！」其好殺伐行威不愛人如此。天子聞之，以為能，遷為中尉。其治復放河內，徙諸名禍猾吏與從事，河內則楊皆、麻戊，關中楊贛、成信等。義縱為內史，憚未敢恣治。

3138〈酷吏列傳〉

及治淮南、衡山、江都反獄，皆窮根本。嚴助及伍被，上欲釋之。湯爭曰：「伍被本畫反謀，而助親幸出入禁闥爪牙臣，乃交私諸侯如此，弗誅，後不可治。」於是上可論之。其治獄所排大臣自為功，多此類。於是湯益尊任，遷為御史大夫。

3109〈汲鄭列傳〉

始黯列為九卿，而公孫弘、張湯為小吏。及弘、湯稍益貴，與黯同位，黯又非毀弘、

湯等。已而弘至丞相，封爲侯；湯至御史大夫；故黯時丞相史皆與黯同列，或尊用過之。黯褊心，不能無少望，見上，前言曰：「陛下用羣臣如積薪耳，後來者居上。」上默然。有閒黯罷，上曰：「人果不可以無學，觀黯之言也日益甚。」

1980〈外戚世家〉
及后色衰，趙之王夫人幸，有子，爲齊王。

1980〈外戚世家〉
王夫人蚤卒。而中山李夫人有寵，有男一人，爲昌邑王。

1981〈外戚世家〉
他姬子二人爲燕王、廣陵王。其母無寵，以憂死。

1981〈外戚世家〉
及李夫人卒，則有尹婕妤之屬，更有寵。然皆以倡見，非王侯有土之士女，不可以配人主也。

1177〈樂書〉
（元狩二年（通））
至今上即位，作十九章，令侍中李延年次序其聲，拜爲協律都尉。通一經之士不能獨知其辭，皆集會五經家，相與共講習讀之，乃能通知其意，多爾雅之文。

漢家常以正月上辛祠太一甘泉，以昏時夜祠，到明而終。常有流星經於祠壇上。使僮男僮女七十人俱歌．春歌青陽，夏歌朱明，秋歌西皞，冬歌玄冥。世多有，故不論。

2908〈匈奴列傳〉
其明年春，漢使驃騎將軍去病將萬騎出隴西，過焉支山千餘里，擊匈奴，得胡首虜（騎）萬八千餘級，破得休屠王祭天金人。

2929〈將軍驃騎列傳〉
冠軍侯去病既侯三歲，元狩二年春，以冠軍侯去病爲驃騎將軍，將萬騎出隴西，有功。天子曰：「驃騎將軍率戎士踰烏盭，討遫濮，涉狐奴，歷五王國，輜重人儦惧者弗取，冀獲單于子。轉戰六日，過焉支山千有餘里，合短兵，殺折蘭王，斬盧胡王，誅全甲，執渾邪王子及相國、都尉，首虜八千餘級，收休屠祭天金人，益封去病二千戶。」

2908〈匈奴列傳〉
其夏，驃騎將軍復與合騎侯數萬騎出隴西、北地二千里，擊匈奴。過居延，攻祁連

山，得胡首虜三萬餘人，裨小王以下七十餘人。是時匈奴亦來入代郡、鴈門，殺略數百人。漢使博望侯及李將軍廣出右北平，擊匈奴左賢王。左賢王圍李將軍，卒可四千人，且盡，殺虜亦過當。會博望侯軍救至，李將軍得脫。漢失亡數千人，合騎侯後驃騎將軍期，及與博望侯皆當死，贖為庶人。

2930〈將軍驃騎列傳〉

其夏，驃騎將軍與合騎侯敖俱出北地，異道；博望侯張騫、郎中令李廣俱出右北平，異道：皆擊匈奴。郎中令將四千騎先至，博望侯將萬騎在後至。匈奴左賢王將數萬騎圍郎中令，郎中令與戰二日，死者過半，所殺亦過當。博望侯至，匈奴兵引去。博望侯坐行留，當斬，贖為庶人。而驃騎將軍出北地，已遂深入，與合騎侯失道，不相得，驃騎將軍踰居延至祁連山，捕首虜甚多。天子曰：「驃騎將軍踰居延，遂過小月氏，攻祁連山，得酋涂王，以降者二千五百人，斬首虜三萬二百級，獲五王，五王母，單于閼氏、王子五十九人，相國、將軍、當戶、都尉六十三人，師大率減什三，益封去病五千戶。賜校尉從至小月氏爵左庶長。鷹擊司馬破奴再從驃騎將軍斬遬濮王，捕稽沮王，千騎將得王、王母各一人，王子以下四十一人，捕虜三千三百三十人，前行捕虜千四百人，以千五百戶封破奴為從驃侯。校尉句王高不識，從驃騎將軍捕呼于屠王王子以下十一人，捕虜千七百六十八人，以千一百戶封不識為宜冠侯。校尉僕多有功，封為煇渠侯。」合騎侯敖坐行留不與驃騎會，當斬，贖為庶人。諸宿將所將士馬兵亦不如驃騎，驃騎所將常選，然亦敢深入，常與壯騎先其大（將）軍，軍亦有天幸，未嘗困絕也。然而諸宿將常坐留落不遇。由此驃騎日以親貴，比大將軍。

1424〈平準書〉

其明年，驃騎仍再出擊胡，獲首四萬。

2872〈李將軍列傳〉

後二歲，廣以郎中令將四千騎出右北平，博望侯張騫將萬騎與廣俱，異道。行可數百里，匈奴左賢王將四萬騎圍廣，廣軍士皆恐，廣乃使其子敢往馳之。敢獨與數十騎馳，直貫胡騎，出其左右而還，告廣曰：「胡虜易與耳。」軍士乃安。廣為圜陳外嚮，胡急擊之，矢下如雨。漢兵死者過半，漢矢且盡。廣乃令士持滿毋發，而廣身自以大黃射其裨將，殺數人，胡虜益解。會日暮，吏士皆無人色，而廣意氣自如，益治軍。軍中自是服其勇也。明日，復力戰，而博望侯軍亦至，匈奴軍乃解去。漢軍罷，弗能追。是時廣軍幾沒，罷歸。漢法，博望侯留遲後期，當死，贖為庶人。廣軍功自如，無賞。

3167〈大宛列傳〉

其明年，騫爲尉，與李將軍俱出右北平擊匈奴。匈奴圍李將軍，軍失亡多；而騫後期當斬，贖爲庶人。是歲漢遣驃騎破匈奴西（城）〔域〕數萬人，至祁連山。

2873〈李將軍列傳〉

元狩二年中，代公孫弘爲丞相。蔡爲人在下中，名聲出廣下甚遠，然廣不得爵邑，官不過九卿，而蔡爲列侯，位至三公。諸廣之軍吏及士卒或取封侯。廣嘗與望氣王朔燕語，曰：「自漢擊匈奴而廣未嘗不在其中，而諸部校尉以下，才能不及中人，然以擊胡軍功取侯者數十人，而廣不爲後人，然無尺寸之功以得封邑者，何也？豈吾相不當侯邪？且固命也？」朔曰：「將軍自念，豈嘗有所恨乎？」廣曰：「吾嘗爲隴西守，羌嘗反，吾誘而降，降者八百餘人，吾詐而同日殺之。至今大恨獨此耳。」朔曰：「禍莫大於殺已降，此乃將軍所以不得侯者也。」

2876〈李將軍列傳〉

廣子三人，曰當戶、椒、敢，爲郎。……李敢以校尉從驃騎將軍擊胡左賢王，力戰，奪左賢王鼓旗，斬首多，賜爵關內侯，食邑二百戶，代廣爲郎中令。

2909〈匈奴列傳〉

其秋，單于怒渾邪王、休屠王居西方爲漢所殺虜數萬人，欲召誅之。渾邪王與休屠王恐，謀降漢，漢使驃騎將軍往迎之。渾邪王殺休屠王，并將其降漢。凡四萬餘人，號十萬。於是漢已得渾邪王，則隴西、北地、河西益少胡寇，徙關東貧民處所奪匈奴河南、新秦中以實之，而減北地以西戍卒半。

2933〈將軍驃騎列傳〉

其秋，單于怒渾邪王居西方數爲漢所破，亡數萬人，以驃騎之兵也。單于怒，欲召誅渾邪王。渾邪王與休屠王等謀欲降漢，使人先要邊。是時大行李息將城河上，得渾邪王使，即馳傳以聞。天子聞之，於是恐其以詐降而襲邊，乃令驃騎將軍將兵往迎之。驃騎既渡河，與渾邪王相望。渾邪王裨將見漢軍而多欲不降者，頗遁去。驃騎乃馳入與渾邪王相見，斬其欲亡者八千人，遂獨遣渾邪王乘傳先詣行在所，盡將其渡河，降者數萬，號稱十萬。既至長安，天子所以賞賜者數十巨萬。封渾邪王萬戶，爲漯陰侯。封其裨王呼毒尼爲下摩侯，鷹庇爲煇渠侯，禽梨爲河綦侯，大當戶銅離爲常樂侯。於是天子嘉驃騎之功曰：「驃騎將軍去病率師攻匈奴西域王渾邪，王及厥萌咸相犇，率以軍糧接食，并將控弦萬有餘人，誅獟駻，獲首虜八千餘級，降異國之王三十二人，戰士不離傷，十萬之衆咸懷集服，仍與之勞，爰及河塞，庶幾無

患，幸既永綏矣。以千七百戶益封驃騎將軍。」減隴西、北地、上郡戍卒之半，以寬天下之繇。

2934〈將軍驃騎列傳〉

居頃之，乃分徙降者邊五郡故塞外，而皆在河南，因其故俗，爲屬國。

3167〈大宛列傳〉

其明年，渾邪王率其民降漢，而金城、河西西並南山至鹽澤空無匈奴。匈奴時有候者到，而希矣。

1424〈平準書〉

其秋，渾邪王率數萬之眾來降，於是漢發車二萬乘迎之。既至，受賞，賜及有功之士。是歲費凡百餘巨萬。

3109〈汲鄭列傳〉

居無何，匈奴渾邪王率來降，漢發車二萬乘。縣官無錢，從民貰馬。民或匿馬，馬不具。上怒，欲斬長安令。黯曰：「長安令無罪，獨斬黯，民乃肯出馬。且匈奴畔其主而降漢，漢徐以縣次傳之，何至令天下騷動，罷獘中國而以事夷狄之人乎！」上默然。及渾邪至，賈人與市者，坐當死者五百餘人。黯請閒，見高門，曰：「夫匈奴攻當路塞，絕和親，中國興兵誅之，死傷者不可勝計，而費以巨萬百數。臣愚以爲陛下得胡人，皆以爲奴婢以賜從軍死事者家；所鹵獲，因予之，以謝天下之苦，塞百姓之心。今縱不能，渾邪率數萬之來降，虛府庫賞賜，發良民侍養，譬若奉驕子。愚民安知市買長安中物而文吏繩以爲闌出財物于邊關乎？陛下縱不能得匈奴之資以謝天下，又以微文殺無知者五百餘人，是所謂『庇其葉而傷其枝』者也，臣竊爲陛下不取也。」上默然，不許，曰：「吾久不聞汲黯之言，今又復妄發矣。」後數月，黯坐小法，會赦免官。於是黯隱於田園。

1409〈河渠書〉

是時鄭當時爲大農，言曰：「異時關東漕粟從渭中上，度六月而罷，而漕水道九百餘里，時有難處。引渭穿渠起長安，並南山下，至河三百餘里，徑，易漕，度可令三月罷；而渠下民田萬餘頃，又可得以溉田：此損漕省卒，而益肥關中之地，得穀。」天子以爲然，令齊人水工徐伯表，悉發卒數萬人穿漕渠，三歲而通。通，以漕，大便利。其後漕稍多，而渠下之民頗得以溉田矣。

其後河東守番係言：「漕從山東西，歲百餘萬石，更砥柱之限，敗亡甚多，而亦煩費。穿渠引汾溉皮氏、汾陰下，引河溉汾陰、蒲坂下，度可得五千頃。五千頃故盡河壖

弃地，民茭牧其中耳，今漑田之，度可得穀二百萬石以上。穀從渭上，與關中無異，而砥柱之東可無復漕。」天子以為然，發卒數萬人作渠田。數歲，河移徙，渠不利，則田者不能償種。久之，河東渠田廢，予越人，令少府以為稍入。

其後人有上書欲通斜道及漕事，下御史大夫張湯。湯問其事，因言：「抵蜀從故道，故道多阪，回遠。今穿斜道，少阪，近四百里；而水通沔，斜水通渭，皆可以行船漕。漕從南陽上沔入，之絕水至斜，閒百餘里，以車轉，從斜下下渭。如此，漢中之穀可致，山東從沔無限，便於砥柱之漕。且斜材木竹箭之饒，擬於巴蜀。」天子以為然，拜湯子印為漢中守，發數萬人作斜道五百餘里。道果便近，而水湍石，不可漕。

其後莊熊羆言：「臨晉民願穿洛以漑重泉以東萬餘頃故鹵地。誠得水，可令畝十石。」於是為發卒萬餘人穿渠，自徵引洛水至商顏山下。岸善崩，乃鑿井，深者四十餘丈。往往為井，井下相通行水。水穨以絕商顏，東至山嶺十餘里閒。井渠之生自此始。穿渠得龍骨，故名曰龍首渠。作之十餘歲，渠頗通，猶未得其饒。

1424〈平準書〉

初，先是往十餘歲河決觀，梁楚之地固已數困，而緣河之郡隄塞河，輒決壞，費不可勝計。其後番係欲省底柱之漕，穿汾、河渠以為漑田，作者數萬人；鄭當時為渭漕渠回遠，鑿直渠自長安至華陰，作者數萬人；朔方亦穿渠，作者數萬人：各歷二三碁，功未就，費亦各巨萬十數。

1425〈平準書〉

天子為伐胡，盛養馬，馬之來食長安者數萬匹，卒牽掌者關中不足，乃調旁近郡。而胡降者皆衣食縣官，縣官不給，天子乃損膳，解乘輿駟，出御府禁藏以贍之。

3140〈酷吏列傳〉

會渾邪等降，漢大興兵伐匈奴，山東水旱，貧民流徙，皆仰給縣官，縣官空虛。於是丞上指，請造白金及五銖錢，籠天下鹽鐵，排富商大賈，出告緡令，鉏豪彊并兼之家，舞文巧詆以輔法。湯每朝奏事，語國家用，日晏，天子忘食。丞相取充位，天下事皆決於湯。百姓不安其生，騷動，縣官所興，未獲其利，姦吏並侵漁，於是痛繩以罪。則自公卿以下，至於庶人，咸指湯。湯嘗病，天子至自視病，其隆貴如此。

2953〈平津侯主父列傳〉

元狩二年，弘病，竟以丞相終。子度嗣為平津侯。度為山陽太守十餘歲，坐法失侯。

2096〈五宗世家〉

（江都王）立二十六年卒，子建立爲王。七年自殺。淮南、衡山謀反時，建頗聞其謀。自以爲國近淮南，恐一日發，爲所并，卽陰作兵器，而時佩其父所賜將軍印，載天子旗以出。易王死未葬，建有所說易王寵美人淖姬，夜使人迎與姦服舍中。及淮南事發，治黨與頗及江都王建。建恐，因使人多持金錢，事絕其獄。而又信巫祝，使人禱祠妄言。建又盡與其姊弟姦。事既聞，漢公卿請捕治建。天子不忍，使大臣卽訊王。王服所犯，遂自殺。國除，地入于漢，爲廣陵郡。

2102〈五宗世家〉

六安王慶，以元狩二年用膠東康王子爲六安王。

2684〈張丞相列傳〉

（申屠嘉之曾孫）子侯臾代，六歲，坐爲九江太守受故官送有罪，國除。

元狩三年

匈奴入右北平、定襄。

2909〈匈奴列傳〉

其明年，匈奴入右北平、定襄各數萬騎，殺略千餘人而去。

2925〈將軍驃騎列傳〉）

其明年，匈奴入右北平、定襄，殺略漢千餘人。

1425〈平準書〉

其明年，山東被水菑，民多飢乏，於是天子遣使者虛郡國倉廩以振貧民。猶不足，又募豪富人相貸假。尚不能相救，乃徙貧民於關以西，及充朔方以南新秦中，七十餘萬口，衣食皆仰給縣官。數歲，假予產業，使者分部護之，冠蓋相望。其費以億計，不可勝數。於是縣官大空。

1387〈封禪書〉

其後，天子苑有白鹿，以其皮爲幣，以發瑞應，造白金焉。

1425〈平準書〉

而富商大賈或蹛財役貧，轉轂百數，廢居居邑，封君皆低首仰給。冶鑄煮鹽，財或累萬金，而不佐國家之急，黎民重困。於是天子與公卿議，更錢造幣以贍用，而摧浮淫并兼之徒。是時禁苑有白鹿而少府多銀錫。自孝文更造四銖錢，至是歲四十餘年，從建元以來，用少，縣官往往即多銅山而鑄錢，民亦閒盜鑄錢，不可勝數。錢

益多而輕，物益少而貴。有司言曰：「古者皮幣，諸侯以聘享。金有三等，黃金爲上，白金爲中，赤金爲下。今半兩錢法重四銖，而姦或盜摩錢裏取鋊，錢益輕薄而物貴，則遠方用幣煩費不省。」乃以白鹿皮方尺，緣以藻繢，爲皮幣，直四十萬。王侯宗室朝覲聘享，必以皮幣薦璧，然后得行。

又造銀錫爲白金。以爲天用莫如龍，地用莫如馬，人用莫如龜，故白金三品：其一曰重八兩，圜之，其文龍，名曰「白選」，直三千；二曰以重差小，方之，其文馬，直五百；三曰復小，橢之，其文龜，直三百。令縣官銷半兩錢，更鑄三銖錢，文如其重。盜鑄諸金錢罪皆死，而吏民之盜鑄白金者不可勝數。

1428〈平準書〉

於是以東郭咸陽、孔僅爲大農丞，領鹽鐵事；桑弘羊以計算用事，侍中。咸陽，齊之大煮鹽，孔僅，南陽大冶，皆致生累千金，故鄭當時進言之。弘羊，雒陽賈人子，以心計，年十三侍中。故三人言利事析秋豪矣。

3277〈貨殖列傳〉

（元狩五年）

請略道當世千里之中，賢人所以富者，令後世得以觀擇焉。

蜀卓氏之先，趙人也，用鐵冶富。秦破趙，遷卓氏。卓氏見虜略，獨夫妻推輦，行詣遷處。諸遷虜少有餘財，爭與吏，求近處，處葭萌。唯卓氏曰：「此地狹薄。吾聞汶山之下，沃野，下有蹲鴟，至死不飢。民工於市，易賈。」乃求遠遷。致之臨邛，大喜，即鐵山鼓鑄，運籌策，傾滇蜀之民，富至僮千人。田池射獵之樂，擬於人君。

程鄭，山東遷虜也，亦冶鑄，賈椎髻之民，富埒卓氏，俱居臨邛。

宛孔氏之先，梁人也，用鐵冶爲業。秦伐魏，遷孔氏南陽。大鼓鑄，規陂池，連車騎，游諸侯，因通商賈之利，有游閑公子之賜與名。然其贏得過當，愈於纖嗇，家致富數千金，故南陽行賈盡法孔氏之雍容。

魯人俗儉嗇，而曹邴氏尤甚，以鐵冶起，富至巨萬。然家自父兄子孫約，俛有拾，仰有取，貰貸行賈徧郡國。鄒、魯以其故多去文學而趨利者，以曹邴氏也。

齊俗賤奴虜，而刀閒獨愛貴之。桀黠奴，人之所患也，唯刀閒收取，使之逐漁鹽商賈之利，或連車騎，交守相，然愈益任之。終得其力，起富數千萬。故曰「寧爵毋刀」，言其能使豪奴自饒而盡其力。

周人既纖，而師史尤甚，轉轂以百數，賈郡國，無所不至。洛陽街居在齊秦楚

趙之中，貧人學事富家，相矜以久賈，數過邑不入門，設任此等，故師史能致七千萬。

宣曲任氏之先，爲督道倉吏。秦之敗也，豪傑皆爭取金玉，而任氏獨窖倉粟。楚漢相距滎陽也，民不得耕種，米石至萬，而豪傑金玉盡歸任氏，任氏以此起富。富人爭奢侈，而任氏折節爲儉，力田畜。田畜人爭取賤賈，任氏獨取貴善。富者數世。然任公家約，非田畜所出弗衣食，公事不畢則身不得飲酒食肉。以此爲閭里率，故富而主上重之。

塞之斥也，唯橋姚已致馬千匹，牛倍之，羊萬頭，粟以萬鍾計。吳楚七國兵起時，長安中列侯封君行從軍旅，齎貸子錢，子錢家以爲侯邑國在關東，關東成敗未決，莫肯與。唯無鹽氏出捐千金貸，其息什之。三月，吳楚平，一歲之中，則無鹽氏之息什倍，用此富埒關中。

關中富商大賈，大抵盡諸田，田嗇、田蘭。韋家栗氏，安陵、杜杜氏，亦巨萬。

1428〈平準書〉
法既益嚴，吏多廢免。兵革數動，民多買復及五大夫，徵發之士益鮮。於是除千夫五大夫爲吏，不欲者出馬；故吏皆適令伐棘上林，作昆明池。

2101〈五宗世家〉
膠東康王寄，以孝景中二年用皇子爲膠東王。二十八年卒。淮南王謀反時，寄微聞其事，私作樓車鏃矢戰守備，候淮南之起。及吏治淮南之事，辭出之。寄於上最親，意傷之，發病而死，不敢置後，於是上聞。寄有長子者名賢，母無寵；少子名慶，母愛幸，寄常欲立之，爲不次，因有過，遂無言。上憐之，乃以賢爲膠東王奉康王嗣，而封慶於故衡山地，爲六安王。

2020〈蕭相國世家〉
〈蕭何〉後嗣以罪失侯者四世，絕，天子輒復求何後，封續鄼侯，功臣莫得比焉。

元狩四年
大將軍青出定襄，郎中令李廣爲前將軍，太僕公孫賀爲左將軍，主爵趙食其爲右將軍，平陽侯曹襄爲後將軍：擊單于。

1387〈封禪書〉
其明年，齊人少翁以鬼神方見上。上有所幸王夫人，夫人卒，少翁以方蓋夜致王夫人及竈鬼之貌云，天子自帷中望見焉。於是乃拜少翁爲文成將軍，賞賜甚多，以客

禮禮之。文成言曰：「上即欲與神通，宮室被服非象神，神物不至。」乃作畫雲氣車，及各以勝日駕車辟惡鬼。又作甘泉宮，中為臺室，畫天、地、太一諸鬼神，而置祭具以致天神。居歲餘，其方益衰，神不至。乃為帛書以飯牛，詳不知，言曰此牛腹中有奇。殺視得書，書言甚怪。天子識其手書，問其人，果是偽書，於是誅文成將軍，隱之。

1428〈平準書〉

其明年，大將軍、驃騎大出擊胡，得首虜八九萬級，賞賜五十萬金，漢軍馬死者十餘萬匹，轉漕車甲之費不與焉。是時財匱，戰士頗不得祿矣。

3113〈汲鄭列傳〉

及晚節，漢征匈奴，招四夷，天下費多，財用益匱。莊任人賓客為大農僦人，多逋負。司馬安為淮陽太守，發其事，莊以此陷罪，贖為庶人。頃之，守長史。上以為老，以莊為汝南太守。數歲，以官卒。

3113〈汲鄭列傳〉

鄭莊、汲黯始列為九卿，廉，內行脩絜。此兩人中廢，家貧，賓客益落。及居郡，卒後家無餘貲財。莊兄弟子孫以莊故，至二千石七人焉。

3146〈酷吏列傳〉

是時趙禹、張湯以深刻為九卿矣，然其治尚寬，輔法而行，而縱以鷹擊毛摯為治。後會五銖錢白金起，民為姦，京師尤甚，乃以縱為右內史，王溫舒為中尉。溫舒至惡，其所為不先言縱，縱必以氣淩之，敗壞其功。其治，所誅殺甚多，然取為小治，姦益不勝，直指始出矣。吏之治以斬殺縛束為務，閻奉以惡用矣。縱廉，其治放郅都。

2934〈將軍驃騎列傳〉

其明年，天子與諸將議曰：「翕侯趙信為單于畫計，常以為漢兵不能度幕輕留，今大發士卒，其勢必得所欲。」是歲元狩四年也。

2934〈將軍驃騎列傳〉

元狩四年春，上令大將軍青、驃騎將軍去病將各五萬騎，步兵轉者踵軍數十萬，而敢力戰深入之士皆屬驃騎。驃騎始為出定襄，當單于。捕虜言單于東，乃更令驃騎出代郡，令大將軍出定襄。郎中令為前將軍，太僕為左將軍，主爵趙食其為右將軍，平陽侯襄為後將軍，皆屬大將軍。兵即度幕，人馬凡五萬騎，與驃騎等咸擊匈奴單于。趙信為單于謀曰：「漢兵既度幕，人馬罷，匈奴可坐收虜耳。」乃悉遠北其輜重，皆以精兵待幕北。而適值大將軍軍出塞千餘里，見單于兵陳而待，於是大將軍令武

剛車自環為營，而縱五千騎往當匈奴。匈奴亦縱可萬騎。會日且入，大風起，沙礫擊面，兩軍不相見，漢益縱左右翼繞單于。單于視漢兵多，而士馬尚彊，戰而匈奴不利，薄莫，單于遂乘六贏，壯騎可數百，直冒漢圍西北馳去。時已昏，漢匈奴相紛挐，殺傷大當。漢軍左校捕虜言單于未昏而去，漢軍因發輕騎夜追之，大將軍軍因隨其後。匈奴兵亦散走。遲明，行二百餘里，不得單于，頗捕斬首虜萬餘級，遂至寘顏山趙信城，得匈奴積粟食軍。軍留一日而還，悉燒其城餘粟以歸。

2910〈匈奴列傳〉

其明年春，漢謀曰「翕侯信為單于計，居幕北，以為漢兵不能至」。乃粟馬發十萬騎，（負）私〔負〕從馬凡十四萬匹，糧重不與焉。令大將軍青、驃騎將軍去病中分軍，大將軍出定襄，驃騎將軍出代，咸約絕幕擊匈奴。單于聞之，遠其輜重，以精兵待於幕北。與漢大將軍接戰一日，會暮，大風起，漢兵縱左右翼圍單于。單于自度戰不能如漢兵，單于遂獨身與壯騎數百潰漢圍西北遁走。漢兵夜追不得。行斬捕匈奴首虜萬九千級，北至闐顏山趙信城而還。

2874〈李將軍列傳〉

後二歲，大將軍、驃騎將軍大出擊匈奴，廣數自請行。天子以為老，弗許；良久乃許之，以為前將軍。是歲，元狩四年也。

2874〈李將軍列傳〉

廣既從大將軍青擊匈奴，既出塞，青捕虜知單于所居，乃自以精兵走之，而令廣并於右將軍軍，出東道。東道少回遠，而大軍行水草少，其勢不屯行。廣自請曰：「臣部為前將軍，今大將軍乃徙令臣出東道，且臣結髮而與匈奴戰，今乃一得當單于，臣願居前，先死單于。」大將軍青亦陰受上誡，以為李廣老，數奇，毋令當單于，恐不得所欲。而是時公孫敖新失侯，為中將軍從大將軍，大將軍亦欲使敖與俱當單于，故徙前將軍廣。廣時知之，固自辭於大將軍。大將軍不聽，令長史封書與廣之莫府，曰：「急詣部，如書。」廣不謝大將軍而起行，意甚慍怒而就部，引兵與右將軍食其合軍出東道。軍亡導，或失道，後大將軍。大將軍與單于接戰，單于遁走，弗能得而還。南絕幕，遇前將軍、右將軍。廣已見大將軍，還入軍。大將軍使長史持糒醪遺廣，因問廣、食其失道狀，青欲上書報天子軍曲折。廣未對，大將軍使長史急責廣之幕府對簿。廣曰：「諸校尉無罪，乃我自失道。吾今自上簿。」

2876〈李將軍列傳〉

至莫府，廣謂其麾下曰：「廣結髮與匈奴大小七十餘戰，今幸從大將軍出接單于兵，

而大將軍又徙廣部行回遠，而又迷失道，豈非天哉！且廣年六十餘矣，終不能復對刀筆之吏。」遂引刀自剄。廣軍士大夫一軍皆哭。百姓聞之，知與不知，無老壯皆為垂涕。而右將軍獨下吏，當死，贖為庶人。

2876〈李將軍列傳〉

廣子三人，曰當戶、椒、敢，為郎。……廣死軍時，敢從驃騎將軍。

2936〈將軍驃騎列傳〉

大將軍之與單于會也，而前將軍廣、右將軍食其軍別從東道，或失道，後擊單于。大將軍引還過幕南，乃得前將軍、右將軍。大將軍欲使使歸報，令長史簿責前將軍廣，廣自殺。右將軍至，下吏，贖為庶人。大將軍軍入塞，凡斬捕首虜萬九千級。

2910〈匈奴列傳〉

單于之遁走，其兵往往與漢兵相亂而隨單于。單于久不與其大相得，其右谷蠡王以為單于死，乃自立為單于。真單于復得其，而右谷蠡王乃去其單于號，復為右谷蠡王。

2936〈將軍驃騎列傳〉

是時匈奴失單于十餘日，右谷蠡王聞之，自立為單于。單于後得其，右王乃去單于之號。

2911〈匈奴列傳〉

漢驃騎將軍之出代二千餘里，與左賢王接戰，漢兵得胡首虜凡七萬餘級，左賢王將皆遁走。驃騎封於狼居胥山，禪姑衍，臨翰海而還。

2936〈將軍驃騎列傳〉

驃騎將軍亦將五萬騎，車重與大將軍軍等，而無裨將。悉以李敢等為大校，當裨將，出代、右北平千餘里，直左方兵，所斬捕功已多大將軍。軍既還，天子曰：「驃騎將軍去病率師，躬將所獲葷粥之士，約輕齎，絕大幕，涉獲章渠，以誅比車耆，轉擊左大將，斬獲旗鼓，歷涉離侯。濟弓閭，獲屯頭王、韓王等三人，將軍、相國、當戶、都尉八十三人，封狼居胥山，禪於姑衍，登臨翰海。執鹵獲醜七萬有四百四十三級，師率減什三，取食於敵，逴行殊遠而糧不絕，以五千八百戶益封驃騎將軍。」右北平太守路博德屬驃騎將軍，會與城，不失期，從至檮余山，斬首捕虜二千七百級，以千六百戶封博德為符離侯。北地都尉邢山從驃騎將軍獲王，以千二百戶封山為義陽侯。故歸義因淳王復陸支、樓專王伊即靬皆從驃騎將軍有功，以千三百戶封復陸支為壯侯，以千八百戶封伊即靬為利侯。從驃侯破奴、昌武侯安稽從驃騎有功，益封各三百戶。校尉敢得旗鼓，為關內侯，食邑二百戶。校尉自為爵大庶長。軍吏

卒爲官，賞賜甚多。而大將軍不得益封，軍吏卒皆無封侯者。

2938〈將軍驃騎列傳〉

兩軍之出塞，塞閱官及私馬凡十四萬匹，而復入塞者不滿三萬匹。乃益置大司馬位，大將軍、驃騎將軍皆爲大司馬。定令，令驃騎將軍秩祿與大將軍等。自是之後，大將軍青日退，而驃騎日益貴。舉大將軍故人門下多去事驃騎，輒得官爵，唯任安不肯。

2939〈將軍驃騎列傳〉

驃騎將軍爲人少言不泄，有氣敢任。天子嘗欲教之孫吳兵法，對曰：「顧方略何如耳，不至學古兵法。」天子爲治第，令驃騎視之，對曰：「匈奴未滅，無以家爲也。」由此上益重愛之。然少而侍中，貴，不省士。其從軍，天子爲遣太官齎數十乘，既還，重車餘弃粱肉，而士有飢者。其在塞外，卒乏糧，或不能自振，而驃騎尚穿域蹋鞠。事多此類。大將軍爲人仁善退讓，以和柔自媚於上，然天下有稱也。

2911〈匈奴列傳〉

是後匈奴遠遁，而幕南無王庭。漢度河自朔方以西至令居，往往通渠置田，官吏卒五六萬人，稍蠶食，地接匈奴以北。

3167〈大宛列傳〉

其後二年，漢擊走單于於幕北。

2911〈匈奴列傳〉

初，漢兩將軍大出圍單于，所殺虜八九萬，而漢士卒物故亦數萬，漢馬死者十餘萬。匈奴雖病，遠去，而漢亦馬少，無以復往。匈奴用趙信之計，遣使於漢，好辭請和親。天子下其議，或言和親，或言遂臣之。丞相長史任敞曰：「匈奴新破，困，宜可使爲外臣，朝請於邊。」漢使任敞於單于。單于聞敞計，大怒，留之不遣。先是漢亦有所降匈奴使者，單于亦輒留漢使相當。漢方復收士馬，會驃騎將軍去病死，於是漢久不北擊胡。

3141〈酷吏列傳〉

匈奴來請和親，羣臣議上前。博士狄山曰：「和親便。」上問其便，山曰：「兵者凶器，未易數動。高帝欲伐匈奴，大困平城，乃遂結和親。孝惠、高后時，天下安樂。及孝文帝欲事匈奴，北邊蕭然苦兵矣。孝景時，吳楚七國反，景帝往來兩宮閒，寒心者數月。吳楚已破，竟景帝不言兵，天下富實。今自陛下舉兵擊匈奴，中國以空虛，邊民大困貧。由此觀之，不如和親。」上問湯，湯曰：「此愚儒，無知。」狄山曰：「臣固愚忠，若御史大夫湯乃詐忠。若湯之治淮南、江都，以深文痛詆諸侯，別

疏骨肉，使蕃臣不自安。臣固知湯之為詐忠。」於是上作色曰：「吾使生居一郡，能無使虜入盜乎？」曰：不能。」曰：「居一縣？」對曰：「不能。」復曰：「居一障閒？」山自度辯窮且下吏，曰：「能。」於是上遣山乘鄣。至月餘，匈奴斬山頭而去。自是以後，羣臣震慴。

3168 〈大宛列傳〉

是後天子數問騫大夏之屬。騫既失侯，因言曰：「臣居匈奴中，聞烏孫王號昆莫，昆莫之父，匈奴西邊小國也。匈奴攻殺其父，而昆莫生弃於野。烏嗛肉蜚其上，狼往乳之。單于怪以為神，而收長之。及壯，使將兵，數有功，單于復以其父之民予昆莫，令長守於西（城）〔域〕。昆莫收養其民，攻旁小邑，控弦數萬，習攻戰。單于死，昆莫乃率其衆遠徙，中立，不肯朝會匈奴。匈奴遣奇兵擊，不勝，以為神而遠之，因羈屬之，不大攻。今單于新困於漢，而故渾邪地空無人。蠻夷俗貪漢財物，今誠以此時而厚幣賂烏孫，招以益東，居故渾邪之地，與漢結昆弟，其勢宜聽，聽則是斷匈奴右臂也。既連烏孫，自其西大夏之屬皆可招來而為外臣。」天子以為然，拜騫為中郎將，將三百人，馬各二匹，牛羊以萬數，齎金幣帛直數千巨萬，多持節副使，道可使，使遣之他旁國。

3168 〈大宛列傳〉

騫既至烏孫，烏孫王昆莫見漢使如單于禮，騫大慙，知蠻夷貪，乃曰：「天子致賜，王不拜則還賜。」昆莫起拜賜，其他如故。騫諭使指曰：「烏孫能東居渾邪地，則漢遣翁主為昆莫夫人。」烏孫國分，王老，而遠漢，未知其大小，素服屬匈奴日久矣，且又近之，其大臣皆畏胡，不欲移徙，王不能專制。騫不得其要領。昆莫有十餘子，其中子曰大祿，彊，善將，將別居萬餘騎。大祿兄為太子，太子有子曰岑娶，而太子蚤死。臨死謂其父昆莫曰：「必以岑娶為太子，無令他人代之。」昆莫哀而許之，卒以岑娶為太子。大祿怒其不得代太子也，乃收其諸昆弟，將其畔，謀攻岑娶及昆莫。昆莫老，常恐大祿殺岑娶，予岑娶萬餘騎別居，而昆莫有萬餘騎自備，國分為三，而其大總取羈屬昆莫，昆莫亦以此不敢專約於騫。

3169 〈大宛列傳〉

騫因分遣副使使大宛、康居、大月氏、大夏、安息、身毒、于窴、扜罙及諸旁國。烏孫發導譯送騫還，騫與烏孫遣使數十人，馬數十匹報謝，因令窺漢，知其廣大。

1429 〈平準書〉

有司言三銖錢輕，易姦詐，乃更請諸郡國鑄五銖錢，周郭其下，令不可磨取鋊焉。

1429〈平準書〉

大農上鹽鐵丞孔僅、咸陽言：「山海，天地之藏也，皆宜屬少府，陛下不私，以屬大農佐賦。願募民自給費，因官器作煮鹽，官與牢盆。浮食奇民欲擅管山海之貨，以致富羨，役利細民。其沮事之議，不可勝聽。敢私鑄鐵器煮鹽者，鈦左趾，沒入其器物。郡不出鐵者，置小鐵官，便屬在所縣。」使孔僅、東郭咸陽乘傳舉行天下鹽鐵，作官府，除故鹽鐵家富者為吏。吏道益雜，不選，而多賈人矣。

1430〈平準書〉

商賈以幣之變，多積貨逐利。於是公卿言：「郡國頗被菑害，貧民無產業者，募徙廣饒之地。陛下損膳省用，出禁錢以振元元，寬貸賦，而民不齊出於南畝，商賈滋眾。貧者畜積無有，皆仰縣官。異時算軺車賈人緡錢皆有差，請算如故。諸賈人末作貰貸賣買，居邑稽諸物，及商以取利者，雖無市籍，各以其物自占，率緡錢二千而一算。諸作有租及鑄，率緡錢四千一算。非吏比者三老、北邊騎士，軺車以一算；商賈人軺車二算；船五丈以上一算。匿不自占，占不悉，戍邊一歲，沒入緡錢。有能告者，以其半畀之。賈人有市籍者，及其家屬，皆無得籍名田，以便農。敢犯令，沒入田僮。」

1430〈平準書〉

天子乃思卜式之言，召拜式為中郎，爵左庶長，賜田十頃，布告天下，使明知之。初，卜式者，河南人也，以田畜為事。親死，式有少弟，弟壯，式脫身出分，獨取畜羊百餘，田宅財物盡予弟。式入山牧十餘歲，羊致千餘頭，買田宅。而其弟盡破其業，式輒復分予弟者數矣。是時漢方數使將擊匈奴，卜式上書，願輸家之半縣官助邊。天子使使問式：「欲官乎？」式曰：「臣少牧，不習仕宦，不願也。」

使問曰：「家豈有冤，欲言事乎？」式曰：「臣生與人無分爭。式邑人貧者貸之，不善者教順之，所居人皆從式，式何故見冤於人！無所欲言也。」使者曰：「苟如此，子何欲而然？」式曰：「天子誅匈奴，愚以為賢者宜死節於邊，有財者宜輸委，如此而匈奴可滅也。」使者具其言入以聞。天子以語丞相弘。弘曰：「此非人情。不軌之臣，不可以為化而亂法，願陛下勿許。」於是上久不報式，數歲，乃罷式。式歸，復田牧。歲餘，會軍數出，渾邪王等降，縣官費眾，倉府空。

其明年，貧民大徙，皆仰給縣官，無以盡贍。卜式持錢二十萬予河南守，以給徙民。河南上富人助貧人者籍，天子見卜式名，識之，曰「是固前而欲輸其家半助邊」，乃賜式外繇四百人。式又盡復予縣官。是時富豪皆爭匿財，唯式尤欲輸之助費。天子於是以式終長者，故尊顯以風百姓。

初，式不願為郎。上曰：「吾有羊上林中，欲令子牧之。」式乃拜為郎，布衣屩而牧羊。歲餘，羊肥息。上過見其羊，善之。式曰：「非獨羊也，治民亦猶是也。以時起居；惡者輒斥去，毋令敗群。」上以式為奇，拜為緱氏令試之，緱氏便之。遷為成皋令，將漕最。

元狩五年
蔡坐侵園堧，自殺。
太子少傅武彊侯莊青翟為丞相。
1388〈封禪書〉
文成死明年，天子病鼎湖甚，巫醫無所不致，不愈。游水發根言上郡有巫，病而鬼神下之。上召置祠之甘泉。及病，使人問神君。神君言曰：「天子無憂病。病少愈，彊與我會甘泉。」於是病愈，遂起，幸甘泉，病良已。大赦，置壽宮神君。壽宮神君最貴者太一，其佐曰大禁、司命之屬，皆從之。非可得見，聞其言，言與人音等。時去時來，來則風肅然。居室帷中。時晝言，然常以夜。天子祓，然后入。因巫為主人，關飲食。所以言，行下。又置壽宮、北宮，張羽旗，設供具，以禮神君。神君所言，上使人受書其言，命之曰「畫法」。其所語，世俗之所知也，無絕殊者，而天子心獨喜。其事祕，世莫知也。

3146〈酷吏列傳〉
上幸鼎湖，病久，已而卒起幸甘泉，道多不治。上怒曰：「縱以我為不復行此道乎？」嗛之。至冬，楊可方受告緡，縱以為此亂民，部吏捕其為可使者。天子聞，使杜式治，以為廢格沮事，弃縱市。後一歲，張湯亦死。

3063〈司馬相如列傳〉
相如既病免，家居茂陵。天子曰：「司馬相如病甚，可往從悉取其書；若不然，後失之矣。」使所忠往，而相如已死，家無書。問其妻，對曰：「長卿固未嘗有書也。時時著書，人又取去，即空居。長卿未死時，為一卷書，曰有使者來求書，奏之。無他書。」其遺札書言封禪事，奏所忠。忠奏其書，天子異之。其書曰：（略）

司馬相如既卒五歲，天子始祭后土。八年而遂先禮中嶽，封于太山，至梁父禪肅然。相如他所著，若遺平陵侯書、與五公子相難、草木書篇不采，采其尤著公卿者云。

3110〈汲鄭列傳〉
居數年，會更五銖錢，民多盜鑄錢，楚地尤甚。上以為淮陽，楚地之郊，乃召拜黯為淮陽太守。黯伏謝不受印，詔數彊予，然後奉詔。詔召見黯，黯為上泣曰：「臣自

以爲塡溝壑，不復見陛下，不意陛下復收用之。臣常有狗馬病，力不能任郡事，臣願爲中郎，出入禁闥，補過拾遺，臣之願也。」上曰：「君薄淮陽邪？吾今召君矣。顧淮陽吏民不相得，吾徒得君之重，臥而治之。」黯既辭行，過大行李息，曰：「黯弃居郡，不得與朝廷議也。然御史大夫張湯智足以拒諫，詐足以飾非，務巧佞之語，辯數之辭，非肯正爲天下言，專阿主意。主意所不欲，因而毀之；主意所欲，因而譽之。好興事，舞文法，內懷詐以御主心，外挾賊吏以爲威重。公列九卿，不早言之，公與之俱受其僇矣。」息畏湯，終不敢言。黯居郡如故治，淮陽政清。後張湯果敗，上聞黯與息言，抵息罪。令黯以諸侯相秩居淮陽。

2876〈李將軍列傳〉
廣死明年，李蔡以丞相坐侵孝景園壖地，當下吏治，蔡亦自殺，不對獄，國除。

2876〈李將軍列傳〉
廣子三人，曰當戶、椒、敢，爲郎。……頃之，怨大將軍青之恨其父，乃擊傷大將軍，大將軍匿諱之。

元狩六年

四月乙巳，皇子閎爲齊王，旦爲燕王，胥爲廣陵王。

2876〈李將軍列傳〉
廣子三人，曰當戶、椒、敢，爲郎。……居無何，敢從上雍，至甘泉宮獵。驃騎將軍去病與青有親，射殺敢。去病時方貴幸，上諱云鹿觸殺之。居歲餘，去病死。而敢有女爲太子中人，愛幸，敢男禹有寵於太子，然好利，李氏陵遲衰微矣。

2105〈三王世家〉
「大司馬臣去病昧死再拜上疏皇帝陛下：陛下過聽，使臣去病待罪行閒。宜專邊塞之思慮，暴骸中野無以報，乃敢惟他議以干用事者，誠見陛下憂勞天下，哀憐百姓以自忘，虧膳貶樂，損郎員。皇子賴天，能勝衣趨拜，至今無號位師傅官。陛下恭讓不恤，群臣私望，不敢越職而言。臣竊不勝犬馬心，昧死願陛下詔有司，因盛夏吉時定皇子位。唯陛下幸察。臣去病昧死再拜以聞皇帝陛下。」

三月乙亥，御史臣光守尚書令，奏未央宮。

制曰：「下御史。」

六年三月戊申朔乙亥，御史臣光守尚書令、丞非，下御史，書到言。

「丞相臣青翟、御史大夫臣湯、太常臣充、大行令臣息、太子少傅臣安行宗正事，

昧死上言：大司馬去病上疏曰：『陛下過聽，使臣去病待罪行間。宜專邊塞之思慮，暴骸中野無以報，乃敢惟他議以干用事者，誠見陛下憂勞天下，哀憐百姓以自忘，虧膳貶樂，損郎員。皇子賴天，能勝衣趨拜，至今無號位師傅官。陛下恭讓不卹，群臣私望，不敢越職而言。臣竊不勝犬馬心，昧死願陛下詔有司，因盛夏吉時定皇子位。唯願陛下幸察。』制曰『下御史』。臣謹與中二千石、二千石臣賀等議：古者裂地立國，並建諸侯以承天子，所以尊宗廟重社稷也。今臣去病上疏，不忘其職，因以宣恩，乃道天子卑讓自貶以勞天下，慮皇子未有號位。臣青翟、臣湯等宜奉義遵職，愚憧而不逮事。方今盛夏吉時，臣青翟、臣湯等昧死請立皇子臣閎、臣旦、臣胥爲諸侯王。昧死請所立國名。」

制曰：「蓋聞周封八百，姬姓並列，或子、男、附庸。禮『支子不祭』。云並建諸侯所以重社稷，朕無聞焉。且天非爲君生民也。朕之不德，海內未洽，乃以未教成者彊君連城，即股肱何勸？其更議以列侯家之。」

三月丙子，奏未央宮。

「丞相臣青翟、御史大夫臣湯昧死言：臣謹與列侯臣嬰齊、中二千石二千石臣賀、諫大夫博士臣安等議曰：伏聞周封八百，姬姓並列，奉承天子。康叔以祖考顯，而伯禽以周公立，咸爲建國諸侯，以相傅爲輔。百官奉憲，各遵其職，而國統備矣。竊以爲並建諸侯所以重社稷者，四海諸侯各以其職奉貢祭。支子不得奉祭宗祖，禮也。封建使守藩國，帝王所以扶德施化。陛下奉承天統，明開聖緒，尊賢顯功，興滅繼絕。續蕭文終之後于鄭，褒屬群臣平津侯等。昭六親之序，明天施之屬，使諸侯王封君得推私恩分子弟戶邑，錫號尊建百有餘國。而家皇子爲列侯，則尊卑相踰，列位失序，不可以垂統於萬世。臣請立臣閎、臣旦、臣胥爲諸侯王。」

三月丙子，奏未央宮。

制曰：「康叔親屬有十而獨尊者，褒有德也。周公祭天命郊，故魯有白牡、騂剛之牲。群公不毛，賢不肖差也。『高山仰之，景行嚮之』，朕甚慕焉。所以抑未成，家以列侯可。」

四月戊寅，奏未央宮。

「丞相臣青翟、御史大夫臣湯昧死言：臣青翟等與列侯、吏二千石、諫大夫、博士臣慶等議：昧死奏請立皇子爲諸侯王。制曰：『康叔親屬有十而獨尊者，有德也。周公祭天命郊，故魯有白牡、騂剛之牲。群公不毛，賢不肖差也。「高山仰之，景行嚮

之」，朕甚慕焉。所以抑未成，家以列侯可。』臣青翟、臣湯、博士臣將行等伏聞康叔親屬有十，武王繼體，周公輔成王，其八人皆以祖考之尊建爲大國。康叔之年幼，周公在三公之位，而伯禽據國於魯，蓋爵命之時，未至成人。康叔後扞祿父之難，伯禽殄淮夷之亂。昔五帝異制，周爵五等，春秋三等，皆因時而序尊卑。高皇帝撥亂世反諸正，昭至德，定海內，封建諸侯，爵位二等。皇子或在繈褓而立爲諸侯王，奉承天子，爲萬世法則，不可易。陛下躬親仁義，體行聖德，表裏文武。顯慈孝之行，廣賢能之路。內有德，外討彊暴。極臨北海，西溱月氏，匈奴、西域，舉國奉師。興械之費，不賦於民。虛御府之藏以賞元戎，開禁倉以振貧窮，減戍卒之半。百蠻之君，靡不鄉風，承流稱意。遠方殊俗，重譯而朝，澤及方外。故珍獸至，嘉穀興，天應甚彰。今諸侯支子封至諸侯王，而家皇子爲列侯，臣青翟、臣湯等竊伏孰計之，皆以爲尊卑失序，使天下失望，不可。臣請立臣閎、臣旦、臣胥爲諸侯王。」

四月癸未，奏未央宮。留中不下。

「丞相臣青翟、太僕臣賀、行御史大夫事太常臣充、太子少傅臣安行宗正事昧死言：臣青翟等前奏大司馬臣去病上疏言，皇子未有號位，臣謹與御史大夫臣湯、中二千石、二千石、諫大夫、博士臣慶等昧死請立皇子臣閎等爲諸侯王。陛下讓文武，躬自切，及皇子未教。群臣之議，儒者稱其術，或誽其心。陛下固辭弗許，家皇子爲列侯。臣青翟等竊與列侯臣壽成等二十七人議，皆曰以爲尊卑失序。高皇帝建天下，爲漢太祖，王子孫，廣支輔。先帝法則弗改，所以宣至尊也。臣請令史官擇吉日，具禮儀上，御史奏輿地圖，他皆如前故事。」

制曰：「可。」

四月丙申，奏未央宮。

「太僕臣賀行御史大夫事昧死言：太常臣充言卜入四月二十八日乙巳，可立諸侯王。臣昧死奏輿地圖，請所立國名。禮儀別奏。臣昧死請。」

制曰：「立皇子閎爲齊王，旦爲燕王，胥爲廣陵王。」

四月丁酉，奏未央宮。

六年四月戊寅朔癸卯，御史大夫湯下丞相，丞相下中二千石、二千石，下郡太守諸侯相，丞書從事，下當用者如律令。

「維六年四月乙巳，皇帝使御史大夫湯廟立子閎爲齊王。曰：於戲，小子閎，受茲青社！朕承祖考，維稽古建爾國家，封于東土，世爲漢藩輔。於戲念哉！恭朕之詔，惟

命不于常。人之好德，克明顯光。義之不圖，俾君子怠。悉爾心，允執其中，天祿永終。厥有愆不臧，乃凶于而國，害于爾躬。於戲，保國艾民，可不敬與！王其戒之。」

右齊王策。

「維六年四月乙巳，皇帝使御史大夫湯廟立子旦爲燕王。曰：於戲，小子旦，受茲玄社！朕承祖考，維稽古，建爾國家，封于北土，世爲漢藩輔。於戲！葷粥氏虐老獸心，侵犯寇盜，加以姦巧邊萌。於戲！朕命將率徂征厥罪，萬夫長，千夫長，三十有二君皆來，降期奔師。葷粥徙域，北州以綏。悉爾心，毋作怨，毋俷德，毋乃廢備。非教士不得從徵。於戲，保國艾民，可不敬與！王其戒之。」

右燕王策。

「維六年四月乙巳，皇帝使御史大夫湯廟立子胥爲廣陵王。曰：於戲，小子胥，受茲赤社！朕承祖考，維稽古建爾國家，封于南土，世爲漢藩輔。古人有言曰：『大江之南，五湖之閒，其人輕心。楊州保疆，三代要服，不及以政。』於戲！悉爾心，戰戰兢兢，乃惠乃順，毋侗好軼，毋邇宵人，維法維則。書云：『臣不作威，不作福，靡有後羞。』於戲，保國艾民，可不敬與！王其戒之。」

右廣陵王策。

1432〈平準書〉
上以爲式朴忠，拜爲齊王太傅。

2939〈將軍驃騎列傳〉
驃騎將軍自四年軍後三年，元狩六年而卒。天子悼之，發屬國玄甲軍，陳自長安至茂陵，爲冢象祁連山。謚之，并武與廣地曰景桓侯。子嬗代侯。嬗少，字子侯，上愛之，幸其壯而將之。

1432〈平準書〉
而孔僅之使天下鑄作器，三年中拜爲大農，列於九卿。而桑弘羊爲大農丞，筦諸會計事，稍稍置均輸以通貨物矣。

1433〈平準書〉
始令吏得入穀補官，郎至六百石。

1433〈平準書〉
自造白金五銖錢後五歲，赦吏民之坐盜鑄金錢死者數十萬人。其不發覺相殺者，不

可勝計。赦自出者百餘萬人。然不能半自出，天下大抵無慮皆鑄金錢矣。犯者眾，吏不能盡誅取，於是遣博士褚大、徐偃等分曹循行郡國，舉兼并之徒守相爲利者。而御史大夫張湯方隆貴用事，減宣、杜周等爲中丞，義縱、尹齊、王溫舒等用慘急刻深爲九卿，而直指夏蘭之屬始出矣。

1433〈平準書〉

而大農顏異誅。初，異爲濟南亭長，以廉直稍遷至九卿。上與張湯既造白鹿皮幣，問異。異曰：「今王侯朝賀以蒼璧，直數千，而其皮薦反四十萬，本末不相稱。」天子不說。張湯又與異有卻，及有人告異以它議，事下張湯治異。異與客語，客語初令下有不便者，異不應，微反脣。湯奏當異九卿見令不便，不入言而腹誹，論死。自是之後，有腹誹之法比，而公卿大夫多諂諛取容矣。

1434〈平準書〉

天子既下緡錢令而尊卜式，百姓終莫分財佐縣官，於是告緡錢縱矣。

1434〈平準書〉

郡國多姦鑄錢，錢多輕，而公卿請令京師鑄鍾官赤側，一當五，賦官用非赤側不得行。白金稍賤，民不寶用，縣官以令禁之，無益。歲餘，白金終廢不行。

元鼎元年

2088〈梁孝王世家〉

濟東王彭離者，梁孝王子，以孝景中六年爲濟東王。二十九年，彭離驕悍，無人君禮，昏暮私與其奴、亡命少年數十人行剽殺人，取財物以爲好。所殺發覺者百餘人，國皆知之，莫敢夜行。所殺者子上書言。漢有司請誅，上不忍，廢以爲庶人，遷上庸，地入于漢，爲大河郡。

2940〈將軍驃騎列傳〉

自驃騎將軍死後，大將軍長子宜春侯伉坐法失侯。

2770〈萬石張叔列傳〉

（建陵侯衛信）坐酎金失侯。

3293〈太史公自序〉

（元鼎元年）

二十而南游江、淮，上會稽，探禹穴，闚九疑，浮於沅、湘；北涉汶、泗，講業齊、魯之都，觀孔子之遺風，鄉射鄒、嶧；戹困鄱、薛、彭城，過梁、楚以歸。

1864〈魏世家〉
太史公曰：吾適故大梁之墟。

1947〈孔子世家〉
太史公曰：適魯，觀仲尼廟堂車服禮器，諸生以時習禮其家，余祗迴留之不能去云。

2121〈伯夷列傳〉
太史公曰：余登箕山，其上蓋有許由冢云。

2629〈淮陰侯列傳〉
太史公曰：吾如淮陰，淮陰人為余言，韓信雖為布衣時，其志與異。其母死，貧無以葬，然乃行營高敞地，令其旁可置萬家。余視其母冢，良然。

2673〈樊酈滕灌列傳〉
太史公曰：吾適豐沛，問其遺老，觀故蕭、曹、樊噲、滕公之家，及其素，異哉所聞！

3225〈龜策列傳〉
余至江南，觀其行事，問其長老，云龜千歲乃遊蓮葉之上，蓍百莖共一根。又其所生，獸無虎狼，草無毒螫。江傍家人常畜龜飲食之，以為能導引致氣，有益於助衰養老，豈不信哉！

元鼎二年
青翟有罪，自殺。
太子太傅高陵侯趙周為丞相。
湯有罪，自殺。
御史大夫慶。

1434〈平準書〉
是歲也，張湯死而民不思。

3142〈酷吏列傳〉
湯為御史大夫七歲，敗。

3142〈酷吏列傳〉
河東人李文嘗與湯有卻，已而為御史中丞，恚，數從中文書事有可以傷湯者，不能為地。湯有所愛史魯謁居，知湯不平，使人上蜚變告文姦事，事下湯，湯治論殺文，而湯心知謁居為之。上問曰：「言變事縱跡安起？」湯詳驚曰：「此殆文故人怨之。」

謁居病臥閭里主人，湯自往視疾，爲謁居摩足。趙國以冶鑄爲業，王數訟鐵官事，湯常排趙王。趙王求湯陰事。謁居嘗案趙王，趙王怨之，并上書告：張湯，大臣也，史謁居有病，湯至爲摩足，疑與爲大姦。」事下廷尉。謁居病死，事連其弟，弟繫導官。湯亦治他囚導官，見謁居弟，欲陰爲之，而詳不省。謁居弟弗知，怨湯，使人上書告湯與謁居謀，共變告李文。事下減宣。宣嘗與湯有卻，及得此事，窮竟其事，未奏也。會人有盜發孝文園瘞錢，丞相青翟朝，與湯約俱謝，至前，湯念獨丞相以四時行園，當謝，湯無與也，不謝。丞相謝，上使御史案其事。湯欲致其文丞相見知，丞相患之。三長史皆害湯，欲陷之。

3143〈酷吏列傳〉

始長史朱買臣，會稽人也。讀春秋。莊助使人言買臣，買臣以楚辭與助俱幸，侍中，爲太中大夫，用事；而湯乃爲小吏，跪伏使買臣等前。已而湯爲廷尉，治淮南獄，排擠莊助，買臣固心望。及湯爲御史大夫，買臣以會稽守爲主爵都尉，列於九卿。數年，坐法廢，守長史，見湯，湯坐牀上，丞史遇買臣弗爲禮。買臣楚士，深怨，常欲死之。王朝，齊人也。以術至右內史。邊通，學長短，剛暴彊人也，官再至濟南相。故皆居湯右，已而失官，守長史，詘體於湯。湯數行丞相事，知此三長史素貴，常凌折之。以故三長史合謀曰：「始湯約與君謝，已而賣君；今欲劾君以宗廟事，此欲代君耳。吾知湯陰事。」使吏捕案湯左田信等，曰湯且欲奏請，信輒先知之，居物致富，與湯分之，及他姦事。事辭頗聞。上問湯曰：「吾所爲，賈人輒先知之，益居其物，是類有以吾謀告之者。」湯不謝。湯又詳驚曰：「固宜有。」減宣亦奏謁居等事。天子果以湯懷詐面欺，使使八輩簿責湯。湯具自道無此，不服。於是上使趙禹責湯。禹至，讓湯曰：「君何不知分也。君所治夷滅者幾何人矣？今人言君皆有狀，天子重致君獄，欲令君自爲計，何多以對簿爲？」湯乃爲書謝曰：「湯無尺寸功，起刀筆吏，陛下幸致爲三公，無以塞責。然謀陷湯罪者，三長史也。」遂自殺。

3144〈酷吏列傳〉

湯死，家產直不過五百金，皆所得奉賜，無他業。昆弟諸子欲厚葬湯，湯母曰：「湯爲天子大臣，被汙惡言而死，何厚葬乎！」載以牛車，有棺無槨。天子聞之，曰：「非此母不能生此子。」乃盡案誅長史。丞相青翟自殺。出田信。上惜湯。稍遷其子安世。

1434〈平準書〉

其後二歲，赤側錢賤，民巧法用之，不便，又廢。於是悉禁郡國無鑄錢，專令上林三官鑄。錢既多，而令天下非三官錢不得行，諸郡國所前鑄錢皆廢銷之，輸其銅三官。而民之鑄錢益少，計其費不能相當，唯眞工大姦乃盜爲之。

1435〈平準書〉

卜式相齊，而楊可告緡遍天下，中家以上大抵皆遇告。杜周治之，獄少反者。
乃分遣御史廷尉正監分曹往，即治郡國緡錢，得民財物以億計，奴婢以千萬數，田大縣數百頃，小縣百餘頃，宅亦如之。於是商賈中家以上大率破，民偷甘食好衣，不事畜藏之產業，而縣官有鹽鐵緡錢之故，用益饒矣。益廣關，置左右輔。

1436〈平準書〉

初，大農筦鹽鐵官布多，置水衡，欲以主鹽鐵；及楊可告緡錢，上林財物眾，乃令水衡主上林。上林既充滿，益廣。是時越欲與漢用船戰逐，乃大修昆明池，列觀環之。治樓船，高十餘丈，旗幟加其上，甚壯。於是天子感之，乃作柏梁臺，高數十丈。宮室之修，由此日麗。

1436〈平準書〉

乃分緡錢諸官，而水衡、少府、大農、太僕各置農官，往往即郡縣比沒入田田之。其沒入奴婢，分諸苑養狗馬禽獸，及與諸官。諸官益雜置多，徒奴婢眾，而下河漕度四百萬石，及官自糴乃足。

1437〈平準書〉

所忠言：「世家子弟富人或鬥雞走狗馬，弋獵博戲，亂齊民。」乃徵諸犯令，相引數千人，命曰「株送徒」。入財者得補郎，郎選衰矣。

1437〈平準書〉

是時山東被河菑，及歲不登數年，人或相食，方一二千里。天子憐之，詔曰：「江南火耕水耨，令飢民得流就食江淮閒，欲留，留處。」遣使冠蓋相屬於道，護之，下巴蜀粟以振之。

3169〈大宛列傳〉

（張）騫還到，拜為大行，列於九卿。

2663〈樊酈滕灌列傳〉

（繆侯酈）世宗卒，子侯終根立，為太常，坐法，國除。

2667〈樊酈滕灌列傳〉

子侯（夏侯）頗尚平陽公主，立十九歲。元鼎二年，坐與父御婢姦罪，自殺，國除。

元鼎三年

1389〈封禪書〉

其後三年，有司言元宜以天瑞命，不宜以一二數。一元曰「建」，二元以長星曰「光」，三元以郊得一角獸曰「狩」云。

2912〈匈奴列傳〉
數歲，伊稚斜單于立十三年死，子烏維立爲單于。是歲，漢元鼎三年也。烏維單于立，而漢天子始出巡郡縣。其後漢方南誅兩越，不擊匈奴，匈奴亦不侵入邊。

3148〈酷吏列傳〉
及縱死，張湯敗後，（王溫舒）徙爲廷尉，而尹齊爲中尉。

3148〈酷吏列傳〉
尹齊者，東郡茌平人。以刀筆稍遷至御史。事張湯，張湯數稱以爲廉武，使督盜賊，所斬伐不避貴戚。遷爲關內都尉，聲甚於寧成。上以爲能，遷爲中尉，吏民益凋敝。尹齊木彊少文，豪惡吏伏匿而善吏不能爲治，以故事多廢，抵罪。

3169〈大宛列傳〉
歲餘，（張騫）卒。

2081〈梁孝王世家〉
十九年，漢廣關，以常山爲限，而徙代王王清河。清河王徙以元鼎三年也。

2102〈五宗世家〉
常山憲王舜，以孝景中五年用皇子爲常山王。舜最親，景帝少子，驕怠多淫，數犯禁，上常寬釋之。立三十二年卒，太子勃代立爲王。

2712〈傅靳蒯成列傳〉
至元鼎三年，（蒯成侯）居爲太常，有罪，國除。

元鼎四年
立常山憲王子平為真定王，商為泗水王。
六月中，河東汾陰得寶鼎。

0170〈周本紀〉
太史公曰：……漢興九十有餘載，天子將封泰山，東巡狩至河南，求周苗裔，封其後嘉三十里地，號曰周子南君，比列侯，以奉其先祭祀。

1389〈封禪書〉
其明年冬，天子郊雍，議曰：「今上帝朕親郊，而后土無祀，則禮不答也。」有司與太史公（司馬談）、祠官寬舒議：「天地牲角繭栗。今陛下親祠后土，后土宜於澤中

圜丘為五壇,壇一黃犢太牢具,已祠盡瘞,而從祠衣上黃。」於是天子遂東,始立后土祠汾陰脽丘,如寬舒等議。上親望拜,如上帝禮。禮畢,天子遂至滎陽而還。過雒陽,下詔曰:「三代邈絕,遠矣難存。其以三十里地封周後為周子南君,以奉其先祀焉。」是歲,天子始巡郡縣,侵尋於泰山矣。

1389〈封禪書〉

其春,樂成侯上書言欒大。欒大,膠東宮人,故嘗與文成將軍同師,已而為膠東王尚方。而樂成侯姊為康王后,無子。康王死,他姬子立為王。而康后有淫行,與王不相中,相危以法。康后聞文成已死,而欲自媚於上,乃遣欒大因樂成侯求見言方。天子既誅文成,後悔其蚤死,惜其方不盡,及見欒大,大說。大為人長美,言多方略,而敢為大言處之不疑。大言曰:「臣常往來海中,見安期、羨門之屬。顧以臣為賤,不信臣。又以為康王諸侯耳,不足與方。臣數言康王,康王又不用臣。臣之師曰:『黃金可成,而河決可塞,不死之藥可得,僊人可致也。』然臣恐效文成,則方士皆奄口,惡敢言方哉!」上曰:「文成食馬肝死耳。子誠能脩其方,我何愛乎!」大曰:「臣師非有求人,人者求之。陛下必欲致之,則貴其使者,令有親屬,以客禮待之,勿卑,使各佩其信印,乃可使通言於神人。神人尚肯邪不邪。致尊其使,然后可致也。」於是上使驗小方,鬥棊,棊自相觸擊。

1390〈封禪書〉

是時上方憂河決,而黃金不就,乃拜大為五利將軍。居月餘,得四印,佩天士將軍、地士將軍、大通將軍印。制詔御史:「昔禹疏九江,決四瀆。閒者河溢皋陸,隄繇不息。朕臨天下二十有八年,天若遺朕士而大通焉。乾稱『蜚龍』,『鴻漸于般』,朕意庶幾與焉。其以二千戶封地士將軍大為樂通侯。」賜列侯甲第,僮千人。乘轝斥車馬帷幄器物以充其家。又以長公主妻之,齎金萬斤,更命其邑曰當利公主。天子親如五利之第。使者存問供給,相屬於道。自大主將相以下,皆置酒其家,獻遺之。於是天子又刻玉印曰「天道將軍」,使使衣羽衣,夜立白茅上,五利將軍亦衣羽衣,夜立白茅上受印,以示不臣也。而佩「天道」者,且為天子道天神也。於是五利常夜祠其家,欲以下神。神未至而百鬼集矣,然頗能使之。其後裝治行,東入海,求其師云。大見數月,佩六印,貴震天下,而海上燕齊之閒,莫不搤捥而自言有禁方,能神僊矣。

1392〈封禪書〉

其夏六月中,汾陰巫錦為民祠魏脽后土營旁,見地如鉤狀,掊視得鼎。鼎大異於鼎,文鏤無款識,怪之,言吏。吏告河東太守勝,勝以聞。天子使使驗問巫得鼎無姦詐,

乃以禮祠，迎鼎至甘泉，從行，上薦之。至中山，曣㫔，有黃雲蓋焉。有麃過，上自射之，因以祭云。至長安，公卿大夫皆議請尊寶鼎。天子曰：「閒者河溢，歲數不登，故巡祭后土，祈爲百姓育穀。今歲豐廡未報，鼎曷爲出哉？

」有司皆曰：「聞昔泰帝興神鼎一，一者壹統，天地萬物所繫終也。黃帝作寶鼎三，象天地人。禹收九牧之金，鑄九鼎。皆嘗亨鬺上帝鬼神。遭聖則興，鼎遷于夏商。周德衰，宋之社亡，鼎乃淪沒，伏而不見。頌云『自堂徂基，自羊徂牛；鼐鼎及鼒，不吳不驚，胡考之休』。今鼎至甘泉，光潤龍變，承休無疆。合茲中山，有黃白雲降蓋，若獸爲符，路弓乘矢，集獲壇下，報祠大享。唯受命而帝者心知其意而合德焉。鼎宜見於祖禰，藏於帝廷，以合明應。」制曰：「可。」

1393〈封禪書〉

入海求蓬萊者，言蓬萊不遠，而不能至者，殆不見其氣。上乃遣望氣佐候其氣云。

1393〈封禪書〉

其秋，上幸雍，且郊。或曰「五帝，太一之佐也，宜立太一而上親郊之」。上疑未定。齊人公孫卿曰：「今年得寶鼎，其冬辛巳朔旦冬至，與黃帝時等。」卿有札書曰：「黃帝得寶鼎宛朐，問於鬼臾區。鬼臾區對曰：『（黃）帝得寶鼎神策，是歲己酉朔旦冬至，得天之紀，終而復始。』於是黃帝迎日推策，後率二十歲復朔旦冬至，凡二十推，三百八十年，黃帝僊登于天。」卿因所忠欲奏之。所忠視其書不經，疑其妄書，謝曰：「寶鼎事已決矣，尚何以爲！」卿因嬖人奏之。上大說，乃召問卿。對曰：「受此書申公，申公已死。」上曰：「申公何人也？」卿曰：「申公，齊人。與安期生通，受黃帝言，無書，獨有此鼎書。曰『漢興復當黃帝之時』。曰『漢之聖者在高祖之孫且曾孫也。寶鼎出而與神通，封禪。封禪七十二王，唯黃帝得上泰山封』。申公曰：『漢主亦當上封，上封能僊登天矣。黃帝時萬諸侯，而神靈之封居七千。天下名山八，而三在蠻夷，五在中國。中國華山、首山、太室、泰山、東萊，此五山黃帝之所常游，與神會。黃帝且戰且學僊。患百姓非其道者，乃斷斬非鬼神者。百餘歲然後得與神通。黃帝郊雍上帝，宿三月。鬼臾區號大鴻，死葬雍，故鴻冢是也。其後黃帝接萬靈明廷。明廷者，甘泉也。所謂寒門者，谷口也。黃帝采首山銅，鑄鼎於荊山下。鼎既成，有龍垂胡髯下迎黃帝。黃帝上騎，群臣後宮從上者七十餘人，龍乃上去。餘小臣不得上，乃悉持龍髯，龍髯拔，墮，墮黃帝之弓。百姓仰望黃帝既上天，乃抱其弓與胡髯號，故後世因名其處曰鼎湖，其弓曰烏號。』」於是天子曰：「嗟乎！吾誠得如黃帝，吾視去妻子如脫躧耳。」乃拜卿爲郎，東使候神於太室。

1394〈封禪書〉

上遂郊雍,至隴西,西登崆峒,幸甘泉。令祠官寬舒等具太一祠壇,祠壇放薄忌太一壇,壇三垓。五帝壇環居其下,各如其方,黃帝西南,除八通鬼道。太一,其所用如雍一時物,而加醴棗脯之屬,殺一狸牛以為俎豆牢具。而五帝獨有俎豆醴進。其下四方地,為醞食羣神從者及北斗云。已祠,胙餘皆燎之。其牛色白,鹿居其中,彘在鹿中,水而洎之。祭日以牛,祭月以羊彘特。太一祝宰則衣紫及繡。五帝各如其色,日赤,月白。

1438〈平準書〉

其明年,天子始巡郡國。東度河,河東守不意行至,不辨,自殺。行西踰隴,隴西守以行往卒,天子從官不得食,隴西守自殺。於是上北出蕭關,從數萬騎,獵新秦中,以勒邊兵而歸。新秦中或千里無亭徼,於是誅北地太守以下,而令民得畜牧邊縣,官假馬母,三歲而歸,及息什一,以除告緡,用充仞新秦中。

1438〈平準書〉

既得寶鼎,立后土、太一祠,公卿議封禪事,而天下郡國皆豫治道橋,繕故宮,及當馳道縣,縣治官儲,設供具,而望以待幸。

1178〈樂書〉

(元鼎四年)

又嘗得神馬渥洼水中,復次以為太一之歌。歌曲曰:「太一貢兮天馬下,霑赤汗兮沫流赭。騁容與兮跇萬里,今安匹兮龍為友。」

2971〈南越列傳〉

嬰齊代立,即藏其先武帝璽。嬰齊其入宿在長安時,取邯鄲樛氏女,生子興。及即位,上書請立樛氏女為后,興為嗣。漢數使使者風諭嬰齊,嬰齊尚樂擅殺生自恣,懼入見要用漢法,比內諸侯,固稱病,遂不入見。遣子次公入宿。嬰齊薨,諡為明王。

2972〈南越列傳〉

太子興代立,其母為太后。太后自未為嬰齊姬時,嘗與霸陵人安國少季通。及嬰齊薨後,元鼎四年,漢使安國少季往諭王、王太后以入朝,比內諸侯;令辯士諫大夫終軍等宣其辭,勇士魏臣等輔其缺,尉路博德將兵屯桂陽,待使者。王年少,太后中國人也,嘗與安國少季通,其使復私焉。國人頗知之,多不附太后。太后恐亂起,亦欲倚漢威,數勸王及羣臣求內屬。即因使者上書,請比內諸侯,三歲一朝,除邊

關。於是天子許之，賜其丞相呂嘉銀印，及內史、中尉、太傅印，餘得自置。除其故黥劓刑，用漢法，比內諸侯。使者皆留塡撫之。王、王太后飭治行裝重齎，爲入朝具。

2972〈南越列傳〉

其相呂嘉年長矣，相三王，宗族官仕爲長吏者七十餘人，男盡尚王女，女盡嫁王子兄弟宗室，及蒼梧秦王有連。其居國中甚重，越人信之，多爲耳目者，得心愈於王。王之上書，數諫止王，王弗聽。有畔心，數稱病不見漢使者。使者皆注意嘉，勢未能誅。王、王太后亦恐嘉等先事發，乃置酒，介漢使者權，謀誅嘉等。使者皆東鄉，太后南鄉，王北鄉，相嘉、大臣皆西鄉，侍坐飲。嘉弟爲將，將卒居宮外。酒行，太后謂嘉曰：「南越內屬，國之利也，而相君苦不便者，何也？」以激怒使者。使者狐疑相杖，遂莫敢發。嘉見耳目非是，卽起而出。太后怒，欲鏦嘉以矛，王止太后。嘉遂出，分其弟兵就舍，稱病，不肯見王及使者。乃陰與大臣作亂。王素無意誅嘉，嘉知之，以故數月不發。太后有淫行，國人不附，欲獨誅嘉等，力又不能。

2973〈南越列傳〉

天子聞嘉不聽王，王、王太后弱孤不能制，使者怯無決。又以爲王、王太后已附漢，獨呂嘉爲亂，不足以興兵，欲使莊參以二千人往使。參曰：「以好往，數人足矣；以武往，二千人無足以爲也。」辭不可，天子罷參也。郟壯士故濟北相韓千秋奮曰：「以區區之越，又有王、太后應，獨相呂嘉爲害，願得勇士二百人，必斬嘉以報。」於是天子遣千秋與王太后弟樛樂將二千人往，入越境。呂嘉等乃遂反，下令國中曰：「王年少。太后，中國人也，又與使者亂，專欲內屬，盡持先王寶器入獻天子以自媚，多從人，行至長安，虜賣以爲僮僕。取自脫一時之利，無顧趙氏社稷，爲萬世慮計之意。」乃與其弟將卒攻殺王、太后及漢使者。遣人告蒼梧秦王及其諸郡縣，立明王長男越妻子術陽侯建德爲王。而韓千秋兵入，破數小邑。其後越直開道給食，未至番禺四十里，越以兵擊千秋等，遂滅之。使人函封漢使者節置塞上，好爲謾辭謝罪，發兵守要害處。於是天子曰：「韓千秋雖無成功，亦軍鋒之冠。」封其子延年爲成安侯。樛樂，其姊爲王太后，首願屬漢，封其子廣德爲龍亢侯。乃下赦曰：「天子微，諸侯力政，譏臣不討賊。今呂嘉、建德等反，自立晏如，令罪人及江淮以南樓船十萬師往討之。」

3144〈酷吏列傳〉

（元鼎四年（通））

趙禹中廢，已而爲廷尉。始條侯以爲禹賊深，弗任。及禹爲少府，比九卿。禹酷急，

至晚節，事益多，吏務爲嚴峻，而禹治加緩，而名爲平。王溫舒等後起，治酷於禹。禹以老，徙爲燕相。數歲，亂悖有罪，免歸。後湯十餘年，以壽卒于家。

3148〈酷吏列傳〉

上復徙溫舒爲中尉，而楊僕以嚴酷爲主爵都尉。

3149〈酷吏列傳〉

楊僕者，宜陽人也。以千夫爲吏。河南守案舉以爲能，遷爲御史，使督盜賊關東。治放尹齊，以爲敢摯行。稍遷至主爵都尉，列九卿。天子以爲能。南越反，拜爲樓船將軍，有功，封將梁侯。爲荀彘所縛。居久之，病死。

3149〈酷吏列傳〉

而溫舒復爲中尉。爲人少文，居廷惛惛不辯，至於中尉則心開。督盜賊，素習關中俗，知豪惡吏，豪惡吏盡復爲用，爲方略。吏苛察，盜賊惡少年投缿購告言姦，置伯格長以牧司姦盜賊。溫舒爲人諂，善事有執者；即無執者，視之如奴。有執家，雖有姦如山，弗犯；無執者，貴戚必侵辱。舞文巧詆下戶之猾，以焄大豪。其治中尉如此。姦猾窮治，大抵盡靡爛獄中，行論無出者。其爪牙吏虎而冠。於是中尉部中中猾以下皆伏，有勢者爲游聲譽，稱治。治數歲，其吏多以權富。

3169〈大宛列傳〉

烏孫使既見漢人富厚，歸報其國，其國乃益重漢。其後歲餘，騫所遣使通大夏之屬者皆頗與其人俱來，於是西北國始通於漢矣。然張騫鑿空，其後使往者皆稱博望侯，以爲質於外國，外國由此信之。

2094〈五宗世家〉

十二年卒，子（河間）頃王授代立。

2103〈五宗世家〉

（常山王）勃王數月，遷于房陵，國絕。月餘，天子爲最親，乃詔有司曰：「常山憲王蚤夭，后妾不和，適孼誣爭，陷于不義以滅國，朕甚閔焉。其封憲王子平三萬戶，爲眞定王；封子商三萬戶，爲泗水王。」

2103〈五宗世家〉

眞定王平，元鼎四年用常山憲王子爲眞定王。

2104〈五宗世家〉

泗水思王商，以元鼎四年用常山憲王子爲泗水王。十一年卒，子哀王安世立。十一

年卒，無子。於是上憐泗水王絕，乃立安世弟賀為泗水王。

2104〈五宗世家〉

右四國（廣川、膠東、清河、常山）本王皆王夫人兒姁子也。其後漢益封其支子為六安王、泗水王二國。凡兒姁子孫，於今為六王。

元鼎五年

三月中，南越相嘉反，殺其王及漢使者。

八月，周坐酎金，自殺。

九月辛巳，御史大夫石慶為丞相，封牧丘侯。

尉路博德為伏波將軍，出桂陽；主爵楊僕為樓船將軍，出豫章：皆破南越。

1395〈封禪書〉

十一月辛巳朔旦冬至，昧爽，天子始郊拜太一。朝朝日，夕夕月，則揖；而見太一如雍郊禮。其贊饗曰：「天始以寶鼎神策授皇帝，朔而又朔，終而復始，皇帝敬拜見焉。」而衣上黃。其祠列火滿壇，壇旁亨炊具。有司云「祠上有光焉」。公卿言「皇帝始郊見太一雲陽，有司奉瑄玉嘉牲薦饗。是夜有美光，及晝，黃氣上屬天」。太史公（司馬談）、祠官寬舒等曰：「神靈之休，祐福兆祥，宜因此地光域立太畤壇以明應。令太祝領，秋及臘閒祠。三歲天子一郊見。」

1395〈封禪書〉

其秋，為伐南越，告禱太一。以牡荊畫幡日月北斗登龍，以象太一三星，為太一鋒，命日「靈旗」。為兵禱，則太史奉以指所伐國。而五利將軍使不敢入海，之泰山祠。上使人隨驗，實毋所見。五利妄言見其師，其方盡，多不讎。上乃誅五利。

2975〈南越列傳〉

元鼎五年秋，尉路博德為伏波將軍，出桂陽，下匯水；主爵都尉楊僕為樓船將軍，出豫章，下橫浦；故歸義越侯二人為戈船、下厲將軍，出零陵，或下離水，或柢蒼梧；使馳義侯因巴蜀罪人，發夜郎兵，下牂柯江：咸會番禺。

2982〈東越列傳〉

至元鼎五年，南越反，東越王餘善上書，請以卒八千人從樓船將軍擊呂嘉等。兵至揭揚，以海風波為解，不行，持兩端，陰使南越。及漢破番禺，不至。是時樓船將軍楊僕使使上書，願便引兵擊東越。上曰士卒勞倦，不許，罷兵，令諸校屯豫章梅領待命。

1438〈平準書〉

其明年，南越反，西羌侵邊為桀。於是天子為山東不贍，赦天下囚，因南方樓船卒

二十餘萬人擊南越，數萬人發三河以西騎擊西羌，又數萬人度河築令居。初置張掖、酒泉郡，而上郡、朔方、西河、河西開田官，斥塞卒六十萬人戍田之。中國繕道餽糧，遠者三千，近者千餘里，皆仰給大農。邊兵不足，乃發武庫工官兵器以贍之。車騎馬乏絕，縣官錢少，買馬難得，乃著令，令封君以下至三百石以上吏，以差出牝馬天下亭，亭有畜牸馬，歲課息。

2767〈萬石張叔列傳〉
元鼎五年秋，丞相有罪，罷。制詔御史：「萬石君先帝尊之，子孫孝，其以御史大夫慶為丞相，封為牧丘侯。」是時漢方南誅兩越，東擊朝鮮，北逐匈奴，西伐大宛，中國多事。天子巡狩海內，修上古神祠，封禪，興禮樂。公家用少，桑弘羊等致利，王溫舒之屬峻法，兒寬等推文學至九卿，更進用事，事不關決於丞相，丞相醇謹而已。在位九歲，無能有所匡言。嘗欲請治上近臣所忠、九卿咸宣罪，不能服，反受其過，贖罪。

2099〈五宗世家〉
（中山王）立四十二年卒，子哀王昌立。一年卒，子昆侈代為中山王。

2940〈將軍驃騎列傳〉
後五歲，（衛）伉弟二人，陰安侯不疑及發干侯登皆坐酎金失侯。失侯後二歲，冠軍侯國除。

2080〈絳侯周勃世家〉
（絳侯後）子建德代侯，十三年，為太子太傅。坐酎金不善，元鼎五年，有罪，國除。

3110〈汲鄭列傳〉
（汲黯以諸侯相秩居淮陽）七歲而卒。卒後，上以黯故，官其弟汲仁至九卿，子汲偃至諸侯相。

元鼎六年
十二月，東越反。
故龍額侯韓說為橫海將軍，出會稽；樓船將軍楊僕出豫章；中尉王溫舒出會稽：皆破東越。
御史大夫式。
1396〈封禪書〉
其冬，公孫卿候神河南，言見僊人跡緱氏城上，有物如雉，往來城上。天子親幸緱氏城視跡。問卿：「得毋效文成、五利乎？」卿曰：「僊者非有求人主，人主者求之。

其道非少寬假，神不來。言神事，事如迂誕，積以歲乃可致也。」於是郡國各除道，繕治宮觀名山神祠所，以望幸（也）〔矣〕。

1439〈平準書〉

齊相卜式上書曰：「臣聞主憂臣辱。南越反，臣願父子與齊習船者往死之。」天子下詔曰：「卜式雖躬耕牧，不以爲利，有餘輒助縣官之用。今天下不幸有急，而式奮願父子死之，雖未戰，可謂義形於內。賜爵關內侯，金六十斤，田十頃。」
布告天下，天下莫應。列侯以百數，皆莫求從軍擊羌、越。至酎，少府省金，而列侯坐酎金失侯者百餘人。乃拜式爲御史大夫。

1440〈平準書〉

式既在位，見郡國多不便縣官作鹽鐵，鐵器苦惡，賈貴，或彊令民賣買之。而船有算，商者少，物貴，乃因孔僅言船算事。上由是不悅卜式。

2982〈東越列傳〉

元鼎六年秋，餘善聞樓船請誅之，漢兵臨境，且往，乃遂反，發兵距漢道。號將軍騶力等爲「吞漢將軍」，入白沙、武林、梅嶺，殺漢三校尉。是時漢使大農張成、故山州侯齒將屯，弗敢擊，卻就便處，皆坐畏懦誅。

2975〈南越列傳〉

元鼎六年冬，樓船將軍將精卒先陷尋陝，破石門，得越船粟，因推而前，挫越鋒，以數萬人待伏波。伏波將軍將罪人，道遠，會期後，與樓船會乃有千餘人，遂俱進。樓船居前，至番禺。建德、嘉皆城守。樓船自擇便處，居東南面；伏波居西北面。會暮，樓船攻敗越人，縱火燒城。越素聞伏波名，日暮，不知其兵多少。伏波乃爲營，遣使者招降者，賜印，復縱令相招。樓船力攻燒敵，反驅而入伏波營中。犂旦，城中皆降伏波。呂嘉、建德已夜與其屬數百人亡入海，以船西去。伏波又因問所得降者貴人，以知呂嘉所之，遣人追之。以其故校尉司馬蘇弘得建德，封爲海常侯；越郎都稽得嘉，封爲臨蔡侯。

2977〈南越列傳〉

蒼梧王趙光者，越王同姓，聞漢兵至，及越揭陽令定自定屬漢；越桂林監居翁諭甌駱屬漢：皆得爲侯。戈船、下厲將軍兵及馳義侯所發夜郎兵未下，南越已平矣。遂爲九郡。伏波將軍益封。樓船將軍兵以陷堅爲將梁侯。

2977〈南越列傳〉

自尉佗初王後，五世九十三歲而國亡焉。

1396〈封禪書〉

其春，既滅南越，上有嬖臣李延年以好音見。上善之，下公卿議，曰：「民間祠尚有鼓舞樂，今郊祀而無樂，豈稱乎？」公卿曰：「古者祠天地皆有樂，而神祇可得而禮。」或曰：「太帝使素女鼓五十弦瑟，悲，帝禁不止，故破其瑟為二十五弦。」於是塞南越，禱祠太一、后土，始用樂舞，益召歌兒，作二十五弦及空侯琴瑟自此起。

3195〈佞幸列傳〉

李延年，中山人也。父母及身兄弟及女，皆故倡也。延年坐法腐，給事狗中。而平陽公主言延年女弟善舞，上見，心說之，及入永巷，而召貴延年。延年善歌，為變新聲，而上方興天地祠，欲造樂詩歌弦之。延年善承意，弦次初詩。其女弟亦幸，有子男。延年佩二千石印，號協聲律。與上臥起，甚貴幸，埒如韓嫣也。久之，寖與中人亂，出入驕恣。及其女弟李夫人卒後，愛弛，則禽誅延年昆弟也。

2996〈西南夷列傳〉

及至南越反，上使馳義侯因犍為發南夷兵。且蘭君恐遠行，旁國虜其老弱，乃與其反，殺使者及犍為太守。漢乃發巴蜀罪人嘗擊南越者八校尉擊破之。會越已破，漢八校尉不下，即引兵還，行誅頭蘭。頭蘭，常隔滇道者也。已平頭蘭，遂平南夷為牂柯郡。夜郎侯始倚南越，南越已滅，會還誅反者，夜郎遂入朝。上以為夜郎王。

2997〈西南夷列傳〉

南越破後，及漢誅且蘭、邛君，并殺筰侯，冉駹皆振恐，請臣置吏。乃以邛都為越巂郡，筰都為沈犁郡，冉駹為汶山郡，廣漢西白馬為武都郡。

2997〈西南夷列傳〉

上使王然于以越破及誅南夷兵威風喻滇王入朝。滇王者，其眾萬人，其旁東北有勞寖、靡莫，皆同姓相扶，未肯聽。勞寖、靡莫數侵犯使者吏卒。元封二年，天子發巴蜀兵擊滅勞寖寖、靡莫，以兵臨滇。滇王始首善，以故弗誅。滇王離難西南夷，舉國降，請置吏入朝。於是以為益州郡，賜滇王王印，復長其民。

2997〈西南夷列傳〉

西南夷君長以百數，獨夜郎、滇受王印。滇小邑，最寵焉。

3293〈太史公自序〉

於是遷仕為郎中，奉使西征巴、蜀以南，南略邛、筰、昆明，還報命。

2997〈西南夷列傳〉

太史公曰：……漢誅西南夷，國多滅矣，唯滇復爲寵王。然南夷之端，見枸醬番禺，大夏杖、邛竹。西夷後揃，剽分二方，卒爲七郡。

1440〈平準書〉

漢連兵三歲，誅羌，滅南越，番禺以西至蜀南者置初郡十七，且以其故俗治，毋賦稅。南陽、漢中以往郡，各以地比給初郡吏卒奉食幣物，傳車馬被具。而初郡時時小反，殺吏，漢發南方吏卒往誅之，閒歲萬餘人，費皆仰給大農。大農以均輸調鹽鐵助賦，故能贍之。然兵所過縣，爲以訾給毋乏而已，不敢言擅賦法矣。

2912〈匈奴列傳〉

烏維單于立三年，漢已滅南越，遣故太僕賀將萬五千騎出九原二千餘里，至浮苴井而還，不見匈奴一人。漢又遣故從驃侯趙破奴萬餘騎出令居數千里，至匈河水而還，亦不見匈奴一人。

3170〈大宛列傳〉

自博望侯騫死後，匈奴聞漢通烏孫，怒，欲擊之。及漢使烏孫，若出其南，抵大宛、大月氏相屬，烏孫乃恐，使使獻馬，願得尚漢女翁主爲昆弟。天子問羣臣議計，皆曰「必先納聘，然後乃遣女」。初，天子發書易，云「神馬當從西北來」。得烏孫馬好，名曰「天馬」。及得大宛汗血馬，益壯，更名烏孫馬曰「西極」，名大宛馬曰「天馬」云。而漢始築令居以西，初置酒泉郡以通西北國。因益發使抵安息、奄蔡、黎軒、條枝、身毒國。而天子好宛馬，使者相望於道。諸使外國一輩大者數百，少者百餘人，人所齎操大放博望侯時。其後益習而衰少焉。漢率一歲中使多者十餘，少者五六輩，遠者八九歲，近者數歲而反。

3170〈大宛列傳〉

是時漢既滅越，而蜀、西南夷皆震，請吏入朝。於是置益州、越嶲、牂柯、沈黎、汶山郡，欲地接以前通大夏。乃遣使柏始昌、呂越人等歲十餘輩，出此初郡抵大夏，皆復閉昆明，爲所殺，奪幣財，終莫能通至大夏焉。於是漢發三輔罪人，因巴蜀士數萬人，遣兩將軍郭昌、廣等往擊昆明之遮漢使者，斬首虜數萬人而去。其後遣使，昆明復爲寇，竟莫能得通。而北道酒泉抵大夏，使者既多，而外國益厭漢幣，不貴其物。

元封元年
御史大夫寬。

2982〈東越列傳〉

餘善刻「武帝」璽自立，詐其民，爲妄言。天子遣橫海將軍韓說出句章，浮海從東方往；樓船將軍楊僕出武林；中尉王溫舒出梅嶺；越侯爲戈船、下瀨將軍，出若邪、白沙。元封元年冬，咸入東越。東越素發兵距險，使徇北將軍守武林，敗樓船軍數校尉，殺長吏。樓船將軍率錢唐轅終古斬徇北將軍，爲禦兒侯。自兵未往。

2983〈東越列傳〉

故越衍侯吳陽前在漢，漢使歸諭餘善，餘善弗聽。及橫海將軍先至，越衍侯吳陽以其邑七百人反，攻越軍於漢陽。從建成侯敖，與其率，從繇王居股謀曰：「餘善首惡，劫守吾屬。今漢兵至，彊，計殺餘善，自歸諸將，儻幸得脫。」乃遂俱殺餘善，以其降橫海將軍，故封繇王居股爲東成侯，萬戶；封建成侯敖爲開陵侯；封越衍侯吳陽爲北石侯；封橫海將軍說爲案道侯；封橫海校尉福爲繚嫈侯。福者，成陽共王子，故爲海常侯，坐法失侯。舊從軍無功，以宗室故侯。諸將皆無成功，莫封。東越將多軍，漢兵至，弃其軍降，封爲無錫侯。

2984〈東越列傳〉

於是天子曰東越狹多阻，閩越悍，數反覆，詔軍吏皆將其民徙處江淮閒。東越地遂虛。

1396〈封禪書〉

其來年冬，上議曰：「古者先振兵澤旅，然后封禪。」乃遂北巡朔方，勒兵十餘萬，還祭黃帝冢橋山，釋兵須如。上曰：「吾聞黃帝不死，今有冢，何也？」或對曰：「黃帝已僊上天，羣臣葬其衣冠。」既至甘泉，爲且用事泰山，先類祠太一。

2912〈匈奴列傳〉

是時天子巡邊，至朔方，勒兵十八萬騎以見武節，而使郭吉風告單于。郭吉既至匈奴，匈奴主客問所使，郭吉禮卑言好，曰：「吾見單于而口言。」單于見吉，吉曰：「南越王頭已懸於漢北闕。今單于（能）即〔能〕前與漢戰，天子自將兵待邊；單于即不能，即南面而臣於漢。何徒遠走，亡匿於幕北寒苦無水草之地，毋爲也。」語卒而單于大怒，立斬主客見者，而留郭吉不歸，遷之北海上。而單于終不肯爲寇於漢邊，休養息士馬，習射獵，數使使於漢，好辭甘言求請和親。

1397〈封禪書〉

自得寶鼎，上與公卿諸生議封禪。封禪用希曠絕，莫知其儀禮，而羣儒采封禪尚書、周官、王制之望祀射牛事。齊人丁公年九十餘，曰：「封禪者，合不死之名也。秦皇

帝不得上封，陛下必欲上，稍上即無風雨，遂上封矣。」上於是乃令諸儒習射牛，草封禪儀。數年，至且行。天子既聞公孫卿及方士之言，黃帝以上封禪，皆致怪物與神通，欲放黃帝以上接神僊人蓬萊士，高世比德於九皇，而頗采儒術以文之。羣儒既已不能辨明封禪事，又牽拘於詩書古文而不能騁。上爲封禪祠器示羣儒，羣儒或曰「不與古同」，徐偃又曰「太常諸生行禮不如魯善」，周霸屬圖封禪事，於是上絀偃、霸，而盡罷諸儒不用。

3288〈太史公自序〉
太史公仕於建元元封之閒，愍學者之不達其意而師悖，乃論六家之要指曰：（略）

1397〈封禪書〉
三月，遂東幸緱氏，禮登中嶽太室。從官在山下聞若有言「萬歲」云。問上，上不言；問下，下不言。於是以三百戶封太室奉祠，命曰崇高邑。東上泰山，泰山之草木葉未生，乃令人上石立之泰山巔。

3295〈太史公自序〉
是歲天子始建漢家之封，而太史公留滯周南，不得與從事，故發憤且卒。而子遷適使反，見父於河洛之閒。太史公執遷手而泣曰：「余先周室之太史也。自上世嘗顯功名於虞夏，典天官事。後世中衰，絕於予乎？汝復爲太史，則續吾祖矣。今天子接千歲之統，封泰山，而余不得從行，是命也夫，命也夫！余死，汝必爲太史；爲太史，無忘吾所欲論著矣。且夫孝始於事親，中於事君，終於立身。揚名於後世，以顯父母，此孝之大者。夫天下稱誦周公，言其能論歌文武之德，宣周邵之風，達太王王季之思慮，爰及公劉，以尊后稷也。幽厲之後，王道缺，禮樂衰，孔子脩舊起廢，論詩書，作春秋，則學者至今則之。自獲麟以來四百有餘歲，而諸侯相兼，史記放絕。今漢興，海內一統，明主賢君忠臣死義之士，余爲太史而弗論載，廢天下之史文，余甚懼焉，汝其念哉！」遷俯首流涕曰：「小子不敏，請悉論先人所次舊聞，弗敢闕。」

1397〈封禪書〉
上遂東巡海上，行禮祠八神。齊人之上疏言神怪奇方者以萬數，然無驗者。乃益發船，令言海中神山者數千人求蓬萊神人。公孫卿持節常先行候名山，至東萊，言夜見大人，長數丈，就之則不見，見其跡甚大，類禽獸云。羣臣有言見一老父牽狗，言「吾欲見巨公」，已忽不見。上即見大跡，未信，及羣臣有言老父，則大以爲僊人也。宿留海上，予方士傳車及閒使求僊人以千數。

1398〈封禪書〉

四月，還至奉高。上念諸儒及方士言封禪人人殊，不經，難施行。天子至梁父，禮祠地主。乙卯，令侍中儒者皮弁薦紳，射牛行事。封泰山下東方，如郊祠太一之禮。封廣丈二尺，高九尺，其下則有玉牒書，書祕。禮畢，天子獨與侍中奉車子侯上泰山，亦有封。其事皆禁。明日，下陰道。丙辰，禪泰山下阯東北肅然山，如祭后土禮。天子皆親拜見，衣上黃而盡用樂焉。江淮閒一茅三脊為神藉。五色土益雜封。縱遠方奇獸蜚禽及白雉諸物，頗以加禮。兕牛犀象之屬不用。皆至泰山祭后土。封禪祠；其夜若有光，晝有白雲起封中。

1398〈封禪書〉

天子從禪還，坐明堂，羣臣更上壽。於是制詔御史：「朕以眇眇之身承至尊，兢兢焉懼不任。維德菲薄，不明于禮樂。脩祠太一，若有象景光，屑如有望，震於怪物，欲止不敢，遂登封太山，至于梁父，而後禪肅然。自新，嘉與士大夫更始，賜民百戶牛一酒十石，加年八十孤寡布帛二匹。復博、奉高、蛇丘、歷城，無出今年租稅。其大赦天下，如乙卯赦令。行所過毋有復作。事在二年前，皆勿聽治。」
又下詔曰：「古者天子五載一巡狩，用事泰山，諸侯有朝宿地。其令諸侯各治邸泰山下。」

1398〈封禪書〉

天子既已封泰山，無風雨災，而方士更言蓬萊諸神若將可得，於是上欣然庶幾遇之，乃復東至海上望，冀遇蓬萊焉。奉車子侯暴病，一日死。上乃遂去，並海上，北至碣石，巡自遼西，歷北邊至九原。五月，反至甘泉。有司言寶鼎出為元鼎，以今年為元封元年。

1399〈封禪書〉

其秋，有星茀于東井。後十餘日，有星茀于三能。望氣王朔言：「候獨見填星出如瓜，食頃復入焉。」有司皆曰：「陛下建漢家封禪，天其報德星云。」

1441〈平準書〉

其明年，元封元年，卜式貶秩為太子太傅。而桑弘羊為治粟都尉，領大農，盡代僅筦天下鹽鐵。弘羊以諸官各自市，相與爭，物故騰躍，而天下賦輸或不償其僦費，乃請置大農部丞數十人，分部主郡國，各往往縣置均輸鹽鐵官，令遠方各以其物貴時商賈所轉販者為賦，而相灌輸。置平準于京師，都受天下委輸。召工官治車諸器，皆仰給大農。大農之諸官盡籠天下之貨物，貴即賣之，賤則買之。如此，富商大賈

無所牟大利，則反本，而萬物不得騰踊。故抑天下物，名曰「平準」。天子以為然，許之。於是天子北至朔方，東到太山，巡海上，並北邊以歸。所過賞賜，用帛百餘萬匹，錢金以巨萬計，皆取足大農。

1441〈平準書〉

弘羊又請令吏得入粟補官，及罪人贖罪。令民能入粟甘泉各有差，以復終身，不告緡。他郡各輸急處，而諸農各致粟，山東漕益歲六百萬石。一歲之中，太倉、甘泉倉滿。邊餘穀諸物均輸帛五百萬匹。民不益賦而天下用饒。於是弘羊賜爵左庶長，黃金再百斤焉。

1442〈平準書〉

是歲小旱，上令官求雨，卜式言曰：「縣官當食租衣稅而已，今弘羊令吏坐市列肆，販物求利。亨弘羊，天乃雨。」

3125〈儒林列傳〉

張湯死後六年，兒寬位至御史大夫。

2939〈將軍驃騎列傳〉

居六歲，元封元年，（冠軍侯霍）嬗卒，諡哀侯。無子，絕，國除。

元封二年

秋，樓船將軍楊僕、左將軍荀彘出遼東，擊朝鮮。

3153〈酷吏列傳〉

（杜周）其治與宣相放，然重遲，外寬，內深次骨。宣為左內史，周為廷尉，其治大放張湯而善候伺。上所欲擠者，因而陷之；上所欲釋者，久繫待問而微見其冤狀。客有讓周曰：「君為天子決平，不循三尺法，專以人主意指為獄。獄者固如是乎？」周曰：「三尺安出哉？前主所是著為律，後主所是疏為令，當時為是，何古之法乎！」

3153〈酷吏列傳〉

至（杜）周為廷尉，詔獄亦益多矣。二千石繫者新故相因，不減百餘人。郡吏大府舉之廷尉，一歲至千餘章。章大者連逮證案數百，小者數十人；遠者數千，近者數百里。會獄，吏因責如章告劾，不服，以笞掠定之。於是聞有逮皆亡匿。獄久者至更數赦十有餘歲而相告言，大抵盡詆以不道以上。廷尉及中都官詔獄逮至六七萬人，吏所增加十萬餘人。

3150〈酷吏列傳〉

溫舒擊東越還，議有不中意者，坐小法抵罪免。是時天子方欲作通天臺而未有人，溫舒請覆中尉脫卒，得數萬人作。上說，拜為少府。徙為右內史，治如其故，姦邪少禁。坐法失官。復為右輔，行中尉事。如故操。

1399〈封禪書〉

其來年多，郊雍五帝。還，拜祝祠太一。贊饗曰：「德星昭衍，厥維休祥。壽星仍出，淵耀光明。信星昭見，皇帝敬拜太祝之享。」

1399〈封禪書〉

其春，公孫卿言見神人東萊山，若云「欲見天子」。天子於是幸緱氏城，拜卿為中大夫。遂至東萊，宿留之數日，無所見，見大人跡云。復遣方士求神怪采芝藥以千數。是歲旱。於是天子既出無名，乃禱萬里沙，過祠泰山。還至瓠子，自臨塞決河，留二日，沈祠而去。使二卿將卒塞決河，徙二渠，復禹之故跡焉。

1399〈封禪書〉

是時既滅兩越，越人勇之乃言「越人俗鬼，而其祠皆見鬼，數有效。昔東甌王敬鬼，壽百六十歲。後世怠慢，故衰秏」。乃令越巫立越祝祠，安臺無壇，亦
祠天神上帝百鬼，而以雞卜。上信之，越祠雞卜始用。

1400〈封禪書〉

公孫卿曰：「仙人可見，而上往常遽，以故不見。今陛下可為觀，如緱城，置脯棗，神人宜可致也。且僊人好樓居。」於是上令長安則作蜚廉桂觀，甘泉則作益延壽觀，使卿持節設具而候神人。乃作通天莖臺，置祠具其下，將招來僊神人之屬。於是甘泉更置前殿，始廣諸宮室。夏，有芝生殿房內中。天子為塞河，興通天臺，若見有光云，乃下詔：「甘泉房中生芝九莖，赦天下，毋有復作。」

1412〈河渠書〉

自河決瓠子後二十餘歲，歲因以數不登，而梁楚之地尤甚。天子既封禪巡祭山川，其明年，旱，乾封少雨。天子乃使汲仁、郭昌發卒數萬人塞瓠子決。於是天子已用事萬里沙，則還自臨決河，沈白馬玉璧于河，令羣臣從官自將軍已下皆負薪窴決河。是時東郡燒草，以故薪柴少，而下淇園之竹以為楗。

1413〈河渠書〉

天子既臨河決，悼功之不成，乃作歌曰：「瓠子決兮將奈何？晧晧旰旰兮閭殫為河！殫為河兮地不得寧，功無已時兮吾山平。吾山平兮鉅野溢，魚沸鬱兮柏冬日。延道

弛兮離常流，蛟龍騁兮方遠遊。歸舊川兮神哉沛，不封禪兮安知外！爲我謂河伯兮
何不仁，泛濫不止兮愁吾人？齧桑浮兮淮、泗滿，久不反兮水維緩。」一曰：「河湯
湯兮激潺湲，北渡污兮浚流難。搴長茭兮沈美玉，河伯許兮薪不屬。薪不屬兮人罪，
燒蕭條兮噫乎何以禦水！䅹林竹兮楗石菑，宣房塞兮萬福來。」於是卒塞瓠子，築
宮其上，名曰宣房宮。而道河北行二渠，復禹舊迹，而梁、楚之地復寧，無水災。

1415〈河渠書〉

太史公曰：余南登廬山，觀禹疏九江，遂至于會稽太湟，上姑蘇，望五湖；東闚
洛汭、大邳，迎河，行淮、泗、濟、漯洛渠；西瞻蜀之岷山及離碓；北自龍門至于
朔方。曰：甚哉，水之爲利害也！余從負薪塞宣房，悲瓠子之詩而作河渠書。

1414〈河渠書〉

自是之後，用事者爭言水利。朔方、西河、河西、酒泉皆引河及川谷以溉田；而關
中輔渠、靈軹引堵水；汝南、九江引淮；東海引鉅定；泰山下引汶水：皆穿渠爲溉
田，各萬餘頃。佗小渠披山通道者，不可勝言。然其著者在宣房。

2913〈匈奴列傳〉

漢使王烏等窺匈奴。匈奴法，漢使非去節而以墨黥其面者不得入穹廬。王烏，北地
人，習胡俗，去其節，黥面，得入穹廬。單于愛之，詳許甘言，爲遣其太子入漢爲
質，以求和親。

3171〈大宛列傳〉

自博望侯開外國道以尊貴，其後從吏卒皆爭上書言外國奇怪利害，求使。天子爲其
絕遠，非人所樂往，聽其言，予節，募吏民毋問所從來，爲具備人遣之，以廣其道。
來還不能毋侵盜幣物，及使失指，天子爲其習之，輒覆案致重罪，以激怒令贖，復
求使。使端無窮，而輕犯法。其吏卒亦輒復盛推外國所有，言大者予節，言小者爲
副，故妄言無行之徒皆爭效之。其使皆貧人子，私縣官齎物，欲賤市以私其利外國。
外國亦厭漢使人人有言輕重，度漢兵遠不能至，而禁其食物以苦漢使。漢使乏絕積
怨，至相攻擊。而樓蘭、姑師小國耳，當空道，攻劫漢使王恢等尤甚。而匈奴奇兵
時時遮擊使西國者。使者爭徧言外國災害，皆有城邑，兵弱易擊。於是天子以故遣
從驃侯破奴將屬國騎及郡兵數萬，至匈河水，欲以擊胡，胡皆去。

2986〈朝鮮列傳〉

傳子至孫右渠，所誘漢亡人滋多，又未嘗入見；眞番旁國欲上書見天子，又擁閼不
通。元封二年，漢使涉何譙諭右渠，終不肯奉詔。何去至界上，臨浿水，使御刺殺

送何者朝鮮裨王長，卽渡，馳入塞，遂歸報天子曰「殺朝鮮將」。上為其名美，卽不詰，拜何為遼東東部都尉。朝鮮怨何，發兵襲攻殺何。

2987〈朝鮮列傳〉

天子募罪人擊朝鮮。其秋，遣樓船將軍楊僕從齊浮渤海；兵五萬人，左將軍荀彘出遼東：討右渠。右渠發兵距險。左將軍卒正多率遼東兵先縱，敗散，多還走，坐法斬。樓船將軍將齊兵七千人先至王險。右渠城守，窺知樓船軍少，即出城擊樓船，樓船軍敗散走。將軍楊僕失其，遁山中十餘日，稍求收散卒，復聚。左將軍擊朝鮮浿水西軍，未能破自前。

2987〈朝鮮列傳〉

天子為兩將未有利，乃使山因兵威往諭右渠。右渠見使者頓首謝：「願降，恐兩將詐殺臣；今見信節，請服降。」遣太子入謝，獻馬五千匹，及餽軍糧。人萬餘，持兵，方渡浿水，使者及左將軍疑其為變，謂太子已服降，宜命人毋持兵。太子亦疑使者左將軍詐殺之，遂不渡浿水，復引歸。山還報天子，天子誅山。

2988〈朝鮮列傳〉

左將軍破浿水上軍，乃前，至城下，圍其西北。樓船亦往會，居城南。右渠遂堅守城，數月未能下。

2988〈朝鮮列傳〉

左將軍素侍中，幸，將燕代卒，悍，乘勝，軍多驕。樓船將齊卒，入海，固已多敗亡；其先與右渠戰，因辱亡卒，卒皆恐，將心慙，其圍右渠，常持和節。左將軍急擊之，朝鮮大臣乃陰閒使人私約降樓船，往來言，尚未肯決。左將軍數與樓船期戰，樓船欲急就其約，不會；左將軍亦使人求閒郤降下朝鮮，朝鮮不肯，心附樓船：以故兩將不相能。左將軍心意樓船前有失軍罪，今與朝鮮私善而又不降，疑其有反計，未敢發。天子曰將率不能，前（及）〔乃〕使山諭降右渠，右渠遣太子，山使不能剸決，與左將軍計相誤，卒沮約。今兩將圍城，又乖異，以故久不決。使濟南太守公孫遂往（征）〔正〕之，有便宜得以從事。遂至，左將軍曰：「朝鮮當下久矣，不下者有狀。」言樓船數期不會，具以素所意告遂，曰：「今如此不取，恐為大害，非獨樓船，又且與朝鮮共滅吾軍。」遂亦以為然，而以節召樓船將軍入左將軍營計事，卽命左將軍麾下執捕樓船將軍，并其軍，以報天子。天子誅遂。

元封三年

2988〈朝鮮列傳〉

左將軍已并兩軍，卽急擊朝鮮。朝鮮相路人、相韓陰、尼谿相參、將軍王唊相與謀曰：「始欲降樓船，樓船今執，獨左將軍并將，戰益急，恐不能與，（戰）王又不肯降。」陰、唊、路人皆亡降漢。路人道死。元封三年夏，尼谿相參乃使人殺朝鮮王右渠來降。王險城未下，故右渠之大臣成巳又反，復攻吏。左將軍使右渠子長降、相路人之子最告諭其民，誅成巳，以故遂定朝鮮，爲四郡。封參爲澅清侯，陰爲荻苴侯，唊爲平州侯，長〔降〕爲幾侯。最以父死頗有功，爲溫陽侯。

2989〈朝鮮列傳〉
左將軍徵至，坐爭功相嫉，乖計，弃市。樓船將軍亦坐兵至洌口，當待左將軍，擅先縱，失亡多，當誅，贖爲庶人。

1400〈封禪書〉
其明年，伐朝鮮。夏，旱。公孫卿曰：「黃帝時封則天旱，乾封。」上乃下詔曰：「天旱，意乾封乎？其令天下尊祠靈星焉。」

2913〈匈奴列傳〉
漢使楊信於匈奴。是時漢東拔穢貉、朝鮮以爲郡，而西置酒泉郡以鬲絕胡與羌通之路。漢又西通月氏、大夏，又以公主妻烏孫王，以分匈奴西方之援國。又北益廣田至眩靁爲塞，而匈奴終不敢以爲言。是歲，翕侯信死，漢用事者以匈奴爲已弱，可臣從也。楊信爲人剛直屈彊，素非貴臣，單于不親。單于欲召入，不肯去節，單于乃坐穹廬外見楊信。楊信既見單于，說曰：「即欲和親，以單于太子爲質於漢。」單于曰：「非故約。故約，漢常遣翁主，給繒絮食物有品，以和親，而匈奴亦不擾邊。今乃欲反古，令吾太子爲質，無幾矣。」匈奴俗，見漢使非中貴人，其儒先，以爲欲說，折其辯；其少年，以爲欲刺，折其氣。每漢使入匈奴，匈奴輒報償。漢留匈奴使，匈奴亦留漢使，必得當乃肯止。

3171〈大宛列傳〉
其明年，擊姑師，破奴與輕騎七百餘先至，虜樓蘭王，遂破姑師。因舉兵威以困烏孫、大宛之屬。還，封破奴爲浞野侯。王恢數使，爲樓蘭所苦，言天子，天子發兵令恢佐破奴擊破之，封恢爲浩侯。於是酒泉列亭鄣至玉門矣。

3172〈大宛列傳〉
烏孫以千匹馬聘漢女，漢遣宗室女江都翁主往妻烏孫，烏孫王昆莫以爲右夫人。匈奴亦遣女妻昆莫，昆莫以爲左夫人。昆莫曰「我老」，乃令其孫岑娶妻翁主。烏孫多馬，其富人至有四五千匹馬。

3172〈大宛列傳〉

初，漢使至安息，安息王令將二萬騎迎於東界。東界去王都數千里。行比至，過數十城，人民相屬甚多。漢使還，而後發使隨漢使來觀漢廣大，以大鳥卵及黎軒善眩人獻于漢。及宛西小國驩潛、大益，宛東姑師、扜罙、蘇薤之屬，皆隨漢使獻見天子。天子大悅。

3173〈大宛列傳〉

而漢使窮河源，河源出于寘，其山多玉石，采來，天子案古圖書，名河所出山曰崑崙云。

3173〈大宛列傳〉

西北外國使，更來更去。宛以西，皆自以遠，尚驕恣晏然，未可詘以禮羈縻而使也。自烏孫以西至安息，以近匈奴，匈奴困月氏也，匈奴使持單于一信，則國國傳送食，不敢留苦；及至漢使，非出幣帛不得食，不市畜不得騎用。所以然者，遠漢，而漢多財物，故必市乃得所欲，然以畏匈奴於漢使焉。宛左右以蒲陶爲酒，富人藏酒至萬餘石，久者數十歲不敗。俗嗜酒，馬嗜苜蓿。漢使取其實來，於是天子始種苜蓿、蒲陶肥饒地。及天馬多，外國來，則離宮別觀旁盡種蒲萄、苜蓿極望。自大宛以西至安息，國雖頗異言，然大同俗，相知言。其人皆深眼，多鬚顜，善市賈，爭分銖。俗貴女子，女子所言而丈夫乃決正。其地皆無絲漆，不知鑄錢器。及漢使亡卒降，教鑄作他兵器。得漢黃白金，輒以爲器，不用爲幣。

2097〈五宗世家〉

端用皇子爲膠西王。端爲人賊戾，又陰痿，一近婦人，病之數月。而有愛幸少年爲郎。爲郎者頃之與後宮亂，端禽滅之，及殺其子母。數犯上法，漢公卿數請誅端，天子爲兄弟之故不忍，而端所爲滋甚。有司再請削其國，去太半。端心慍，遂爲無訾省。府庫壞漏盡，腐財物以巨萬計，終不得收徙。令吏毋得收租賦。端皆去，封其宮門，從一門出游。數變名姓，爲布衣，之他郡國。

相、二千石往者，奉漢法以治，端輒求其罪告之，無罪者詐藥殺之。所以設詐究變，彊足以距諫，智足以飾非。相、二千石從王治，則漢繩以法。故膠西小國，而所殺傷二千石甚。

立四十七年，卒，竟無男代後，國除，地入于漢，爲膠西郡。

2098〈五宗世家〉

（趙王）彭祖爲人巧佞卑諂，足恭而心刻深。好法律，持詭辯以中人。彭祖多內寵

姬及子孫。相、二千石欲奉漢法以治，則害於王家。是以每相、二千石至，彭祖衣阜布衣，自行迎，除二千石舍，多設疑事以作動之，得二千石失言，中忌諱，輒書之。二千石欲治者，則以此迫劫；不聽，乃上書告，及汙以姦利事。彭祖立五十餘年，相、二千石無能滿二歲，輒以罪去，大者死，小者刑，以故二千石莫敢治。而趙王擅權，使使即縣為賈人榷會，入多於國經租稅。以是趙王家多金錢，然所賜姬諸子，亦盡之矣。彭祖取故江都易王寵姬王建所盜與姦淖姬者為姬，甚愛之。

彭祖不好治宮室、機祥，好為吏事。上書願督國中盜賊。常夜從走卒行徼邯鄲中。諸使過客以彭祖險陂，莫敢留邯鄲。

其太子丹與其女及同產姊姦，與其客江充有卻。充告丹，丹以故廢。趙更立太子。

2099〈五宗世家〉

（中山靖王）勝為人樂酒好內，有子枝屬百二十餘人。常與兄趙王相非，曰：「兄為王，專代吏治事。王者當日聽音樂聲色。」趙王亦非之，曰：「中山王徒日淫，不佐天子拊循百姓，何以稱為藩臣！」

3296〈太史公自序〉

卒三歲而遷為太史令，紬史記石室金匱之書。

2503〈仲尼弟子列傳〉

及孝文崩，孝武皇帝立，舉賈生之孫二人至郡守，而賈嘉最好學，世其家，與余通書。至孝昭時，列為九卿。

元封四年

1400〈封禪書〉

其明年，上郊雍，通回中道，巡之。春，至鳴澤，從西河歸。

0046〈五帝本紀〉

余嘗西至空桐，北過涿鹿，東漸於海，南浮江淮矣。

0486〈封禪書〉

太史公曰：余從巡祭天地諸神名山川而封禪焉。入壽宮侍祠神語。

2570〈蒙恬列傳〉

太史公曰：吾適北邊，自直道歸，行觀蒙恬所為秦築長城亭障，塹山堙谷，通直道，固輕百姓力矣。

2768〈萬石張叔列傳〉

元封四年中，關東流民二百萬口，無名數者四十萬，公卿議欲請徙流民於邊以適之。上以爲丞相老謹，不能與其議，乃賜丞相告歸，而案御史大夫以下議爲請者。丞相慙不任職，乃上書曰：「慶幸得待罪丞相，罷駑無以輔治，城郭倉庫空虛，民多流亡，罪當伏斧質，上不忍致法。願歸丞相侯印，乞骸骨歸，避賢者路。」天子曰：「倉廩既空，民貧流亡，而君欲請徙之，搖蕩不安，動危之，而辭位，君欲安歸難乎？」以書讓慶，慶甚慙，遂復視事。

2914〈匈奴列傳〉

楊信既歸，漢使王烏，而單于復諂以甘言，欲多得漢財物，紿謂王烏曰：「吾欲入漢見天子，面相約爲兄弟。」王烏歸報漢，漢爲單于築邸于長安。匈奴曰：「非得漢貴人使，吾不與誠語。」匈奴使其貴人至漢，病，漢予藥，欲愈之，不幸而死。而漢使路充國佩二千石印綬往使，因送其喪，厚葬直數千金，曰「此漢貴人也」。單于以爲漢殺吾貴使者，乃留路充國不歸。諸所言者，單于特空紿王烏，殊無意入漢及遣太子來質。於是匈奴數使奇兵侵犯邊。漢乃拜郭昌爲拔胡將軍，及浞野侯屯朔方以東，備胡。路充國留匈奴三歲，單于死。

元封五年

1400〈封禪書〉

其明年冬，上巡南郡，至江陵而東。登禮潛之天柱山，號曰南岳。浮江，自尋陽出樅陽，過彭蠡，禮其名山川。北至琅邪，並海上。四月中，至奉高脩封焉。

1401〈封禪書〉

初，天子封泰山，泰山東北阯古時有明堂處，處險不敞。上欲治明堂奉高旁，未曉其制度。濟南人公王帶上黃帝時明堂圖。明堂圖中有一殿，四面無壁，以茅蓋，通水，圜宮垣爲複道，上有樓，從西南入，命曰昆侖，天子從之入，以拜祠上帝焉。於是上令奉高作明堂汶上，如帶圖。及五年脩封，則祠太一、五帝於明堂上坐，令高皇帝祠坐對之。祠后土於下房，以二十太牢。天子從昆侖道入，始拜明堂如郊禮。禮畢，燎堂下。而上又上泰山，自有祕祠其巔。而泰山下祠五帝，各如其方，黃帝并赤帝，而有司侍祠焉。山上舉火，下悉應之。

2778〈田叔列傳〉

仁以壯健爲將軍舍人，數從擊匈奴。將軍進言仁，仁爲郎中。

2940〈將軍驃騎列傳〉

其後四年，大將軍青卒，諡爲烈侯。子伉代爲長平侯。

2940〈將軍驃騎列傳〉
自大將軍圍單于之後，十四年而卒。竟不復擊匈奴者，以漢馬少，而方南誅兩越，東伐朝鮮，擊羌、西南夷，以故久不伐胡。

2940〈將軍驃騎列傳〉
（表作太初元年）
大將軍以其得尙平陽長公主故，長平侯伉代侯。

2102〈五宗世家〉
膠東王賢立十四年卒，諡爲哀王。子慶爲王。

2104〈五宗世家〉
太史公曰：……自吳楚反後，五宗王世，漢爲置二千石，去「丞相」曰「相」，銀印。諸侯獨得食租稅，奪之權。其後諸侯貧者或乘牛車也。

元封六年

2914〈匈奴列傳〉
烏維單于立十歲而死，子烏師廬立爲單于。年少，號爲兒單于。是歲元封六年也。自此之後，單于益西北，左方兵直雲中，右方直酒泉、燉煌郡。

太初元年
改曆，以正月爲歲首。

1401〈封禪書〉
其後二歲，十一月甲子朔旦冬至，推曆者以本統。天子親至泰山，以十一月甲子朔旦冬至日祠上帝明堂，毋脩封禪。其贊饗曰：「天增授皇帝太元神策，周而復始。皇帝敬拜太一。」東至海上，考入海及方士求神者，莫驗，然益遣，冀遇之。

1402〈封禪書〉
十一月乙酉，柏梁栽。十二月甲午朔，上親禪高里，祠后土。臨勃海，將以望祀蓬萊之屬，冀至殊廷焉。

1402〈封禪書〉
上還，以柏梁栽故，朝受計甘泉。公孫卿曰：「黃帝就青靈臺，十二日燒，黃帝乃治明廷。明廷，甘泉也。」方士多言古帝王有都甘泉者。其後天子又朝諸侯甘泉，甘泉作諸侯邸。勇之乃曰：「越俗有火栽，復起屋必以大，用勝服之。」於是作建章宮，

度為千門萬戶。前殿度高未央。其東則鳳闕，高二十餘丈。其西則唐中，數十里虎圈。其北治大池，漸臺高二十餘丈，命曰太液池，中有蓬萊、方丈、瀛洲、壺梁，象海中神山龜魚之屬。其南有玉堂、璧門、大鳥之屬。乃立神明臺、井幹樓，度五十丈，輦道相屬焉。

1402〈封禪書〉

夏，漢改曆，以正月為歲首，而色上黃，官名更印章以五字，為太初元年。是歲，西伐大宛。蝗大起。丁夫人、雒陽虞初等以方祠詛匈奴、大宛焉。

1160〈禮書〉

今上即位，招致儒術之士，令共定儀，十餘年不就。或言古者太平，萬民和喜，瑞應辨至，乃采風俗，定制作。上聞之，制詔御史曰：「蓋受命而王，各有所由興，殊路而同歸，謂因民而作，追俗為制也。議者咸稱太古，百姓何望？漢亦一家之事，典法不傳，謂子孫何？化隆者閎博，治淺者褊狹，可不勉與！」乃以太初之元改正朔，易服色，封太山，定宗廟百官之儀，以為典常，垂之於後云。

1260〈曆書〉

至今上即位，招致方士唐都，分其天部；而巴落下閎運算轉曆，然後日辰之度與夏正同。乃改元，更官號，封泰山。因詔御史曰：「乃者，有司言星度之未定也，廣延宣問，以理星度，未能詹也。蓋聞昔者黃帝合而不死，名察度驗，定清濁，起五部，建氣物分數。然蓋尚矣。書缺樂弛，朕甚閔焉。朕唯未能循明也，紬績日分，率應水德之勝。今日順夏至，黃鐘為宮，林鐘為徵，太蔟為商，南呂為羽，姑洗為角。自是以後，氣復正，羽聲復清，名復正變，以至子日當冬至，則陰陽離合之道行焉。十一月甲子朔旦冬至已詹，其更以七年為太初元年。年名『焉逢攝提格』，月名『畢聚』，日得甲子，夜半朔旦冬至。」

2865〈韓長孺列傳〉

太史公曰：余與壺遂定律曆，觀韓長孺之義，壺遂之深中隱厚。世之言梁多長者，不虛哉！壺遂官至詹事，天子方倚以為漢相，會遂卒。不然，壺遂之內廉行脩，斯鞠躬君子也。

3296〈太史公自序〉

五年而當太初元年，十一月甲子朔旦冬至，天曆始改，建於明堂，諸神受紀。

3296〈太史公自序〉

太史公曰：「先人有言：『自周公卒五百歲而有孔子。孔子卒後至於今五百歲，有能紹

明世，正易傳，繼春秋，本詩書禮樂之際？』意在斯乎！意在斯乎！小子何敢讓焉。」

3297〈太史公自序〉

上大夫壺遂曰：「昔孔子何為而作春秋哉？」太史公曰：「余聞董生曰：『周道衰廢，孔子為魯司寇，諸侯害之，大夫壅之。孔子知言之不用，道之不行也，是非二百四十二年之中，以為天下儀表，貶天子，退諸侯，討大夫，以達王事而已矣。』子曰：『我欲載之空言，不如見之於行事之深切著明也。』夫春秋，上明三王之道，下辨人事之紀，別嫌疑，明是非，定猶豫，善善惡惡，賢賢賤不肖，存亡國，繼絕世，補敝起廢，王道之大者也。易著天地陰陽四時五行，故長於變；禮經紀人倫，故長於行；書記先王之事，故長於政；詩記山川谿谷禽獸草木牝牡雌雄，故長於風；樂樂所以立，故長於和；春秋辯是非，故長於治人。是故禮以節人，樂以發和，書以道事，詩以達意，易以道化，春秋以道義。撥亂世反之正，莫近於春秋。春秋文成數萬，其指數千。萬物之散聚皆在春秋。春秋之中，弒君三十六，亡國五十二，諸侯奔走不得保其社稷者不可勝數。察其所以，皆失其本已。故易曰『失之豪釐，差以千里』。故曰『臣弒君，子弒父，非一旦一夕之故也，其漸久矣』。故有國者不可以不知春秋，前有讒而弗見，後有賊而不知。為人臣者不可以不知春秋，守經事而不知其宜，遭變事而不知其權。為人君父而不通於春秋之義者，必蒙首惡之名。為人臣子而不通於春秋之義者，必陷篡弒之誅，死罪之名。其實皆以為善，為之不知其義，被之空言而不敢辭。夫不通禮義之旨，至於君不君，臣不臣，父不父，子不子。夫君不君則犯，臣不臣則誅，父不父則無道，子不子則不孝。此四行者，天下之大過也。以天下之大過予之，則受而弗敢辭。故春秋者，禮義之大宗也。夫禮禁未然之前，法施已然之後；法之所為用者易見，而禮之所為禁者難知。」

3299〈太史公自序〉

壺遂曰：「孔子之時，上無明君，下不得任用，故作春秋，垂空文以斷禮義，當一王之法。今夫子上遇明天子，下得守職，萬事既具，咸各序其宜，夫子所論，欲以何明？」

3299〈太史公自序〉

太史公曰：「唯唯，否否，不然。余聞之先人曰：『伏羲至純厚，作易八卦。堯舜之盛，尚書載之，禮樂作焉。湯武之隆，詩人歌之。春秋采善貶惡，推三代之德，襃周室，非獨刺譏而已也。』漢興以來，至明天子，獲符瑞，封禪，改正朔，易服色，受命於穆清，澤流罔極，海外殊俗，重譯款塞，請來獻見者，不可勝道。臣下百官力誦聖德，猶不能宣盡其意。且士賢能而不用，有國者之恥；主上明聖而德不布聞，

有司之過也。且余嘗掌其官，廢明聖盛德不載，滅功臣世家賢大夫之業不述，墮先人所言，罪莫大焉。余所謂述故事，整齊其世傳，非所謂作也，而君比之於春秋，謬矣。」

2915〈匈奴列傳〉

兒單于立，漢使兩使者，一弔單于，一弔右賢王，欲以乖其國。使者入匈奴，匈奴悉將致單于。單于怒而盡留漢使。漢使留匈奴者前後十餘輩，而匈奴使來，漢亦輒留相當。

3174〈大宛列傳〉

而漢使者往既多，其少從率多進熟於天子，言曰：「宛有善馬在貳師城，匿不肯與漢使。」天子既好宛馬，聞之甘心，使壯士車令等持千金及金馬以請宛王貳師城善馬。宛國饒漢物，相與謀曰：「漢去我遠，而鹽水中數敗，出其北有胡寇，出其南乏水草。又且往往而絕邑，乏食者多。漢使數百人爲輩來，而常乏食，死者過半，是安能致大軍乎？無奈我何。且貳師馬，宛寶馬也。」遂不肯予漢使。漢使怒，妄言，椎金馬而去。宛貴人怒曰：「漢使至輕我！」遣漢使去，令其東邊郁成遮攻殺漢使，取其財物。於是天子大怒。諸嘗使宛姚定漢等言宛兵弱，誠以漢兵不過三千人，彊弩射之，即盡虜破宛矣。天子已嘗使浞野侯攻樓蘭，以七百騎先至，虜其王，以定漢等言爲然，而欲侯寵姬李氏，拜李廣利爲貳師將軍，發屬國六千騎，及郡國惡少年數萬人，以往伐宛。期至貳師城取善馬，故號「貳師將軍」。趙始成爲軍正，故浩侯王恢使導軍，而李哆爲校尉，制軍事。是歲太初元年也。而關東蝗大起，蜚西至敦煌。

3150〈酷吏列傳〉

歲餘，會宛軍發，詔徵豪吏，溫舒匿其吏華成，及人有變告溫舒受員騎錢，他姦利事，罪至族，自殺。其時兩弟及兩婚家亦各自坐他罪而族。光祿徐自爲曰：「悲夫，夫古有三族，而王溫舒罪至同時而五族乎！」

3151〈酷吏列傳〉

溫舒死，家直累千金。後數歲，尹齊亦以淮陽都尉病死，家直不滿五十金。所誅滅淮陽甚多，及死，仇家欲燒其尸，尸亡去歸葬。

3151〈酷吏列傳〉

自溫舒等以惡爲治，而郡守、都尉、諸侯二千石欲爲治者，其治大抵盡放溫舒，而吏民益輕犯法，盜賊滋起。南陽有梅免、白政，楚有殷中、杜少，齊有徐勃，燕趙之閒有堅盧、范生之屬。大羣至數千人，擅自號，攻城邑，取庫兵，釋死罪，縛辱

郡太守、都尉，殺二千石，為檄告縣趣具食；小羣（盜）以百數，掠鹵鄉里者，不可勝數也。於是天子始使御史中丞、丞相長史督之。猶弗能禁也，乃使光祿大夫范昆、諸輔都尉及故九卿張德等衣繡衣，持節，虎符發兵以興擊，斬首大部或至萬餘級，及以法誅通飲食，坐連諸郡，甚者數千人。數歲，乃頗得其渠率。散卒失亡，復聚黨阻山川者，往往而羣居，無可柰何。於是作「沈命法」，曰羣盜起不發覺，發覺而捕弗滿品者，二千石以下至小吏主者皆死。其後小吏畏誅，雖有盜不敢發，恐不能得，坐課累府，府亦使其不言。故盜賊寖多，上下相為匿，以文辭避法焉。

2915〈匈奴列傳〉
是歲，漢使貳師將軍廣利西伐大宛，而令因杅將軍敖築受降城。其冬，匈奴大雨雪，畜多飢寒死。兒單于年少，好殺伐，國人多不安。左大都尉欲殺單于，使人閒告漢曰：「我欲殺單于降漢，漢遠，即兵來迎我，我卽發。」初，漢聞此言，故築受降城，猶以為遠。

太初二年
正月戊（申）〔寅〕，慶卒。
三月丁卯，太僕公孫賀為丞相，封葛繹侯。

2768〈萬石張叔列傳〉
慶文深審謹，然無他大略，為百姓言。後三歲餘，太初二年中，丞相慶卒，諡為恬侯。慶中子德，慶愛用之，上以德為嗣，代侯。後為太常，坐法當死，贖免為庶人。慶方為丞相，諸子孫為吏更至二千石者十三人。及慶死後，稍以罪去，孝謹益衰矣。

3175〈大宛列傳〉
貳師將軍軍既西過鹽水，當道小國恐，各堅城守，不肯給食。攻之不能下。下者得食，不下者數日則去。比至郁成，士至者不過數千，皆飢罷。攻郁成，郁成大破之，所殺傷甚。貳師將軍與哆、始成等計：「至郁成尚不能舉，況至其王都乎？」引兵而還。往來二歲。還至敦煌，士不過什一二。使使上書言：「道遠多乏食；且士卒不患戰，患飢。人少，不足以拔宛。願且罷兵，益發而復往。」天子聞之，大怒，而使使遮玉門，曰軍有敢入者輒斬之！貳師恐，因留敦煌。

2915〈匈奴列傳〉
其明年春，漢使浞野侯破奴將二萬餘騎出朔方西北二千餘里，期至浚稽山而還。浞野侯既至期而還，左大都尉欲發而覺，單于誅之，發左方兵擊浞野。浞野侯行捕首虜得數千人。還，未至受降城四百里，匈奴兵八萬騎圍之。浞野侯夜自出求水，匈

奴聞捕，生得浞野侯，因急擊其軍。軍中郭縱爲護，維王爲渠，相與謀曰：「及諸校尉畏亡將軍而誅之，莫相勸歸。」軍遂沒於匈奴。匈奴兒單于大喜，遂遣奇兵攻受降城。不能下，乃寇入邊而去。

3176〈大宛列傳〉

其夏，漢亡浞野之兵二萬餘於匈奴。公卿及議者皆願罷擊宛軍，專力攻胡。天子已業誅宛，宛小國而不能下，則大夏之屬輕漢，而宛善馬絕不來，烏孫、侖頭易苦漢使矣，爲外國笑。乃案言伐宛尤不便者鄧光等，赦囚徒材官，益發惡少年及邊騎，歲餘而出敦煌者六萬人，負私從者不與。牛十萬，馬三萬餘匹，驢騾橐它以萬數。多齎糧，兵弩甚設，天下騷動，傳相奉伐宛，凡五十餘校尉。宛王城中無井，皆汲城外流水，於是乃遣水工徙其城下水空以空其城。益發戍甲卒十八萬，酒泉、張掖北，置居延、休屠以酒泉，而發天下七科適，及載糒給貳師。轉車人徒相連屬至敦煌。而拜習馬者二人爲執驅校尉，備破宛擇取其善馬云。

3176〈大宛列傳〉

於是貳師後復行，兵多，而所至小國莫不迎，出食給軍。至侖頭，侖頭不下，攻數日，屠之。自此而西，平行至宛城，漢兵到者三萬人。宛兵迎擊漢兵，漢兵射敗之，宛走入葆乘其城。貳師兵欲行攻郁成，恐留行而令宛益生詐，乃先至宛，決其水源，移之，則宛固已憂困。圍其城，攻之四十餘日，其外城壞，虜宛貴人勇將煎靡。宛大恐，走入中城。宛貴人相與謀曰：「漢所爲攻宛，以王毋寡匿善馬而殺漢使。今殺王毋寡而出善馬，漢兵宜解；即不解，乃力戰而死，未晚也。」宛貴人皆以爲然，共殺其王毋寡，持其頭遣貴人使貳師，約曰：「漢毋攻我。我盡出善馬，恣所取，而給漢軍食。即不聽，我盡殺善馬，而康居之救且至。至，我居內，康居居外，與漢軍戰。漢軍熟計之，何從？」是時康居候視漢兵，漢兵尚盛，不敢進。貳師與趙始成、李哆等計：「聞宛城中新得秦人，知穿井，而其內食尚多。所爲來，誅首惡者毋寡。毋寡頭已至，如此而不許解兵，則堅守，而康居候漢罷而來救宛，破漢軍必矣。」軍吏皆以爲然，許宛之約。宛乃出其善馬，令漢自擇之，而多出食食給漢軍。漢軍取其善馬數十匹，中馬以下牡牝三千餘匹，而立宛貴人之故待遇漢使善者名昧蔡以爲宛王，與盟而罷兵。終不得入中城。乃罷而引歸。

3177〈大宛列傳〉

初，貳師起敦煌西，以爲人多，道上國不能食，乃分爲數軍，從南北道。校尉王申生、故鴻臚壺充國等千餘人，別到郁成。郁成城守，不肯給食其軍。王申生去大軍二百里，（偵）〔偪〕而輕之，責郁成。郁成食不肯出，窺知申生軍日少，晨用三千

人攻，戮殺申生等，軍破，數人脫亡，走貳師。貳師令搜粟都尉上官桀往
攻破郁成。郁成王亡走康居，桀追至康居。康居聞漢已破宛，乃出郁成王予桀，桀
令四騎士縛守詣大將軍。四人相謂曰：「郁成王漢國所毒，今生將去，卒失大事。」
欲殺，莫敢先擊。上邽騎士趙弟最少，拔劍擊之，斬郁成王，齎頭。弟、桀等逐及
大將軍。

3178〈大宛列傳〉

初，貳師後行，天子使使告烏孫，大發兵并力擊宛。烏孫發二千騎往，持兩端，不
肯前。貳師將軍之東，諸所過小國聞宛破，皆使其子弟從軍入獻，見天子，因以為
質焉。貳師之伐宛也，而軍正趙始成力戰，功最多；及上官桀敢深入，李哆為謀計，
軍入玉門者萬餘人，軍馬千餘匹。貳師後行，軍非乏食，戰死不能多，而將吏貪，
多不愛士卒，侵牟之，以此物故。天子為萬里而伐宛，不錄過，封廣利為海西侯。
又封身斬郁成王者騎士趙弟為新畤侯。軍正趙始成為光祿大夫，上官桀為少府，李
哆為上黨太守。軍官吏為九卿者三人，諸侯相、郡守、二千石者百餘人，千石以下
千餘人。奮行者官過其望，以適過行者皆絀其勞。士卒賜直四萬金。伐宛再反，凡
四歲而得罷焉。

1980〈外戚世家〉

李夫人蚤卒，其兄李延年以音幸，號協律。協律者，故倡也。兄弟皆坐姦，族。是
時其長兄廣利為貳師將軍，伐大宛，不及誅，還，而上既夷李氏，後憐其家，乃封
為海西侯。

1402〈封禪書〉

其明年，有司上言雍五畤無牢熟具，芬芳不備。乃令祠官進畤犢牢具，色食所勝，
而以木禺馬代駒焉。獨五月嘗駒，行親郊用駒。及諸名山川用駒者，悉以木禺馬代。
行過，乃用駒。他禮如故。

3125〈儒林列傳〉

九年而以官卒。寬在三公位，以和良承意從容得久，然無有所匡諫；於官，官屬易
之，不為盡力。張生亦為博士。而伏生孫以治尚書徵，不能明也。

自此之後，魯周霸、孔安國，雒陽賈嘉，頗能言尚書事。孔氏有古文尚書，而安國
以今文讀之，因以起其家。逸書得十餘篇，蓋尚書滋多於是矣。

3126〈儒林列傳〉

諸學者多言禮，而魯高堂生最本。禮固自孔子時而其經不具，及至秦焚書，書散亡

益多，於今獨有士禮，高堂生能言之。

而魯徐生善爲容。孝文帝時，徐生以容爲禮官大夫。傳子至孫延、徐襄。襄，其天姿善爲容，不能通禮經；延頗能，未善也。襄以容爲漢禮官大夫，至廣陵內史。延及徐氏弟子公戶滿意、桓生、單次，皆嘗爲漢禮官大夫。而瑕丘蕭奮以禮爲淮陽太守。是後能言禮爲容者，由徐氏焉。

太初三年
御史大夫延廣。

1403〈封禪書〉

其明年，東巡海上，考神僊之屬，未有驗者。方士有言「黃帝時爲五城十二樓，以候神人於執期，命曰迎年」。上許作之如方，命曰明年。上親禮祠上帝焉。

1403〈封禪書〉

公玉帶曰：「黃帝時雖封泰山，然風后、封巨、岐伯令黃帝封東泰山，禪凡山，合符，然后不死焉。」天子既令設祠具，至東泰山，〔東〕泰山卑小，不稱其聲，乃令祠官禮之，而不封禪焉。其後令帶奉祠候神物。夏，遂還泰山，脩五年之禮如前，而加以禪祠石閭。石閭者，在泰山下阯南方，方士多言此僊人之閭也，故上親禪焉。

3179〈大宛列傳〉

漢已伐宛，立昧蔡爲宛王而去。歲餘，宛貴人以爲昧蔡善諛，使我國遇屠，乃相與殺昧蔡，立毋寡昆弟曰蟬封爲宛王，而遣其子入質於漢。漢因使使賂賜以鎮撫之。

3179〈大宛列傳〉

而漢發使十餘輩至宛西諸外國，求奇物，因風覽以伐宛之威德。而敦煌置酒泉都尉；西至鹽水，往往有亭。而侖頭有田卒數百人，因置使者護田積粟，以給使外國者。

2915〈匈奴列傳〉

其明年，單于欲自攻受降城，未至，病死。

2916〈匈奴列傳〉

兒單于立三歲而死。子年少，匈奴乃立其季父烏維單于弟右賢王呴犂湖爲單于。是歲太初三年也。

2916〈匈奴列傳〉

呴犂湖單于立，漢使光祿徐自爲出五原塞數百里，遠者千餘里，築城鄣列亭至廬朐，而使游擊將軍韓說、長平侯衛伉屯其旁，使彊弩都尉路博德築居延澤上。

2916〈匈奴列傳〉

其秋，匈奴大入定襄、雲中，殺略數千人，敗數二千石而去，行破壞光祿所築城列亭鄣。又使右賢王入酒泉、張掖，略數千人。會任文擊救，盡復失所得而去。是歲，貳師將軍破大宛，斬其王而還。匈奴欲遮之，不能至。其冬，欲攻受降城，會單于病死。

太初四年

1178〈樂書〉

後伐大宛得千里馬，馬名蒲梢，次作以爲歌。歌詩曰：「天馬來兮從西極，經萬里兮歸有德。承靈威兮降外國，涉流沙兮四夷服。」中尉汲黯進曰：「凡王者作樂，上以承祖宗，下以化兆民。今陛下得馬，詩以爲歌，協於宗廟，先帝百姓豈能知其音邪？」上默然不說。丞相公孫弘曰：「黯誹謗聖制，當族。」

2917〈匈奴列傳〉

呴犁湖單于立一歲死。匈奴乃立其弟左大都尉且鞮侯爲單于。

2917〈匈奴列傳〉

漢既誅大宛，威震外國。天子意欲遂困胡，乃下詔曰：「高皇帝遺朕平城之憂，高后時單于書絕悖逆。昔齊襄公復九世之讎，春秋大之。」是歲太初四年也。

2917〈匈奴列傳〉

且鞮侯單于既立，盡歸漢使之不降者。路充國等得歸。單于初立，恐漢襲之，乃自謂「我兒子，安敢望漢天子！漢天子，我丈人行也」。漢遣中郎將蘇武厚幣賂遺單于。單于益驕，禮甚倨，非漢所望也。

0878〈高祖功臣侯者年表〉

漢興，功臣受封者百有餘人。天下初定，故大城名都散亡，戶口可得而數者十二三，是以大侯不過萬家，小者五六百戶。後數世，民咸歸鄉里，戶益息，蕭、曹、絳、灌之屬或至四萬，小侯自倍，富厚如之。子孫驕溢，忘其先，淫嬖。至太初百年之閒，見侯五，餘皆坐法隕命亡國，耗矣。罔亦少密焉，然皆身無兢兢於當世之禁云。

3223〈龜策列傳〉

至今上即位，博開藝能之路，悉延百端之學，通一伎之士咸得自效，絕倫超奇者爲右，無所阿私，數年之閒，太卜大集。會上欲擊匈奴，西攘大宛，南收百越，卜筮至預見表象，先圖其利。及猛將推鋒執節，獲勝於彼，而蓍龜時日亦有力於此。上尤加意，賞賜至或數千萬。如丘子明之屬，富溢貴寵，傾於朝廷。至以卜筮射蠱道，

巫蠱時或頗中。素有睚眦不快，因公行誅，恣意所傷，以破族滅門者，不可勝數。百僚蕩恐，皆曰龜策能言。後事覺姦窮，亦誅三族。

天漢元年
御史大夫卿。
2917〈匈奴列傳〉

其明年，浞野侯破奴得亡歸漢。

2877〈李將軍列傳〉

李陵既壯，選爲建章監，監諸騎。善射，愛士卒。天子以爲李氏世將，而使將八百騎。嘗深入匈奴二千餘里，過居延視地形，無所見虜而還。拜爲騎都尉，將丹陽楚人五千人，教射酒泉、張掖以屯胡。

2100〈五宗世家〉

（長沙王）二十八年，卒，子鮒鮈立爲長沙王。

天漢二年
2877〈李將軍列傳〉

數歲，天漢二年秋，貳師將軍李廣利將三萬騎擊匈奴右賢王於祁連天山，而使陵將其射士步兵五千人出居延北可千餘里，欲以分匈奴兵，毋令專走貳師也。陵既至期還，而單于以兵八萬圍擊陵軍。陵軍五千人，兵矢既盡，士死者過半，而所殺傷匈奴亦萬餘人。且引且戰，連鬪八日，還未到居延百餘里，匈奴遮狹絕道，陵食乏而救兵不到，虜急擊招降陵。陵曰：「無面目報陛下。」遂降匈奴。其兵盡沒，餘亡散得歸漢者四百餘人。

2878〈李將軍列傳〉

單于既得陵，素聞其家聲，及戰又壯，乃以其女妻陵而貴之。漢聞，族陵母妻子。自是之後，李氏名敗，而隴西之士居門下者皆用爲恥焉。

2917〈匈奴列傳〉

其明年，漢使貳師將軍廣利以三萬騎出酒泉，擊右賢王於天山，得胡首虜萬餘級而還。匈奴大圍貳師將軍，幾不脫。漢兵物故什六七。漢復使因杆將軍敖出西河，與彊弩都尉會涿涂山，毋所得。又使騎都尉李陵將步騎五千人，出居延北千餘里，與單于會，合戰，陵所殺傷萬餘人，兵及食盡，欲解歸，匈奴圍陵，陵降匈奴，其兵遂沒，得還者四百人。單于乃貴陵，以其女妻之。

3300〈太史公自序〉

於是論次其文。七年而太史公遭李陵之禍，幽於縲絏。乃喟然而歎曰：「是余之罪也夫！是余之罪也夫！身毀不用矣。」退而深惟曰：「夫詩書隱約者，欲遂其志之思也。昔西伯拘羑里，演周易；孔子戹陳蔡，作春秋；屈原放逐，著離騷；左丘失明，厥有國語；孫子臏腳，而論兵法；不韋遷蜀，世傳呂覽；韓非囚秦，說難、孤憤；詩三百篇，大抵賢聖發憤之所爲作也。此人皆意有所鬱結，不得通其道也，故述往事，思來者。」於是卒述陶唐以來，至于麟止，自黃帝始。

★《報任少卿書》

僕少負不羈之才，長無鄉曲之譽，主上幸以先人之故，使得奉薄技，出入周之中。僕以爲戴盆何以望天，故絕賓客之知，忘室家之業，日夜思竭其不肖之材力，務壹心營職，以求親媚於主上。而事乃有大謬不然者。夫僕與李陵俱居門下，素非相善也，趣舍異路，未嘗銜盃酒接殷勤之歡。然僕觀其爲人自奇士，事親孝，與士信，臨財廉，取予義，分別有讓，恭儉下人，常思奮不顧身以徇國家之急。其素所畜積也，僕以爲有國士之風。夫人臣出萬死不顧一生之計，赴公家之難，斯已奇矣。今舉事壹不當，而全軀保妻子之臣隨而媒孽其短，僕誠私心痛之。且李陵提步卒不滿五千，深踐戎馬之地，足歷王庭，垂餌虎口，橫挑彊胡，卬億萬之師，與單于連戰十餘日，所殺過當。虜救死扶傷不給，旃裘之君長咸震怖，乃悉徵左右賢王，舉引弓之民，一國共攻而圍之。轉鬭千里，矢盡道窮，救兵不至，士卒死傷如積。然李陵一呼勞軍，士無不起，躬流涕，沫血飲泣，張空弮，冒白刃，北首爭死敵。陵未沒時，使有來報，漢公卿王侯奉觴上壽。後數日，陵敗書聞，主上爲之食不甘味，聽朝不怡。大臣憂懼，不知所出。僕竊不自料其卑賤，見主上慘悽怛悼，誠欲效其款款之愚。以爲李陵素與士大夫絕甘分少，能得人之死力，雖古名將不過也。身雖陷敗，彼觀其意，且欲得其當而報漢。事已無可柰何，其所摧敗，功亦足以暴於天下。僕懷欲陳之，而未有路。適會召問，即以此指推言陵功，欲以廣主上之意，塞睚眥之辭。未能盡明，明主不深曉，以爲僕沮貳師，而爲李陵游說，遂下於理。拳拳之忠，終不能自列，因爲誣上，卒從吏議。家貧，財賂不足以自贖，交遊莫救，左右親近不爲壹言。身非木石，獨與法吏爲伍，深幽囹圄之中，誰可告愬者！此正少卿所親見，僕行事豈不然邪？李陵既生降，隤其家聲，而僕又茸以蠶室，重爲天下觀笑。悲夫！悲夫！

2940〈衛將軍驃騎列傳〉

（長平侯伉）六歲，坐法失侯。

天漢三年

御史大夫周。

1403〈封禪書〉

其後五年，復至泰山脩封。還過祭恆山。

1403〈封禪書〉

今天子所興祠，太一、后土，三年親郊祠，建漢家封禪，五年一脩封。薄忌太一及三一、冥羊、馬行、赤星，五，寬舒之祠官以歲時致禮。凡六祠，皆太祝領之。至如八神諸神，明年、凡山他名祠，行過則祠，行去則已。方士所興祠，各自主，其人終則已，祠官不主。他祠皆如其故。今上封禪，其後十二歲而還，徧於五岳、四瀆矣。而方士之候祠神人，入海求蓬萊，終無有驗。而公孫卿之候神者，猶以大人之跡爲解，無有效。天子益怠厭方士之怪迂語矣，然羈縻不絕，冀遇其眞。自此之後，方士言神祠者彌，然其效可睹矣。

2778〈田叔列傳〉

數歲，爲二千石丞相長史，失官。其後使刺舉三河。上東巡，（田）仁奏事有辭，上說，拜爲京輔都尉。月餘，上遷拜爲司直。

3154〈酷吏列傳〉

（杜）周中廢，後爲執金吾，逐盜，捕治桑弘羊、皇后昆弟子刻深，天子以爲盡力無私，遷爲御史大夫。家兩子，夾河爲守。其治暴酷皆甚於王溫舒等矣。杜周初徵爲廷史，有一馬，且不全；及身久任事，至三公列，子孫尊官，家訾累數巨萬矣。

3154〈酷吏列傳〉

太史公曰：自郅都、杜周十人者，此皆以酷烈爲聲。然郅都伉直，引是非，爭天下大體。張湯以知陰陽，人主與俱上下，時數辯當否，國家賴其便。趙禹時據法守正。杜周從諛，以少言爲重。自張湯死後，網密，多詆嚴，官事寖以耗廢。九卿碌碌奉其官，救過不贍，何暇論繩墨之外乎！然此十人中，其廉者足以爲儀表，其污者足以爲戒，方略教導，禁姦止邪，一切亦皆彬彬質有其文武焉。雖慘酷，斯稱其位矣。至若蜀守馮當暴挫，廣漢李貞擅磔人，東郡彌僕鋸項，天水駱璧推咸，河東褚廣妄殺，京兆無忌、馮翊殷周蝮鷙，水衡閻奉朴擊賣請，何足數哉！何足數哉！

2088〈梁孝王世家〉

（梁王）襄立三十九年卒，諡爲平王。子無傷立爲梁王也。

天漢四年

春，貳師將軍李廣利出朔方，至余吾水上；游擊將軍韓說出五原；因杅．將軍公
孫敖：皆擊匈奴。

2918〈匈奴列傳〉

後二歲，復使貳師將軍將六萬騎，步兵十萬，出朔方。彊弩都尉路博德將萬餘人，
與貳師會。游擊將軍說將步騎三萬人，出五原。因杅將軍敖將萬騎步兵三萬人，出
鴈門。匈奴聞，悉遠其累重於余吾水北，而單于以十萬騎待水南，與貳師將軍接戰。
貳師乃解而引歸，與單于連戰十餘日。貳師聞其家以巫蠱族滅，因并降匈奴，得來
還千人一兩人耳。游擊說無所得。因杅敖與左賢王戰，不利，引歸。是歲漢兵之出
擊匈奴者不得言功多少，功不得御。有詔捕太醫令隨但，言貳師將軍家室族滅，使
廣利得降匈奴。

太始元年

太始二年

太始三年

御史大夫勝之。

太始四年

征和元年

冬，賀坐為蠱死。

征和二年

七月壬午，太子發兵，殺游擊將軍說、使者江充。

三月丁巳，涿郡太守劉屈氂為丞相，封彭城侯。

御史大夫成。

2778〈田叔列傳〉

數歲，坐太子事。時左相自將兵，令司直田仁主閉守城門，坐縱太子，下吏誅死。
仁發兵，長陵令車千秋上變仁，仁族死。陘城今在中山國。

征和三年

六月，劉屈氂因蠱斬。

春，貳師將軍李廣利出朔方，以兵降胡。重合侯莽通出酒泉，御史大夫商丘成出

河西，擊匈奴。

★《報任少卿書》

少卿足下：曩者辱賜書，教以慎於接物，推賢進士為務，意氣勤勤懇懇，若望僕不相師用，而流俗人之言。僕非敢如是也。雖罷駑，亦嘗側聞長者遺風矣。顧自以為身殘處穢，動而見尤，欲益反損，是以抑鬱而無誰語。諺曰：「誰為為之？孰令聽之？」蓋鍾子期死，伯牙終身不復鼓琴。何則？士為知己用，女為說己容。若僕大質已虧缺，雖材懷隨和，行若由夷，終不可以為榮，適足以發笑而自點耳。書辭宜答，會東從上來，又迫賤事，相見日淺，卒卒無須臾之間得竭指意。今少卿抱不測之罪，涉旬月，迫季冬，僕又薄從上上雍，恐卒然不可諱。是僕終已不得舒憤懣以曉左右，則長逝者魂魄私恨無窮。請略陳固陋。闕然不報，幸勿過。僕聞之，修身者智之府也，愛施者仁之端也，取予者義之符也，恥辱者勇之決也，立名者行之極也。士有此五者，然後可以託於世，列於君子之林矣。故禍莫憯於欲利，悲莫痛於傷心，行莫醜於辱先，而詬莫大於宮刑。刑餘之人，無所比數，非一世也，所從來遠矣。昔衛靈公與雍渠載，孔子適陳；商鞅因景監見，趙良寒心；同子參乘，爰絲變色：自古而恥之。夫中材之人，事關於宦豎，莫不傷氣。況忼慨之士乎！如今朝雖乏人，奈何令刀鋸之餘薦天下豪儁哉！僕賴先人緒業，得待罪輦轂下，二十餘年矣。所以自惟：上之，不能納忠效信，有奇策材力之譽，自結明主；次之，又不能拾遺補闕，招賢進能，顯巖穴之士；外之，不能備行伍，攻城〔戰野〕〔野戰〕，有斬將搴旗之功；下之，不能累日積勞，取尊官厚祿，以為宗族交遊光寵。四者無一遂，苟合取容，無所短長之效，可見於此矣。鄉者，僕亦嘗廁下大夫之列，陪外廷末議。不以此時引維綱，盡思慮，今已虧形為埽除之隸，在闒茸之中，乃欲卬首信眉，論列是非，不亦輕朝廷，羞當世之士邪！嗟乎！嗟乎！如僕，尚何言哉！尚何言哉！

且事本末未易明也。僕少負不羈之才，長無鄉曲之譽，主上幸以先人之故，使得奉薄技，出入周之中。僕以為戴盆何以望天，故絕賓客之知，忘室家之業，日夜思竭其不肖之材力，務壹心營職，以求親媚於主上。而事乃有大謬不然者。夫僕與李陵俱居門下，素非相善也，趣舍異路，未嘗銜盃酒接殷勤之歡。然僕觀其為人自奇士，事親孝，與士信，臨財廉，取予義，分別有讓，恭儉下人，常思奮不顧身以徇國家之急。其素所畜積也，僕以為有國士之風。夫人臣出萬死不顧一生之計，赴公家之難，斯已奇矣。今舉事壹不當，而全軀保妻子之臣隨而媒孽其短，僕誠私心痛之。且李陵提步卒不滿五千，深踐戎馬之地，足歷王庭，垂餌虎口，橫挑彊胡，

卬億萬之師，與單于連戰十餘日，所殺過當。虜救死扶傷不給，旃裘之君長咸震怖，乃悉徵左右賢王，舉引弓之民，一國共攻而圍之。轉鬬千里，矢盡道窮，救兵不至，士卒死傷如積。然李陵一呼勞軍，士無不起，躬流涕，沬血飲泣，張空弮，冒白刃，北首爭死敵。陵未沒時，使有來報，漢公卿王侯奉觴上壽。後數日，陵敗書聞，主上為之食不甘味，聽朝不怡。大臣憂懼，不知所出。僕竊不自料其卑賤，見主上慘悽怛悼，誠欲効其款款之愚。以為李陵素與士大夫絕甘分少，能得人之死力，雖古名將不過也。身雖陷敗，彼觀其意，且欲得其當而報漢。事已無可柰何，其所摧敗，功亦足以暴於天下。僕懷欲陳之，而未有路。適會召問，即以此指推言陵功，欲以廣主上之意，塞睚眦之辭。未能盡明，明主不深曉，以為僕沮貳師，而為李陵游說，遂下於理。拳拳之忠，終不能自列，因為誣上，卒從吏議。家貧，財賂不足以自贖，交遊莫救，左右親近不為壹言。身非木石，獨與法吏為伍，深幽囹圄之中，誰可告愬者！此正少卿所親見，僕行事豈不然邪？李陵既生降，隤其家聲，而僕又茸以蠶室，重為天下觀笑。悲夫！悲夫！

　　事未易一二為俗人言也。僕之先人非有剖符丹書之功，文史星曆近乎卜祝之間，固主上所戲弄，倡優畜之，流俗之所輕也。假令僕伏法受誅，若九牛亡一毛，與螻蟻何異？而世又不與能死節者比，特以為智窮罪極，不能自免，卒就死耳。何也？素所自樹立使然。人固有一死，死有重於泰山，或輕於鴻毛，用之所趨異也。太上不辱先，其次不辱身，其次不辱理色，其次不辱辭令，其次詘體受辱，其次易服受辱，其次關木索被箠楚受辱，其次鬄毛髮嬰金鐵受辱，其次毀肌膚斷支體受辱，最下腐刑，極矣。傳曰「刑不上大夫」，此言士節不可不勉也。猛虎處深山，百獸震恐，及其在穽檻之中，搖尾而求食，積威約之漸也。故士有畫地為牢勢不入，削木為吏議不對，定計於鮮也。今交手足，受木索，暴肌膚，受榜箠，幽於圜牆之中，當此之時，見獄吏則頭槍地，視徒隸則心惕息。何者？積威約之勢也。及已至此，言不辱者，所謂彊顏耳，曷足貴乎！且西伯，伯也，拘牖里；李斯，相也，具五刑；淮陰，王也，受械於陳；彭越、張敖南鄉稱孤，繫獄具罪；絳侯誅諸呂，權傾五伯，囚於請室；魏其，大將也，衣赭關三木；季布為朱家鉗奴；灌夫受辱居室。此人皆身至王侯將相，聲聞鄰國，及罪至罔加，不能引決自財。在塵埃之中，古今一體，安在其不辱也！由此言之，勇怯，勢也；彊弱，形也。審矣，曷足怪乎！且人不能蚤自財繩墨之外，已稍陵夷至於鞭箠之間，乃欲引節，斯不亦遠乎！古人所以重施刑於大夫者，殆為此也。夫人情莫不貪生惡死，念親戚，顧妻子，至激於義理者不然，乃有不得已也。今僕不幸，蚤失二親，無兄弟之親，獨身孤立，少卿視僕於妻子何如哉？且勇者不必死節，怯夫慕義，何

處不勉焉！僕雖怯耎欲苟活，亦頗識去就之分矣，何至自湛溺累紲之辱哉！且夫臧獲婢妾猶能引決，況若僕之不得已乎！所以隱忍苟活，函糞土之中而不辭者，恨私心有所不盡，鄙沒世而文采不表於後也。

古者富貴而名摩滅，不可勝記，唯倜儻非常之人稱焉。蓋西伯拘而演周易；仲尼戹而作春秋；屈原放逐，乃賦離騷；左丘失明，厥有國語；孫子臏腳，兵法修列；不韋遷蜀，世傳呂覽；韓非囚秦，說難、孤憤。詩三百篇，大氐賢聖發憤之所為作也。此人皆意有所鬱結，不得通其道，故述往事，思來者。及如左丘明無目，孫子斷足，終不可用，退論書策以舒其憤，思垂空文以自見。僕竊不遜，近自託於無能之辭，網羅天下放失舊聞，考之行事，稽其成敗興壞之理，凡百三十篇，亦欲以究天人之際，通古今之變，成一家之言。草創未就，適會此禍，惜其不成，是以就極刑而無慍色。僕誠已著此書，藏之名山，傳之其人通邑大都，則僕償前辱之責，雖萬被戮，豈有悔哉！然此可為智者道，難為俗人言也。

且負下未易居，下流多謗議。僕以口語遇遭此禍，重為鄉黨戮笑，汙辱先人，亦何面目復上父母之丘墓乎？雖累百世，垢彌甚耳！是以腸一日而九回，居則忽忽若有所亡，出則不知所如往。每念斯恥，汗未嘗不發背霑衣也。身直為閨閤之臣，寧得自引深臧於巖穴邪！故且從俗浮湛，與時俯仰，以通其狂惑。今少卿乃教以推賢進士，無乃與僕之私指謬乎。今雖欲自彫瑑，曼辭以自解，無益，於俗不信，祇取辱耳。要之死日，然後是非乃定。書不能盡意，故略陳固陋。

征和三年後

3319〈太史公自序〉

維我漢繼五帝末流，接三代（統）〔絕〕業。周道廢，秦撥去古文，焚滅詩書，故明堂石室金匱玉版圖籍散亂。於是漢興，蕭何次律令，韓信申軍法，張蒼為章程，叔孫通定禮儀，則文學彬彬稍進，詩書往往閒出矣。自曹參薦蓋公言黃老，而賈生、晁錯明申、商，公孫弘以儒顯，百年之閒，天下遺文古事靡不畢集太史公。太史公仍父子相續纂其職。曰：「於戲！余維先人嘗掌斯事，顯於唐虞，至于周，復典之，故司馬氏世主天官。至於余乎，欽念哉！欽念哉！」罔羅天下放失舊聞，王迹所興，原始察終，見盛觀衰，論考之行事，略推三代，錄秦漢，上記軒轅，下至于茲，著十二本紀，既科條之矣。並時異世，年差不明，作十表。禮樂損益，律曆改易，兵權山川鬼神，天人之際，承敝通變，作八書。二十八宿環北辰，三十輻共一轂，運行無窮，輔拂股肱之臣配焉，忠信行道，以奉主上，作三十世家。扶義倜儻，不令己失時，立功名於天下，作七十列傳。凡百三十篇，五十二萬六千五百字，為太史

公書。序略，以拾遺補藝，成一家之言，厥協六經異傳，整齊百家雜語，藏之名山，副在京師，俟後世聖人君子。

3321〈太史公自序〉
太史公曰：余述歷黃帝以來至太初而訖，百三十篇。

三、太史公心中的「今上」

　　《史記》是一部通史，也是一部當代史。太史公在〈匈奴列傳〉的「太史公曰」中說：「孔氏著《春秋》，隱桓之間則章，至定哀之際則微，為其切當世之文而罔褒，忌諱之辭也」。由此可知，寫當代史常常是要冒著觸犯當世忌諱的危險，因此自古少有人為。

　　但是太史公不一樣，對他來說，《史記》不只是一部史書，那是父親的遺志，是自己一生的心血，也是天下史文之所繫。為了它，史公可以「就極刑而無慍色」，「雖萬被戮，豈有悔哉」〔註45〕！文辭可以隱約〔註46〕，但當代史不能不寫。寫當代史，則不能不寫當代的中心人物──「今上」。這位「今上」，不論是對當時的時代，或對太史公本人而言，都具有極重要而深遠的影響。因此太史公對「今上」，一定有一些獨特的看法和評價。

　　關於這個問題，在過去一直存在兩種截然不同的看法。一派認為太史公對漢武帝的評價，「大抵譏刺武帝所短為多」〔註47〕，主張此說的有張晏、班固〔註48〕、王肅、呂祖謙〔註49〕等；另一派則認為，根據〈太史公自序〉「今上本紀」之敘目云「漢興五世，隆在建元」，「則必不作詆毀語可知」〔註50〕，主張此說的有梁玉繩〔註51〕、余嘉錫〔註52〕等。雖然近代關於漢武帝的專書和論文，數量眾多；但是關於太史公對「今上」之看法與評價問題的專文，則為數甚少，不過深度和廣度都在前人之上。如施丁〈司馬遷寫當代史〉〔註53〕（1979）、〈司馬遷寫「今上

〔註45〕語見《報任少卿書》。
〔註46〕《史記‧太史公自序》：「夫詩書隱約者，欲遂其志之思也」。
〔註47〕李方叔，《師友讀書記》，見《文獻通考》卷191〈經籍考〉。
〔註48〕《文選》卷48班固〈典引〉認為太史公「微文譏刺，貶損當世，非誼士也」。
〔註49〕《東萊呂太史別集》卷十四〈辨史記十篇有錄無書〉：「〈武紀〉終不見者，豈非指切尤甚，雖民間亦畏禍而不藏乎」。
〔註50〕見《詁經精舍文集》卷八汪繼培〈史記闕篇補篇考〉。
〔註51〕見《史記志疑》卷七。
〔註52〕見《太史公書亡篇考‧景紀第三》，收於氏著《余嘉錫論學雜著》內，北京：中華書局，1963。
〔註53〕施丁，〈司馬遷寫當代史〉，《歷史研究》1979年第7期。

（漢武帝）〉〔註54〕（1982）兩篇，其根據《史記》中其他有關武帝的材料，分為任用酷吏、征伐匈奴、封禪求神、物盛而衰、獨尊儒術等幾方面來談，認為太史公寫武帝，完全是本著「實錄」的精神，絕非「謗書」。而逯耀東先生則是將《史記》中的「今上」，分為內、外兩方面來談論。關於「內修法度」的部份，有〈司馬遷「通古今之變」的「今」的開端〉〔註55〕（1993）一文，認為太史公以〈魏其武安侯列傳〉、〈汲黯列傳〉、〈儒林列傳〉、〈酷吏列傳〉等篇，敘述武帝「一人有慶」絕對君權的形成及其原因；關於「外攘夷狄」的部份，則有〈司馬遷對匈奴問題處理的限制〉〔註56〕（1994）及〈《史記》〈匈奴列傳〉的次第問題〉〔註57〕（1995）兩篇文章，認為武帝之所以征伐匈奴，其目的在於雪恥，即所謂「高皇帝遺朕平城之憂，高后時單于書絕悖逆」。而關於《史記》中的武帝封禪，則有逯耀東先生〈漢武帝封禪與史記封禪書〉〔註58〕（1991），及阮芝生先生〈三司馬與漢武帝封禪〉〔註59〕（1996）兩篇文章。前者認為《史記》中有兩個黃帝，一個是神仙的黃帝，一個是歷史的黃帝，而太史公將神仙的黃帝放在〈封禪書〉中，將歷史的黃帝放在〈五帝本紀〉中。而後者則以武帝與始皇相較，認為武帝以「封禪」為名，沈迷求仙不死之黃帝傳說，太史公寫〈封禪書〉及〈五帝本紀〉實有諷諫之意。

　　以上幾篇文章，皆是議論精詳之作，其實已經將《史記》中與武帝相關的幾個重要問題，都加以發揮了。因此本節的目的，不在討論漢武帝一生所為的歷史意義，而是希望透過更完整的基礎（「《史記》今上長編」）及新的視野（太史公心中的「今上」），來瞭解太史公對「今上」各方面的評價，以求發掘一些前人未盡之餘意。

　　考察現存《史記》中唯一和〈今上本紀〉直接相關的材料，就只剩下〈太史公自序〉的〈今上本紀〉敘目了。〈自序〉曰：「漢興五世，隆在建元，外攘夷狄，內脩法度，封禪，改正朔，易服色。作〈今上本紀〉第十二」。故今日要研究〈今上本紀〉的作意，應該以此為主要線索，來加以分析，方能逼近太史公之真意：

〔註54〕收於《司馬遷研究新論》，施丁、陳可青編著，鄭州：河南人民，1982年。
〔註55〕逯耀東，〈司馬遷「通古今之變」的「今」之開端〉，《輔仁歷史學報》第5期，1993年12月。
〔註56〕逯耀東，〈司馬遷對匈奴問題處理的限制〉，《輔仁歷史學報》第6期，1994年12月。
〔註57〕逯耀東，〈《史記》〈匈奴列傳〉的次第問題〉，《中國歷史學會史學會刊》第27期，1995年9月。
〔註58〕逯耀東，〈漢武帝封禪與史記封禪書〉，收入《第二屆史學史國際研討會論文集》，台中：青峰出版社，1991年。
〔註59〕阮芝生，〈三司馬與漢武帝封禪〉，《國立臺灣大學歷史學系學報》第20期，1996年。

（一）漢興五世，隆在建元

　　過去有學者認為，太史公寫〈今上本紀〉，對武帝的評價應該是褒多於貶，其根據就是來自於〈自序〉敘目的這兩句話。但是前人主張此說者，多半忽略了一個關鍵性的問題，太史公所說的「漢興五世」，指的究竟是哪五世？或者說的更直接一點，這「五世」之中，是否包括武帝一朝？

　　如果以高祖、惠帝、呂后、文帝、景帝當作「五世」來算〔註60〕，而不包括武帝在內，則「漢興五世，隆在建元」之意，應是指漢朝發展到武帝即位，到達文治武功的最高峰（《說文》：「隆，豐大也」；《爾雅》：「隆，盛也」）。以此而論，〈今上本紀〉確有可能為褒揚武帝之作。

　　但是，太史公所說的「五世」並非如此，《史記·儒林列傳》中明確的指出：「是時方外攘四夷，……。故漢興至于五世之間，唯董仲舒名為明於春秋，其傳公羊氏也」，因此可知史公所謂的「五世」，是把武帝也算在其內的。而所謂的「隆在建元」，不只是和「建元」之前的四世相比，也是和「建元」之後的整個武帝時代相比。明白這一點，則「漢興五世，隆在建元」，不但不是褒詞，反而有譏諷武帝之意。何故？蓋「建元」時為武帝即位之初，《史記·平準書》中，有一段極精闢的文字來形容當時的狀況和後來的變化：

> 至今上即位數歲，漢興七十餘年之間，國家無事，非遇水旱之災，民則人給家足，都鄙廩庾皆滿，而府庫餘貨財。京師之錢累巨萬，貫朽而不可校。太倉之粟陳陳相因，充溢露積於外，至腐敗不可食。眾庶街巷有馬，阡陌之間成群，而乘字牝者儐而不得聚會。守閭閻者食粱肉，為吏者長子孫，居官者以為姓號。故人人自愛而重犯法，先行義而後絀恥辱焉。當此之時，網疏而民富，役財驕溢，或至兼并豪黨之徒，以武斷於鄉曲。宗室有土公卿大夫以下，爭于奢侈，室廬輿服僭于上，無限度。物盛而衰，固其變也。自是之後，嚴助、朱買臣等招來東甌，事兩越，江淮之間蕭然煩費矣。唐蒙、司馬相如開路西南夷，鑿山通道千餘里，以廣巴蜀，巴蜀之民罷焉。彭吳賈滅朝鮮，置滄海之郡，則燕齊之間靡然發動。及王恢設謀馬邑，匈奴絕和親，侵擾北邊，兵連而不解，天下苦其勞，而干戈日滋。行者齎，居者送，中外騷擾而相奉，百姓抏獘以巧法，財賂衰秏而不贍。入物者補官，出貨者除罪，選舉陵遲，廉恥相冒，武力進用，法嚴令具。興利之臣

_____

〔註60〕事實上，是有這種算法的。《史記·司馬相如列傳》中相如作〈喻蜀父老辭〉就說：「漢興七十有八載，德茂存乎六世」，《正義》注「六世」為「高祖、惠帝、高后、孝文、孝景、孝武」。

自此始也。

故於史公來看,「建元」時代實乃世變之關鍵。故用「自是之後」,來分別武帝即位之前天下之富厚安寧,和武帝即位之後天下之衰敝不安。因此所謂「隆在建元」,是說漢代歷經高惠文景四代的休養生息,在武帝即位之初達到了最高峰,而後因為武帝的縱情極欲,終至由盛而衰的結果。如《後漢書‧儒林列傳》亦言:

> (孔)僖與崔篆孫駰復相友善,同遊太學,習《春秋》。因讀吳王夫差時事,僖廢書歎曰:「若是,所謂畫龍不成反為狗者也。」駰曰:「然。昔孝武皇帝始為天子,年方十八,崇信聖道,師則先王,五六年閒,號勝文、景。及後恣己,忘其前之為善。」

崔駰所說「五六年閒,號勝文、景。及後恣己,忘其前之為善」,正是指「隆在建元」,而後盛極而衰的情況。因此,史公敘目以「漢興五世,隆在建元」開端曰,實非褒詞明矣。

(二)外攘夷狄

在《史記》中,與「今上」直接相關的二十九篇文章裡,以「外攘夷狄」為主題的篇章,就多達十一篇〔註61〕,由此可見太史公對這個問題的重視。所謂的「夷狄」,範圍包括匈奴、南越、東越、朝鮮、西南夷和西域諸國,其中最大也是最重要的對象,就是匈奴。何以見得呢?因為在這十一篇中,太史公一共用了〈建元以來侯者年表〉、〈韓長孺列傳〉、〈李將軍列傳〉、〈匈奴列傳〉、〈衛將軍驃騎列傳〉、〈平津侯主父列傳〉等六篇,來討論征伐匈奴的問題;而通西南夷是為了通西域,通西域則是為了夾擊匈奴,故〈西南夷列傳〉和〈大宛列傳〉等兩篇,也是圍繞著征伐匈奴的主軸進行。從這個篇幅,就可以看出「征伐匈奴」在《史記》中的重要性。

在武帝之前,漢朝對匈奴一直是採取「和親」政策。為什麼要和親?因為漢初的國力不足以對抗匈奴。高祖曾經動員三十二萬大軍前去征伐,最後卻被匈奴圍困於平城,差點就回不來。因此劉敬想出了這個方法,其目的不只在於避免戰爭,更重要的是要藉此能「兵可無戰而漸臣也」〔註62〕,也就是利用聯姻和贈送財物的方式,達到安撫臣服匈奴的目的。

這樣的政策,到底有沒有用呢?這可以從匈奴對漢態度的前後變化來看。在高祖、高后時代,匈奴人極為張狂,不但「大攻圍馬邑」、「引兵南踰句注,攻太原,

---

〔註61〕 〈建元以來侯者年表〉、〈韓長孺列傳〉、〈李將軍列傳〉、〈匈奴列傳〉、〈衛將軍驃騎列傳〉、〈平津侯主父列傳〉、〈南越列傳〉、〈東越列傳〉、〈朝鮮列傳〉、〈西南夷列傳〉、〈大宛列傳〉。
〔註62〕 《史記‧劉敬叔孫通列傳》劉敬語。

至晉陽下」、「侵盜代、雲中」、「常往來侵盜代地」、「往來苦上谷以東」〔註63〕，甚至「爲書遺高后」〔註64〕以羞辱之。到了文帝時代，匈奴仍然時常大規模的入侵，「居河南爲寇」、「謀入邊爲寇，攻朝䢙塞，殺北地都尉印」、「三萬人入上郡，三萬人入雲中」。但是到了景帝時代，匈奴入侵的次數和規模開始減少，「終孝景時，時小入盜邊，無大寇」〔註65〕。而到武帝時，雙方更是進入前所未有的良好關係，「匈奴自單于以下皆親漢，往來長城下」〔註66〕。這樣的結果，完全是和親政策所帶來的，聯姻使得漢和匈奴的關係更加親密，而每歲所贈送的財物，更使得匈奴人日漸習慣中原的文物。如文帝時的中行說，就看出了和親政策的眞正用意，他曾勸諫匈奴單于說：「今單于變俗好漢物，漢物不過什二，則匈奴盡歸於漢矣」。但匈奴人仍不能拒絕漢的好物，最後中行說還是只能要求漢使者，「顧漢所輸匈奴繪絮米糵，令其量中，必善美而已矣」，可見和親政策的成功。

由此觀之，「和親」就算是屈辱的政策，但也是一種「不戰而屈人之兵」的高明作法。如果在武帝時代，能夠繼續將它維持下去，那麼安撫匈奴使之臣服中國，並不是不可能的夢想。但是，武帝不如是想。他從即位之初，就開始準備征伐匈奴，一雪百年國恥。《史記・佞幸列傳》云：「上即位，欲事伐匈奴，而（韓）嫣先習胡兵，以故益尊貴」〔註67〕；而建元年間，武帝就遣張騫出使月氏，爲的就是要聯合月氏夾擊匈奴。這個時候，漢朝的國力也發展到了最高峰，確實是有足夠的條件和匈奴一戰。因此太史公在〈建元以來侯者年表〉序中，說出了武帝的眞正心意：

> 況乃以中國一統，明天子在上，兼文武，席卷四海，內輯億萬之，豈以晏
> 然不爲邊境征伐哉！

但是當時的群臣，並不同意武帝的看法，其理由就如同韓長孺說的「千里而戰，兵不獲利」〔註68〕，出師遠征匈奴實在是事倍功半的行爲。但武帝仍未死心，他接受王恢的提議，設下了「馬邑之謀」，想要利用「匈奴初和親，親信邊」〔註69〕的形勢，詐騙匈奴入邊，一舉將之消滅。堂堂天子，居然利用夷狄的親近和信任，設下埋伏加以詐騙。事情發展至此，眞不知誰是中國誰是夷狄了。更重要的是，馬邑之謀失敗了，而匈奴人不甘受騙，「自是之後，匈奴絕和親，攻當路塞，往往入盜於漢邊，不可勝

〔註63〕《史記・匈奴列傳》。
〔註64〕《史記・匈奴列傳》。
〔註65〕《史記・匈奴列傳》。
〔註66〕《史記・匈奴列傳》。
〔註67〕韓嫣後爲竇太后賜死，而竇太后崩於建元六年，故韓嫣習胡兵事必在建元年間。
〔註68〕《史記・韓長孺列傳》韓長孺言。
〔註69〕《史記・韓長孺列傳》王恢言。

數」。想要再回到之前的融洽和平局面，已經完全不可能，雙方惟有走上戰爭一途。論國力和人口，匈奴當然不是漢的對手。但是，這場征伐匈奴的戰爭，卻也使得漢付出超乎想像的代價。影響所及，不只是兵馬的死傷和財富的耗蝕，還包括風俗的淪喪、吏治的敗壞和酷法的濫用〔註70〕，就如同太史公在《史記・平準書》中所說的：

> 及王恢設謀馬邑，匈奴絕和親，侵擾北邊，兵連而不解，天下苦其勞，而干戈日滋。行者齎，居者送，中外騷擾而相奉，百姓抏弊以巧法，財賂衰耗而不贍。入物者補官，出貨者除罪，選舉陵遲，廉恥相冒，武力進用，法嚴令具。興利之臣自此始也。

逯耀東先生在〈《史記》〈匈奴列傳〉的次第問題〉一文中，認為太史公以「〈韓長孺列傳〉的論對匈奴的和戰，作為討論匈奴問戰之始。而以主父偃『諫伐匈奴』作為討論漢匈和戰問題的終結，則可見其終始」〔註71〕，故由此知太史公對匈奴問題的真正看法，此確為精闢之見。韓長孺反對伐匈奴，主父偃也反對伐匈奴；在〈平津侯主父列傳〉中，和主父偃同時上書的徐樂、嚴安，也都反對伐匈奴。而太史公於《史記》中全載四人之奏，以為匈奴問題之終始。韓長孺不過言「擊之不便，不如和親」，而主父、徐、嚴三人之上書，則都呼籲武帝要以亡秦為鑑，「靡敝中國，快心匈奴」〔註72〕，最後只會走上和亡秦一樣的結局。

太史公對於匈奴問題，自然是希望以和代戰。因為他深知戰爭的結果，必然是兩敗俱傷。太史公為了凸顯這一點，不厭其詳在《史記》中記載了漢匈雙方歷次戰爭的死傷數字，茲列表如下（可參照〈今上長編〉）：

戰爭年份	漢方死傷	匈奴死傷
元光六年	一萬七千餘人	七百人
元朔元年	五千餘人	數千人
元朔二年	二千餘人	數千人
元朔三年	二千餘人	無
元朔四年	數千人	無
元朔五年	千餘人	一萬五千人
元朔六年	士馬死者十餘萬	首虜萬九千級

〔註70〕關於這一點，請參閱本書第二章第二、三、四節，有詳細的分析。

〔註71〕逯耀東，〈《史記》〈匈奴列傳〉的次第問題〉，《中國歷史學會史學會刊》第27期，1995年9月。

〔註72〕《史記・平津侯主父列傳》主父偃上書引李斯言。

元狩二年	四千數百人	首虜萬八千級 三萬四千餘人
元狩三年	千餘人	無
元狩四年	數萬人	首虜八萬九千級

這樣長期對抗下來，最後雙方的國力都消耗殆盡，「匈奴雖病，遠去，而漢亦馬少，無以復往」〔註73〕；其實漢不只是馬少而已，當時財政的困窘已經到了「戰士頗不得祿焉」〔註74〕的地步，「於是漢久不北擊胡」〔註75〕。這樣的局面，一直到太初四年才被打破。因為這一年，武帝征伐大宛獲得了勝利，「天子意欲遂困胡」〔註76〕，於是下了有名的「復仇之詔」。而這份詔書，終於說出了武帝為何如此執著於征伐匈奴的真正原因〔註77〕：

> 高皇帝遺朕平城之憂，高后時單于書絕悖逆。昔齊襄公復九世之讎，《春
> 秋》大之。

太史公的〈匈奴列傳〉，至此告一段落。接下來傳中所附記的，就是為了武帝「意欲遂困胡」所發動的幾次遠征，結果是天漢二年（西元前 99 年）李陵投降匈奴，征和三年李廣利（西元前 90 年）也投降匈奴，漢的征伐匈奴政策遭到空前的挫敗。今本《史記》可信的最晚記事，也迄於征和三年李廣利投降匈奴事。

然而有趣的是，在征和四年，武帝下了一份也很有名的「輪臺之詔」，內容主要是「深陳既往之悔」，對自己的征伐政策，所造成人民的苦痛，表達反省之意。但是這份詔書，今天只能見於《漢書·西域傳》，《史記》卻完全未提起有這份詔書。根據施之勉〈太史公昭帝初年尚在考〉〔註78〕，太史公極有可能活到昭帝初年，因此他必然是知道這份詔書的。而《史記》能記征和三年李廣利投降，卻不記征和四年的「輪臺之詔」，其間的用意確實耐人尋味。

其實，太史公對武帝征伐匈奴政策的最後總結，就寫在〈匈奴列傳〉的「太史公曰」中：

> 世俗之言匈奴者，患其徼一時之權，而務諂納其說，以便偏指，不參彼己；

〔註73〕《史記·匈奴列傳》。
〔註74〕《史記·平準書》。
〔註75〕《史記·匈奴列傳》。
〔註76〕《史記·匈奴列傳》。
〔註77〕關於這一點的詳細討論，請參閱逯耀東，〈《史記》〈匈奴列傳〉的次第問題〉，《中國歷史學會史學會刊》第 27 期，1995 年 9 月。
〔註78〕收入氏著《漢史辨疑》，台北：中央文物供應社，1954 年。

　　將率席中國廣大，氣奮，人主因以決策，是以建功不深。堯雖賢，興事業
　　不成，得禹而九州寧。且欲興聖統，唯在擇任將相哉！唯在擇任將相哉！

堯得禹則九州安寧，武帝不得賢將相，故天下不寧。《史記》之所以將〈李將軍列
傳〉和〈衛將軍驃騎列傳〉，分別置於〈匈奴列傳〉之前後，目的就是強調用將的
重要性。如李廣之才氣，「天下無雙」〔註79〕，其為右北平太守，則匈奴「避之數
歲，不敢入右北平」〔註80〕。像這樣的將領，能夠消邊患於無形，才是太史公心
中理想的將領。然李廣終生不得封侯，何故？因為武帝要完成的不是守邊抵禦，
而是開邊出擊；而武帝所重用的將領，不是要戰績彪炳，而是要親近愛幸。故衛
青初次出兵，就拜為車騎將軍，同樣也是貴戚的公孫敖，則拜為騎將軍，兩人與
久有戰功的李廣同列。而只要是貴戚出身，其軍隊的素質和配備一定遠勝其他部
隊，如衛青即「自以精兵走之」〔註81〕，霍去病則「所將常選」、「敢力戰深入之
士皆屬驃騎」〔註82〕。最明顯的偏袒例子，莫過於元狩四年之役，當時衛青、公
孫敖、李廣一起出擊匈奴，衛青一方面奉武帝之命，不讓李廣當前鋒，另一方面
則是為了讓好友公孫敖能建立戰功，因此故意把李廣從前將軍徙并於右將軍軍，
命令他走東道，然「東道少回遠，而大軍行水草少，其勢不屯行」，於是李廣失道，
最後憤而自殺。由此可知，武帝之用將全憑一己之喜好，貴幸如李廣利，就算慘
敗到「還至敦煌，士不過什一二」〔註83〕，也能再次獲得機會，「赦囚徒材官，益
發惡少年及邊騎，歲餘而出敦煌者六萬人，負私從者不與。牛十萬，馬三萬餘匹，
驢騾橐它以萬數。多齎糧，兵弩甚設，天下騷動，傳相奉伐宛，凡五十餘校尉。……
益發戍甲卒十八萬，酒泉、張掖北，置居延、休屠以衛酒泉，而發天下七科適，
及載糒給貳師。轉車人徒相連屬至敦煌」〔註84〕；反之，如果不是武帝所親近愛
幸者，縱然才氣天下無雙如李廣，也要「毋令當單于」，不給他有建功之機會。故
太史公述李廣自刎，則引其言曰「豈非天哉」，述霍去病之成功，則曰「亦有天幸」。
這個決定他們命運的「天」，難道指的不正是「天子」嗎？

　　武帝之用將相，端賴其一人之好惡；所以只有惟人主之意是尚者，方得重用。
故其將衛、霍則「以和柔自媚於上」〔註85〕，其相公孫弘則「每朝會議，開陳其

〔註79〕《史記・李將軍列傳》。
〔註80〕《史記・李將軍列傳》。
〔註81〕《史記・李將軍列傳》。
〔註82〕《史記・衛將軍驃騎列傳》。
〔註83〕《史記・大宛列傳》。
〔註84〕《史記・大宛列傳》。
〔註85〕《史記・衛將軍驃騎列傳》。

端，令人主自擇，不肯面折庭爭」〔註86〕。太史公眼見如此將相，才會發出「唯在擇任將相哉」的長歎！而張守節在《史記正義・匈奴列傳》中，就針對太史公之言加以闡發：

> 堯雖賢聖，不能獨理，得禹而九州安寧。以刺武帝不能擇賢將相，而務諂納小人浮說，多伐匈奴，故壞齊民。故太史公引禹聖成其太平，以攻當代之罪。

〈匈奴列傳〉的「太史公曰」，一開頭就說：「孔氏著《春秋》，隱桓之閒則章，至定哀之際則微，爲其切當世之文而罔襃，忌諱之辭也」。既曰「罔襃」，可見太史公並不贊同武帝的對外征伐，但又不能直言，於是只能用隱略之微辭，來表達自己眞正的看法。

（三）內脩法度

在《史記》中除了「今上」之外，太史公曾經論及其建「法度」或修「法度」的君王，一共有兩類：第一類是上古聖王，如「上聖黃帝作爲禮樂法度」〔註87〕、「維昔黃帝，法天則地，四聖遵序，各成法度」〔註88〕、文王「改法度，制正朔」〔註89〕；另一類就是秦始皇，《史記・秦始皇本紀》數引其刻石文曰「古之五帝三王，知教不同，法度不明」，故始皇帝「一法度」、「端平法度」、「建定法度」，太史公在〈李斯列傳〉中，更是明白的說：「明法度，定律令，皆以始皇起」。因此，在太史公的心中，能夠修法度的君王，不是聖君，就是獨夫。而太史公以「內脩法度」一辭來形容「今上」，到底是把他放在哪一類中，就值得我們來探討了。

要了解這個問題，就必須先清楚武帝到底修了哪些法度？從《史記》來看，武帝一生所爲，和修法度相關者，大致有四：

1. 獨尊儒術，廣厲學官

武帝即位之初，是漢代經濟、社會發展的最高峰期，隨之而來的便是天下人對於禮樂教化的需要。而漢初以來的黃老治術已不敷時代發展所需，因此搢紳之士無不望改制更始，即〈封禪書〉所云：「漢興已六十餘歲矣，天下乂安，薦紳之屬皆望天子封禪改正度也」。

想要興禮樂教化，就必須重用於此有專學專長之儒者。從〈儒林列傳〉來看，武帝用儒之經過，可分爲三個時期：

〔註86〕《史記・平津侯主父列傳》。
〔註87〕《史記・秦本紀》由余語。
〔註88〕《史記・太史公自序》「五帝本紀」敍目。
〔註89〕《史記・周本紀》。

（1）務隆儒術時期：

武帝之師為儒者趙綰、王臧，因此受他們的影響，武帝從即位之初就好儒術。而此時的丞相為竇嬰，太尉為田蚡，也希望藉好儒術之名，來達成向「好黃老之言」〔註90〕的竇太后奪權的目的〔註91〕。於是在這幾個人的聯合推動之下，開始進行「務隆推儒術，貶道家言」〔註92〕的政治革新工作。〈魏其武安侯列傳〉曰：「魏其、武安俱好儒術，推轂趙綰為御史大夫，王臧為郎中令。迎魯申公，欲設明堂，令列侯就國，除關，以禮為服制，以興太平。……而魏其、武安、趙綰、王臧等務隆推儒術，貶道家言」，〈儒林列傳〉曰：「及今上即位，趙綰、王臧之屬明儒學，而上亦鄉之，於是招方正賢良文學之士」；於是一時之間，群儒如胡毋生、瑕丘江生、鄧公、馮唐、公孫弘、轅固生、董仲舒等，會聚長安，開始積極籌備改制更始，〈封禪書〉曰：「而上鄉儒術，招賢良，趙綰、王臧等以文學為公卿，欲議古立明堂城南，以朝諸侯。草巡狩封禪改曆服色事未就」。

可惜的是，這一次的行動，引起了竇太后的「大怒」〔註93〕，於是她開始反擊這些好「司空城旦書」〔註94〕的儒生。〈魏其武安侯列傳〉曰：「及建元二年，御史大夫趙綰請無奏事東宮。竇太后大怒，乃罷逐趙綰、王臧等，而免丞相、太尉」，〈封禪書〉曰：「會竇太后治黃老言，不好儒術，使人微伺得趙綰等姦利事，召案綰、臧，綰、臧自殺，諸所興為皆廢」。四個核心人物，兩死兩廢，於是這場轟轟烈烈的「務隆儒術」改革，至此宣告失敗。

（2）罷絀百家時期：

建元六年，竇太后崩，從此再也沒有人能阻止儒術的興起。而竇太后的崩逝，也連帶的使得魏其侯竇嬰失勢。於是武安侯取而代之，成為這個階段的主要中心人物。〈魏其武安侯列傳〉曰：「建元六年，竇太后崩，丞相昌、御史大夫青翟坐喪事不辦，免。以武安侯蚡為丞相」，〈儒林列傳〉曰：「及竇太后崩，武安侯田蚡為丞相，絀黃老、刑名百家之言，延文學儒者數百人」，於是儒者開始受到任用，儒學也日漸興盛。

（3）廣厲學官時期：

儒者的地位日漸提高，獲得武帝的重用。而其中的代表性人物，就是公孫弘，〈儒

〔註90〕　《史記·魏其武安侯列傳》。
〔註91〕　關於這一點，請參閱逯耀東，〈司馬遷「通古今之變」的「今」之開端〉，《輔仁歷史學報》第5期，1993年12月。
〔註92〕　《史記·魏其武安侯列傳》。
〔註93〕　《史記·魏其武安侯列傳》。
〔註94〕　《史記·儒林列傳》。

林列傳〉曰：「而公孫弘以《春秋》，白衣爲天子三公，封以平津侯‧天下之學士靡然鄉風矣」。漢初丞相，非有軍功，則爲貴戚。而公孫弘以一介儒生，居然能封侯拜相，這對天下的儒者，產生了極大的鼓勵作用。

　　然而，公孫弘的拜相，眞的代表「儒學」受到重視嗎？細觀《史記》中對公孫弘的描述，我們就可以發現太史公並不認爲如此。〈平津侯主父列傳〉云：「（弘）每朝會議，開陳其端，令人主自擇，不肯面折庭爭，……，習文法吏事，而又緣飾以儒術，上大說之」，〈平準書〉曰：「公孫弘以《春秋》之義繩臣下，取漢相」，〈儒林列傳〉曰：「而弘希世用事，位至公卿，董仲舒以弘爲從諛」，「固（轅固生）之徵也，薛人公孫弘亦徵，側目而視固‧固曰：『公孫子，務正學以言，無曲學以阿世！』」。因此在史公看來，公孫弘之受重用，完全是因爲他的「希世」、「從諛」、「曲學阿世」、「習文法吏事」、「以《春秋》之義繩臣下」，而其儒術不過是用來「緣飾」而已。而這樣的人，武帝看了居然會「大說」而「益厚遇之」〔註95〕，由此可知儒術在「今上」心中的眞正地位。

　　而對後來儒學發展影響更大的，是公孫弘的「廣厲學官」政策。簡單的說，所謂的「廣厲學官」，就是替儒生開一條利祿之路，讓他們可以「以文學禮義爲官」〔註96〕，但標準是必須試之於有司，以能多誦、習掌故者爲優先。從此之後，儒學由「正世之學」淪爲「干祿之具」，儒者也由「爲王者師」降爲「試於有司」，故太史公在〈儒林列傳〉篇首就說：「余讀功令，至於廣厲學官之路，未嘗不廢書而歎也」！〔註97〕

　　在《史記‧汲鄭列傳》中，太史公曾記了這樣的一段對話，來代表自己對武帝興儒的看法：

　　　　天子方招文學儒者，上曰吾欲云云，黯對曰：「陛下內多欲而外施仁義，
　　　　柰何欲效唐虞之治乎！」上默然，怒，變色而罷朝。

　　以仁義飾己欲，以儒術飾文法。縱覽〈儒林列傳〉，則申公、轅固生以正直罷歸，董仲舒以廉直不容；而兒寬承意從容，得爲御史大夫，公孫弘希世用事，而能封侯拜相。由此觀之，所謂「今上」好儒，亦不過「緣飾」之用而已。

2. 興利百端，與民爭利

　　武帝多欲，而要滿足自己的欲，就必須誇功求利。太史公作〈平準書〉，書中凡

〔註95〕《史記‧平津侯主父列傳》。

〔註96〕《史記‧儒林列傳》。

〔註97〕關於這一點的詳細討論，請參閱阮芝生先生〈試論司馬遷所說的「通古今之變」〉，收入《沈剛伯先生八秩榮慶論文集》，台北：聯經，1976年。

敘三十七變，正是爲了寫明武帝因多欲而虛耗，因虛耗而興利百端，與民爭利之經過，最後並舉亡秦爲例，以諷武帝之竭財自奉，實與暴秦無異。由於此部份，在本論文的第二章有極詳盡的討論，故此不另贅言。

　　然而〈平準書〉中，於漢初則曰「約法省禁」，至武帝則云「法嚴令具」、「法令明察」、「法既益嚴」，而後有武功爵之法，有見知之法，有廢格沮誹之法，有更錢造幣之法，有鹽鐵之法，有算緡告緡之法，有均輸之法，有入穀補官之法，有腹誹之法，有入財補郎之法，有畜牧邊縣之法，有出馬之法，有酎金失侯之法，最後則有平準之法。由此看來，武帝的「內修法度」，和他的興利爭利實有不可分的關係。

3. 嚴刑峻法，任用酷吏

　　太史公寫〈循吏列傳〉，敘「奉職循理，亦可以爲治」〔註98〕之循吏五人，無一是武帝時人；反之，太史公寫〈酷吏列傳〉，敘「武健嚴酷」〔註99〕之酷吏十三人，其中十人皆武帝時人。可見在太史公心中，「任用酷吏」乃是今上爲政的一大特色。

　　爲什麼「今上」要任用酷吏？因爲「民倍本多巧，姦軌弄法，善人不能化，唯一切嚴削爲能齊之」〔註100〕。可是百姓在今上即位之初，還是「人人自愛而重犯法，先行義而後絀恥辱焉」〔註101〕，何以後來變爲「倍本多巧，姦軌弄法」？原因就在「今上」的多欲逐末，興利百端，以致百姓爲求自保，不得不「抏獘以巧法」〔註102〕，於是天下風俗大壞。（詳見第二章）

　　風俗日壞，而「今上」不思恭儉以化，反而任用酷吏，以嚴刑峻法治民。於是太史公作〈酷吏列傳〉，傳中十人「皆以酷烈爲聲」，而且一個甚於一個。先有寧成，「操下如束濕薪，滑賊任威」。而後繼之以周陽由，「最爲暴酷驕恣」，「所愛者，撓法活之；所憎者，曲法誅滅之」。而後有趙禹、張湯，「用法益刻，蓋自此始」，「共定律令，務在深文」，「所治即上意所欲罪，予監史深禍者；即上意所欲釋，與監史輕平者」，「舞文巧詆以輔法」，於是「百姓不安其生，騷動，縣官所興，未獲其利，姦吏並侵漁，於是痛繩以罪」。則自公卿以下，至於庶人，咸指湯」，而兩人皆「上以爲能」且尊寵任職之。而後繼之以義縱，「其治如狼牧羊」，「郡中不寒而慄」，而「上以爲能」。而後繼之以王溫舒，「好殺伐行威不愛人」，其治河內「至流血十餘里」，而「天子聞之，以爲能」。其後繼之以尹齊，「聲甚於寧成」，而「上以爲能」；後又

〔註98〕　《史記·循吏列傳》。
〔註99〕　《史記·酷吏列傳》。
〔註100〕　《史記·太史公自序》酷吏列傳敘目。
〔註101〕　《史記·平準書》。
〔註102〕　《史記·平準書》。

有楊僕，「治放尹齊」，而「天子以爲能」。而後又有減宣，「微文深詆，殺者甚眾」；而後繼之以杜周，「其治與宣相放」，「其治大放張湯而善候伺。上所欲擠者，因而陷之；上所欲釋者，久繫待問而微見其冤狀」，「專以人主意指爲獄」，「其治暴酷皆甚於王溫舒等」，於是「天子以爲盡力無私，遷爲御史大夫」。

　　在太史公的心中，對於酷吏的以嚴刑爲治，是極不以爲然的。他在〈循吏列傳〉的「太史公曰」中說：

　　　　法令所以導民也，刑罰所以禁姦也。文武不備，良民懼然身修者，官未曾亂也。奉職循理，亦可以爲治，何必威嚴哉？

然而，酷吏之所以能用暴酷爲政，非有過人之力，乃假天子之威也。太史公寫此十人之得重用，每每書「上以爲能」、「天子聞之，以爲能」、「天子以爲盡力無私」；論其執法的標準，則曰「上所欲擠者，因而陷之；上所欲釋者，久繫待問而微見其冤狀」，「專以人主意指爲獄」〔註103〕。太史公在〈張釋之馮唐列傳〉中，曾引張釋之言曰：

　　　　秦以任刀筆之吏，吏爭以亟疾苛察相高，然其敝徒文具耳，無惻隱之實。

　　　　以故不聞其過，陵遲而至於二世，天下土崩。

如此重用酷吏，又與暴秦何異！因此縱觀〈酷吏列傳〉，太史公在酷吏的背後，寫的其實就是「今上」。

4. 一人有慶，天下賴之

　　這一點，是逯耀東先生在〈司馬遷「通古今之變」的「今」之開端〉〔註104〕一文中特別提出的。逯耀東先生認爲，太史公作〈建元以來侯者年表〉，即爲〈今上本紀〉的「外攘夷狄」作註腳；又作〈建元已來王子侯者年表〉，以「德歸京師」爲其意旨所在。其云：

　　　　所謂「德歸京師」，即〈建元已來王子侯者年表〉太史公曰：「盛哉，天子之德！一人有慶，天下賴之。」也就是由地方分權轉變爲中央集權，及君主絕對權威的樹立。權力集中於中央與君主絕對權威的樹立，是漢武帝時代統治體制的轉變，突出了這個時代特殊的歷史性格。司馬遷〈今上本紀〉所謂的「內修制度」，就建立在這個基礎上。……所以，他撰寫〈今上本紀〉的內修制度，可能就集中這方面的敘述。所以，從「德歸京師」全力由地方集中於中央，到「一人有慶，天下賴之」絕對君主權威的樹立，不僅是司馬遷寫〈今上本紀〉的意旨所在，同時也是新的統治體制形成與發

〔註103〕　本段所有引文，皆出《史記·酷吏列傳》。

〔註104〕　逯耀東，〈司馬遷「通古今之變」的「今」之開端〉，《輔仁歷史學報》第 5 期，1993年 12 月。

展的經過。

逯耀東先生之說，誠為精闢之見。其實，如果把〈建元已來王子侯者年表〉和〈漢興以來諸侯王年表〉一起觀覽，就更能明白太史公想要表達的看法。

太史公在〈漢興以來諸侯王年表〉序中說：

> 天子觀於上古，然後加惠，使諸侯得推恩分子弟國邑，故齊分為七，趙分為六，梁分為五，淮南分三，及天子支庶子為王，王子支庶為侯，百有餘焉。……諸侯稍微，大國不過十餘城，小侯不過數十里，上足以奉貢職，下足以供養祭祀，以蕃輔京師。而漢郡八九十，形錯諸侯閒，犬牙相臨，秉其阸塞地利，彊本幹，弱枝葉之勢，尊卑明而萬事各得其所矣。

這正是敘述武帝時「德歸京師」的情勢。蓋武帝一朝封王子侯者一百二十六人，而後元鼎五年諸侯王坐酎金失國者，共計五十五人。事實上，這次一共奪爵一百零六人，皆以坐酎金為名〔註105〕，即〈平準書〉所說的：「列侯以百數，皆莫求從軍擊羌、越。至酎，少府省金，而列侯坐酎金失侯者百餘人」。將地方諸侯之權收歸京師，確實是大勢所趨，太史公並不反對這麼做，所以他才說：「彊本幹，弱枝葉之勢，尊卑明而萬事各得其所矣」。

但是，太史公在表序的最後也說：

> 形勢雖彊，要之以仁義為本。

而於〈秦始皇本紀〉篇末，又引賈誼《過秦論》，總結秦亡之因曰：

> 然后以六合為家，殽函為宮，一夫作難而七廟墮，身死人手，為天下笑者，何也？仁義不施而攻守之勢異也。

昔秦削平天下，集權中央，以為形勢之強可保萬世，結果二世即亡，其因就在「不施仁義」。而在史公來看，「今上」用獻金成色不足的小事為藉口，將當年誓言「使河如帶，泰山若厲。國以永寧，爰及苗裔」的功臣之後及諸侯子弟消除乾淨，縱然形勢因此而彊，又豈是「以仁義為本」的作法？這其實是重蹈亡秦之覆轍。故史公於〈高祖功臣侯者年表〉序言「網亦少密焉」，實有微詞也。故方苞云：

> 漢武以列侯莫求從軍，坐酎金失侯者百餘人，遷不敢斥言其過，故微詞以見義，言古之道，篤於仁義以安勳舊，而今任法刻削，不同於古，帝王殊禮異務，各以自就其功緒，豈可混而一之乎？刺武帝用一切之法以侵奪群

〔註105〕所謂的「酎金」，《漢書·孝武紀》注引服虔曰：「因八月獻酎祭宗廟時，使諸侯各獻金來助祭也」；而所謂的「坐酎金失國」，《漢書·孝武紀》注引如淳曰：「《漢儀注》：諸侯王歲以戶口酎黃金於漢廟，皇帝臨受獻金，金少不如斤兩，色惡，王削縣，侯免國」。

下，而成其南誅北討之功也。《史記注補正》

總結以上四點，「獨尊儒術，廣厲學官」是爲了以儒術緣飾文法，「興利百端，與民爭利」是爲了聚斂天下之財，「嚴刑峻法，任用酷吏」是以嚴酷刑殺繩臣下百姓，「一人有慶，天下賴之」是以一切之法來侵奪群下。故武帝所修之法度，實際上都是爲了滿足他一己之好惡和多欲。由此觀之，太史公所謂「內脩法度」者，此中實含隱微譏刺之意。

（四）封　禪

太史公作八書，其中與「今上」關係最密切的，就是〈封禪書〉、〈河渠書〉和〈平準書〉。而後人會獨獨選上〈封禪書〉，更名〈孝武本紀〉以補〈今上本紀〉之佚，更足以看出「封禪」在武帝一生中的重要性。

太史公在〈封禪書〉中寫「今上」，開宗明義就說「祠官各以歲時祠如故，無有所興，至今天子。今天子初即位，尤敬鬼神之祀」，點出武帝的迷信態度。然而，武帝貴爲天子，富有四海，爲什麼還要迷信？太史公在〈封禪書〉中，引方士欒大之言，說出了武帝心中眞正想要的東西：「黃金可成，而河決可塞，不死之藥可得，僊人可致」。這四者道出了武帝一生所求，而在這四者中，武帝最想求的還是「不死」。

河決不塞，那是武帝自己不去塞。蓋元光三年黃河決於瓠子，武帝曾使汲黯、鄭當時塞河，但「輒復壞」〔註106〕。於是他聽信武安侯所說的「塞之未必應天」〔註107〕及望氣用數者之言，於是「久之不事復塞」〔註108〕。一直到元封二年，河決已二十三年，因「天子既封禪巡祭山川」〔註109〕，才順道塞河。而武帝在「瓠子之詩」裡說「不封禪兮安知外」〔註110〕，可見他根本沒把河決之事放在心上。在他的心中，「封禪」比「河決」要重要太多了。

至於成黃金和求仙人，它們的目的正是爲了「封禪」，而「封禪」的目的還是爲「不死」。〈封禪書〉中少君就很明白的告訴武帝：「祠竈則致物，致物而丹沙可化爲黃金，黃金成以爲飲食器則益壽，益壽而海中蓬萊僊者乃可見，見之以封禪則不死，黃帝是也」，所以武帝眞正想要的，是像方士所說的黃帝一樣，以帝王之尊，而能成仙不死。因此他在聽了黃帝的傳說後，才會感慨的說：「嗟乎！吾誠得如黃帝，吾視

〔註106〕《史記·河渠書》。
〔註107〕《史記·河渠書》。
〔註108〕《史記·河渠書》。
〔註109〕《史記·河渠書》。
〔註110〕關於《史記·河渠書》作意的詳細分析，請參閱阮芝生〈《史記·河渠書》析論〉，《國立臺灣大學歷史學系學報》15 期，1990 年。

去妻子如脫躧耳。」。

就為了這個目的，武帝不斷的信用方士，結果卻是「求蓬萊安期生莫能得」，「其方益衰，神不至」，「宿留之數日，無所見（僊人）」，「東至海上，考入海及方士求神者，莫驗」，「而方士之候祠神人，入海求蓬萊，終無有驗」，「公孫卿之候神者，猶以大人之跡為解，無有效」。即使如此，武帝還是執迷不悟，於是「海上燕齊怪迂之方士多更來言神事矣」，「海上燕齊之閒，莫不搤捥而自言有禁方，能神僊矣」，「予方士傳車及閒使求僊人以千數」，「方士更言蓬萊諸神若將可得，於是上欣然庶幾遇之，乃復東至海上望，冀遇蓬萊焉」，「復遣方士求神怪采芝藥以千數」。其實武帝也知道方士是騙他，「天子益怠厭方士之怪迂語矣」，但他就是不死心，希望能圖僥倖，所以「然益遣，冀遇之」，「然羈縻不絕，冀遇其真」。太史公冷眼旁觀武帝的迷信之舉，在〈封禪書〉篇末寫出了他的感想：「自此之後，方士言神祠者彌眾，然其效可睹矣」〔註111〕。

太史公寫〈封禪書〉，正是在譏諷武帝的迷信心理。而文中寫秦始皇之封禪求仙，言「始皇封禪之後十二歲，秦亡」〔註112〕，就是要和「今上」作一對照，以明此乃無益之舉。如牛運震云：

〈封禪書〉譏諷嘲笑，可謂盡情極致矣。……封禪求仙，秦皇漢武事跡略同，太史公敘二君事多作遙對暗照之筆。蓋武帝失德處，不便明加貶語，而借秦皇特特相形，正以見漢武無殊於秦皇也。（《史記評注》卷四）

（五）改正朔，易服色

太史公在〈曆書〉中曾經說過：「王者易姓受命，必慎始初，改正朔，易服色，推本天元，順承厥意」。漢代開國之初，由於天下承秦之弊，這時候最需要的是休養生息。因此，一切悉襲秦法，不願再事更張。但是，這並不代表改制更始的工作不再進行，如文帝時，「魯人公孫臣上書陳終始傳五德事，言方今土德時，土德應黃龍見，當改正朔服色制度」〔註113〕，「賈生以為漢興至孝文二十餘年，天下和洽，而固當改正朔，易服色，法制度，定官名，興禮樂，乃悉草具其事儀法，色尚黃，數用五，為官名，悉更秦之法」〔註114〕，但因文帝「謙讓未遑」〔註115〕，因此一直沒有實行。

可是武帝不同，他從即位之初就開始積極籌備這方面的工作，如〈封禪書〉曰：

〔註111〕 本段所有引文，皆出《史記·封禪書》。
〔註112〕 《史記·封禪書》。
〔註113〕 《史記·孝文本紀》。
〔註114〕 《史記·屈原賈生列傳》。
〔註115〕 《史記·孝文本紀》。

「元年，漢興已六十餘歲矣，天下艾安，搢紳之屬皆望天子封禪改正度也，而上鄉儒術，招賢良，趙綰、王臧等以文學爲公卿，欲議古立明堂城南，以朝諸侯。草巡狩封禪改曆服色事未就」。直到太初元年，這個工作終於完成，〈封禪書〉云：「夏，漢改曆，以正月爲歲首，而色上黃，官名更印章以五字，爲太初元年」。並且武帝也重新制定禮儀，〈禮書〉云：「乃以太初之元改正朔，易服色，封太山，定宗廟百官之儀，以爲典常，垂之於後云」。

　　而太史公在〈禮書〉之中，曾經記述了當時改正朔、易服色及制禮的前後經過：

今上即位，招致儒術之士，令共定儀，十餘年不就。或言古者太平，萬民和喜，瑞應辨至，乃采風俗，定制作。上聞之，制詔御史曰：「蓋受命而王，各有所由興，殊路而同歸，謂因民而作，追俗爲制也。議者咸稱太古，百姓何望？漢亦一家之事，典法不傳，謂子孫何？化隆者閎博，治淺者褊狹，可不勉與！」乃以太初之元改正朔，易服色，封太山，定宗廟百官之儀，以爲典常，垂之於後云。

　　蓋先王之制禮，所以宰制萬物，役使羣眾者，皆順天理之自然，非以人力強設也，所以太史公在〈禮書〉的一開頭就說：「洋洋美德乎！宰制萬物，役使羣眾，豈人力也哉」。武帝之制禮則不然，蓋先王之禮在於防欲止爭，使「使欲不窮於物，物不屈於欲」〔註116〕，然「今上」是多欲之人，其憚古禮之制欲，故集儒生共定儀，十餘年不就。而後儒生言之曰「古者太平，萬民和喜，瑞應辨至，乃采風俗，定制作」，恰與當時四方騷擾，百姓貧困，災異數見相反。可見儒生認爲當時的武帝沒有制作禮樂的資格，故武帝聞而惡之，才會下詔要儒生「因民而作，追俗爲制」。由此可見，武帝改正朔、易服色及制漢禮的目的，不過是爲了博取王者之名而已。

　　昔秦始皇初并天下，亦「改正朔，易服色」，認爲「方今水德之始，改年始，朝賀皆自十月朔。衣服旄旌節旗皆上黑。……剛毅戾深，事皆決於法，刻削毋仁恩和義，然後合五德之數。」〔註117〕，於是後有暴秦之亡。因此如同賈誼所言，「改正朔，易服色」的眞正意義，是要漢朝能夠「悉更秦之法」，使天下能眞正得享太平。如今武帝不顧天下之衰敝，仍襲暴秦之治術，以嚴刑酷法爲治。如此一來，「改正朔，易服色」不過只是形式而已，失去了它眞正的意義。

　　太史公在〈平準書〉篇後之「太史公曰」中，曾用「外攘夷狄，內興功業」，來作爲他對秦始皇的評論；他在〈今上本紀〉的敘目中，則用「外攘夷狄，內脩法度」來論斷漢武帝之功業。而縱觀《史記》中的「今上」，其「外攘夷狄」是爲了求一己

〔註116〕《史記‧禮書》。
〔註117〕《史記‧秦始皇本紀》。

之快意,「內修法度」則是外飾儒術,內用酷法,竭天下資財以自奉,用一切之法以削奪群下,「封禪」是為求仙不死,「改正朔,易服色」卻又一仍秦法而不改。其所作所為,實與始皇無異,所差一日之長者,不過秦始皇是赤裸裸的推行嚴刑峻法,而漢武帝則是用儒術緣飾文法而已。《史記》全書之中,多次採錄以亡秦為鑒之文辭,其用意在此。因此可知在太史公的心中,實有以秦始皇來譏刺「今上」之意。日後〈今上本紀〉之亡,或許正是因為如此。

四、今上與孝武

在《史記·今上本紀》亡佚之後,正史中唯一為武帝寫本紀者,就只有《漢書·武帝紀》了。在看完了《史記》中的「今上」,並瞭解太史公心中的「今上」後,本節希望能將太史公心中的「今上」和《漢書·武帝紀》中的孝武,作一簡單的比較,以求對以期對馬、班與《史》、《漢》,有更進一步的瞭解。

在馬、班與《史》、《漢》的比較方面,前人的研究成果是非常豐富的。例如像吳福助先生《史漢關係》〔註118〕(1975)、王明通《漢書導論》〔註119〕(1987)、朴宰雨《「史記」「漢書」比較研究》〔註120〕(1994)等等,都是其中較全面且具代表性的著作。但由於《史記·今上本紀》已亡,故專門針對它和《漢書·武帝紀》比較的專文,就十分少見了。要作馬、班與《史》、《漢》的全面比較,此絕非一日之功,非學養深厚者不能為之。因此本節的目的,只是希望就《漢書·武帝紀》的相關材料來與《史記》比較,如有疏誤之處,尚請方家教正。

基本上,要比較《史記·今上本紀》與《漢書·武帝紀》,是一件相當困難的事。因為〈今上本紀〉已亡,其記事、格式、文辭、意法,後人實一無所知,又如何與〈武帝紀〉對照討論?因此,今日能夠用來比較的,只有下面這兩點:

(一)從本紀體的比較來看

如果拿《史記》中漢興以來的四篇本紀,與《漢書》的十二紀相較,則可發現兩者在作法上,是相當不同的。基本上,《史記》和《漢書》的本紀雖然都是採編年體,但《史記》的本紀多富傳記色彩,如吳福助先生言:「《史記》本紀特著重敘述天下興衰大勢,而於造成歷史之重要人物,尤全力描寫,務使其神采飛揚,萬世如睹。且篇篇皆有主旨,脈絡輸灌,章法蟬聯,蔚為汪洋澎湃之大文字」〔註121〕,故

〔註118〕吳福助,《史漢關係》,台中:曾文,1975年。

〔註119〕王明通,《漢書導論》,台北:康橋,1987年。

〔註120〕朴宰雨,《「史記」「漢書」比較研究》,北京:中國文學,1994年。

〔註121〕吳福助,《史漢關係》頁31,台中:曾文,1975年。

其重點在於見人物之本色，凡有助於此，雖小事必載之，如〈呂太后本紀〉「以王諸呂、誅諸呂爲主，以其爲漢室興替所關也。呂后平常行事之繫於呂氏本末者，亦備載不遺」〔註122〕。且篇篇之間作法不同，如眞德秀言：「《太史公書》於高、景二紀，詔皆不書，獨〈文帝紀〉凡詔皆稱『上曰』，以其出於帝之實意故也。不然則山東老癃扶杖聽詔，願見德化之成，其可空言動邪」〔註123〕。《漢書》則不然，其本紀體多去個人傳記之色彩，以編排大事、詔令爲主，不加個人描寫於其內。此固然有整齊綱領之優點，但卻缺乏《史記》所富有的強烈生命力，而成爲單純的帝王大事記。試舉一例如下，觀之可明《史》、《漢》本紀作法之不同：

1. 《史記·呂太后本紀》

　　七年正月，太后召趙王友。友以諸呂女爲受后，弗愛，愛他姬，諸呂女妒，怒去，讒之於太后，誣以罪過，曰：「呂氏安得王！太后百歲後，吾必擊之」。太后怒，以故召趙王。趙王至，置邸不見，令衛圍守之，弗與食。其羣臣或竊饋，輒捕論之，趙王餓，乃歌曰：「諸呂用事兮劉氏危，迫脅王侯兮彊授我妃。我妃既妒兮誣我以惡，讒女亂國兮上曾不寤。我無忠臣兮何故弃國？自決中野兮蒼天舉直！于嗟不可悔兮寧蚤自財。爲王而餓死兮誰者憐之！呂氏絕理兮託天報仇。」丁丑，趙王幽死，以民禮葬之長安民冢次。

2. 《漢書·高后紀》

　　（七年）春正月乙丑，趙王友幽死于邸。

　　故吳福助先生論之曰：

　　蓋《史記》諸本紀，秉古史官之遺法，兼記言動也。《漢書》本紀則改爲事目體，除按年月記載帝王行事外，並詳錄詔誥號令、三公拜罷、宰相升黜、薨卒刑殺、外交朝貢、災祥異變等，綱舉目張，簡嚴整齊。至時政得失之詳情及歷史人物之狀貌，則須求諸列傳中也。而《史記》原有之篇旨章法，自不得見矣。（《史漢關係》頁31）

而今《漢書·武帝紀》全文皆採大事記作法，但我們從上面的論證可知，如《史記·今上本紀》尚存，當不採取此種格式，太史公必能以「今上」一生行事爲主，寫出「今上」的眞正面貌。

（二）從對武帝的評價來看

　　從《漢書·武帝紀》的正文中，我們完全看不出班固對武帝的評價。但是在〈武

帝紀〉篇後的贊語中，班固寫出了他個人對孝武的看法：

> 贊曰：漢承百王之弊，高祖撥亂反正，文景務在養民，至于稽古禮文之事，
> 猶多闕焉。孝武初立，卓然罷黜百家，表章六經。遂疇咨海內，舉其俊茂，
> 與之立功。興太學，修郊祀，改正朔，定曆數，協音律，作詩樂，建封禪，
> 禮百神，紹周後，號令文章，煥焉可述。後嗣得遵洪業，而有三代之風。
> 如武帝之雄材大略，不改文景之恭儉以濟斯民，雖《詩》、《書》所稱何有
> 加焉！

從這一段文字來看，班固對武帝一生功業可說是讚賞備至，不願直斥武帝虛耗奢侈
之過，而言之曰「不改文景之恭儉以濟斯民，雖《詩》、《書》所稱何有加焉」。昔揚
雄以為靡麗之賦，勸百諷一，而班孟堅之著史亦兼此長，可謂難得。事實上，班固
並非不知武帝之過，只是不願書於〈武帝紀〉中，而見於《漢書》他篇。如〈昭帝
紀〉贊曰：

> 承孝武奢侈餘敝師旅之後，海內虛耗，戶口減半，光知時務之要，輕繇薄
> 賦，與民休息。至始元、元鳳之間，匈奴和親，百姓充實。舉賢良文學，
> 問民所疾苦，議鹽鐵而罷榷酤，尊號曰「昭」，不亦宜乎！

〈刑法志〉曰：

> 及至孝武即位，外事四夷之功，內盛耳目之好，徵發煩數，百姓貧耗，窮
> 民犯法，酷吏擊斷，姦軌不勝。於是招進張湯、趙禹之屬，條定法令，作
> 見知故縱、監臨部主之法，緩深故之罪，急縱出之誅。其後姦猾巧法，轉
> 相比況，禁罔寖密。律令凡三百五十九章，大辟四百九條，千八百八十二
> 事，死罪決事比萬三千四百七十二事。文書盈於几閣，典者不能徧睹。是
> 以郡國承用者駮，或罪同而論異。姦吏因緣為市，所欲活則傅生議，所欲
> 陷則予死比，議者咸冤傷之。

〈食貨志〉曰：

> 至孝武皇帝元狩六年，太倉之粟紅腐而不可食，都內之錢貫朽而不可校。
> 乃探平城之事，錄冒頓以來數為邊害，籍兵厲馬，因富民以攘服之。西連
> 諸國至于安息，東過碣石以玄菟、樂浪為郡，北卻匈奴萬里，更起營塞，
> 制南海以為八郡，則天下斷獄萬數，民賦數百，造鹽鐵酒榷之利以佐用度，
> 猶不能足。當此之時，寇賊並起，軍旅數發，父戰死於前，子鬥傷於後，
> 女子乘亭鄣，孤兒號於道，老母寡婦飲泣巷哭，遙設虛祭，想魂乎萬里之
> 外。淮南王盜寫虎符，陰聘名士，關東公孫勇等詐為使者，是皆廓地泰大，
> 征伐不休之故也。

但以《漢書》全書對「孝武」的描寫來看，仍然是褒多於貶。班固貶武帝者，乃其尚奢侈、用酷吏、伐四夷三事；而其褒武帝者，則包括「卓然罷黜百家，表章六經。遂疇咨海內，舉其俊茂，與之立功。興太學，修郊祀，改正朔，定曆數，協音律，作詩樂，建封禪，禮百神，紹周後，號令文章，煥焉可述」及其興文學、建藏書、立樂府、擊匈奴諸事。如〈敘傳〉「武帝紀」之敘目曰：

> 世宗曄曄，思弘祖業，疇咨熙載，髦俊並作。厥作伊何？百蠻是攘，恢我疆宇，外博四荒。武功既抗，亦迪斯文，憲章六學，統壹聖真。封禪郊祀，登秩百神；協律改正，饗茲永年。述〈武紀〉第六。

〈外戚恩澤侯表〉序曰：

> 至乎孝武，元功宿將略盡。會上亦興文學，進拔幽隱，公孫弘自海瀕而登宰相，於是寵以列侯之爵。又疇咨前代，詢問耆老，初得周後，復加爵邑。自是之後，宰相畢侯矣。元、成之間，晚得殷世，以備賓位。

〈藝文志〉曰：

> 迄孝武世，書缺簡脫，禮壞樂崩，聖上喟然而稱曰：「朕甚閔焉！」於是建藏書之策，置寫書之官，下及諸子傳說，皆充祕府。

〈藝文志〉又曰：

> 至孝武立樂府而采歌謠，於是有代趙之謳，秦楚之風，皆感於哀樂，緣事而發，亦可以觀風俗，知薄厚云。序詩賦爲五種。

〈敘傳〉「匈奴傳」之敘目曰：

> 於惟帝典，戎夷猾夏：周宣攘之，亦列風雅。宗幽既昏，淫於女，戎敗我驪，遂亡酆部。大漢初定，匈奴強盛，圍我平城，寇侵邊境。至于孝武，爰赫斯怒，王師雷起，霆擊朔野。宣承其末，乃施洪德，震我威靈，五世來服。王芥竊命，是傾是覆，備其變理，爲世典式。述〈匈奴傳〉第六十四。

然而《史記》全書對「今上」之描寫，實爲貶多於褒。縱有褒詞，亦多有譏刺之意。此乃《史》、《漢》兩書對武帝描寫之最大不同處

　　比較完了《史記》中的「今上」與《漢書・武帝紀》中的「孝武」之不同後，接下來我們想瞭解的是，同樣寫武帝，爲什麼《史》、《漢》會有如此不同的評價？這可分三方面來分析：

（一）時代環境

　　太史公所面對的時代，和班固極爲不同。太史公之一生，大致與武帝相終始，

故其眼見文景以來富餘之天下，醇美之世風，由於「今上」之縱情極欲、窮兵黷武而虛耗衰敗，眼看著漢朝就要重蹈亡秦覆轍，因此不得不一再以始皇譏刺武帝之所為，以警後世聖人君子。但班固生於東漢初年，身逢明章之治，他所看到的是大漢在王莽篡亂後，劉氏仍能中興，因此他深信此乃天命所歸，心中充滿了對漢朝的傾慕之心。故其在〈敘傳〉中引班彪之〈王命論〉以明劉漢乃天命所歸，而《漢書》全書處處可見其頌漢之辭，茲舉〈敘傳〉中本紀敘目為例以證之：

> 皇矣漢祖，纂堯之緒，實天生德，聰明神武。秦人不綱，罔漏于楚，爰茲
> 發迹，斷蛇奮旅。神母告符，朱旗乃舉，粵蹈秦郊，嬰來稽首。革命創制，
> 三章是紀，應天順民，五星同晷。項氏畔換，黜我巴、漢，西土宅心，戰
> 士憤怨。乘釁而運，席卷三秦，割據河山，保此懷民。股肱蕭、曹，社稷
> 是經，爪牙信、布，腹心良、平，龔行天罰，赫赫明明。述〈高紀〉第一。
> 太宗穆穆，允恭玄默，化民以躬，帥下以德。農不供貢，睪不收孥，宮不
> 新館，陵不崇墓。我德如風，民應如中，國富刑清，登我漢道。述〈文紀〉
> 第四。
> 孝景莅政，諸侯方命，克伐七國，王室以定。匪怠匪荒，務在農桑，著于
> 甲令，民用寧康。述〈景紀〉第五。
> 孝元翼翼，高明柔克，賓禮故老，優繇亮直。外割禁圃，內損御服，離宮
> 不衛，山陵不邑。閹尹之呰，穢我明德。述〈元紀〉第九。
> 孝成煌煌，臨朝有光，威儀之盛，如圭如璋。壺闈恣趙，朝政在王，炎炎
> 燎火，亦允不陽。述〈成紀〉第十。

太史公鑒亡秦之弊，故對武帝所為頗有微辭；班孟堅持頌漢之心，故自高祖以下，乃至成帝，無一而非聖君。因此兩人對武帝的評價大異其趣，與其時代背景實有關係。

（二）著作動機

由於時代背景的不同，所以班固看《史記》就始終不能瞭解，為何《史記》對武帝乃至於漢朝的評價如此之低。故他在〈敘傳〉中談到自己著作《漢書》的動機時表示：

> 固以為唐虞三代，《詩》、《書》所及，世有典籍，故雖堯舜之盛，必有典
> 謨之篇，然後揚名於後世，冠德於百王，故曰「巍巍乎其有成功，煥乎其
> 有文章也！」漢紹堯運，以建帝業，至於六世，史臣乃追述功德，私作本
> 紀，編於百王之末，廁於秦項之列。太初以後，闕而不錄，故探纂前記，
> 綴輯所聞，以述《漢書》，起元高祖，終于孝平王莽之誅，十有二世，二

> 百三十年，綜其行事，旁貫五經，上下洽通，爲春秋，考紀、表、志、傳，
> 凡百篇。

因此班固之所以寫《漢書》，是由於他認爲沒有一部史書能夠將漢朝的偉大描寫出來。所以他著史的目的，就是要「尊顯漢室」。

可是太史公不同，他寫《史記》的目的是爲了「究天人之際，通古今之變，成一家之言」〔註124〕，爲了不廢「天下之史文」〔註125〕，爲了上繼春秋，下俟聖人君子。他是要對天下負責，對歷史負責，不要是對漢室負責。因此，《史》、《漢》兩書一開始的目的就不一樣，對漢室的評價自然也不會相同。

（三）寫作背景

《史記》是太史公私撰之書，雖然仍有所顧忌，但在內容上還可以寫自己想寫的東西。但《漢書》不同，班固一開始也想學太史公撰國史，結果被人告發，《後漢書·班彪列傳》敘述了其中詳細的經過：

> 既而有人上書顯宗，告固私改作國史者，有詔下郡，收固繫京兆獄，盡取
> 其家書。先是扶風人蘇朗僞言圖讖事，下獄死。固弟超恐固爲郡所覈考，
> 不能自明，乃馳詣闕上書，得召見，具言固所著述意，而郡亦上其書。顯
> 宗甚奇之，召詣校書部，除蘭臺令史，與前睢陽令陳宗、長陵令尹敏、司
> 隸從事孟異共成〈世祖本紀〉。遷爲郎，典校祕書。固又撰功臣、平林、
> 新市、公孫述事，作列傳、載記二十八篇，奏之。帝乃復使終成前所著書。

從這裡看來，明帝讓班固著書，是經過幾個步驟的。第一，由班超上書「具言固所著述意」，認爲沒有問題，才任命他爲蘭臺令史。第二，這時還不放心，還要再找前睢陽令陳宗、長陵令尹敏、司隸從事孟異和他一起著作〈世祖本紀〉。第三，等看過〈世祖本紀〉和其他著作二十八篇後，確定沒問題了，這才讓他寫《漢書》。但其實明帝至此仍不安心，還要找人和班固一起修史。在班固工作於蘭臺的期間，先後有尹敏、陳宗、孟冀、劉復、賈逵、楊終、傅毅、孔僖和他一起在蘭臺工作〔註126〕；其中的劉復還是宗室，爵封臨邑侯，《後漢書·宗室四王三侯列傳》言其於此時「每有講學事，輒令復典掌焉。與班固、賈逵共述漢史，傅毅等皆宗事之」。

爲什麼明帝要如此小心翼翼，重重考核，才讓班固奉詔著書呢？目的就是不想再出一個太史公，又寫一部譏諷漢廷的史書出來。這從有名的「雲門對策」中，就可以瞭解明帝的心意：

〔註124〕見《報任少卿書》。
〔註125〕《史記·太史公自序》。
〔註126〕安作璋，《班固與漢書》頁34，濟南：山東人民，1979年。

臣固言：永平十七年，臣與賈逵傅毅杜矩展隆郁萌等，召詣雲龍門，小黃門趙宣持〈秦始皇帝本紀〉問臣等曰：「太史遷下贊語中，寧有非耶？」臣對：「此贊賈誼〈過秦篇〉云，向使子嬰有庸主之才，僅得中佐，秦之社稷未宜絕也。此言非是。」即召臣入，問：「本聞此論非耶？將見問意開寤耶？」臣具對素聞知狀。詔因曰：「司馬遷著書成一家之言，揚名後世，至以身陷刑之故，反微文刺譏，貶損當世，非誼士也。司馬相如洿行無節，但有浮華之辭，不周於用，至於疾病而遺忠，主上求取其書，竟得頌述功德，言封禪事，忠臣効也。至是賢遷遠矣。」臣固常伏刻誦聖論，昭明好惡，不遺微細，緣事斷誼，動有規矩，雖仲尼之因史見意，亦無以加。（《文選》卷四十八〈典引〉）

班固到底回答明帝什麼，他並沒有說。但是明帝先以「太史遷下贊語中，寧有非耶」問之，蓋《史記‧秦始皇本紀》之太史公曰，幾乎全錄賈誼〈過秦論〉，此時當論賈生之立論，而不當言太史公之徵引；後又下詔將太史公「微文刺譏，貶損當世」之因歸罪於「以身陷刑之故」，這是扭曲史公著作動機的開始。而詔中言司馬相如著書「頌述功德」，言其「賢遷遠矣」，對班固更是再明白不過的暗示。而班固既然「常伏刻誦聖論」，「緣事斷誼，動有規矩」，寫出來的《漢書》，自然就是「頌漢功德」的面目了〔註127〕。

總結來看，《史記》寫「今上」內容多有譏刺，其因在於太史公眼見天下因一人而衰敝，欲以亡秦之弊相警，故不得不出於此。而《漢書》本為「尊顯漢室」而作，又是奉詔著史，故其內容常懷「頌漢功德」之意，對「孝武」自然不會貶損。日後《漢書》一出，「當世甚重其書，學者莫不諷誦焉」，雖不敢斷言是否有朝廷的力量在背後推廣，但比起《史記》成書後，就被秘藏刪削的命運，真是幸運的太多了！

〔註127〕事實上，《漢書》的出現乃是漢廷為消除《史記》對其統治之不良影響，所想出的最終辦法。而中國史學也因此扭轉了發展方向與精神，於後世有極為深遠的影響。詳見呂世浩，《《史記》到《漢書》的轉變：轉折過程與歷史意義》，國立臺灣大學歷史學研究所 2008 年博士論文。

第五章　結論：從五體之末看《史記》的特質

　　經由上述三章的個別探究之後，我們對於書體之末〈平準書〉、世家體之末〈三王世家〉及本紀體之末〈今上本紀〉，已經有了深入的瞭解。在此基礎之上，本文擬就《史記》五體之末的深刻意涵作一綜合討論。

　　書體之首是〈禮書〉，讓者，禮之實也，故有「貴禮崇讓」之意〔註1〕。而書體之末是〈平準書〉，〈平準書〉言平準設置之原由，凡歷三十七變〔註2〕，以述天下因武帝之多欲而耗敝，因耗敝而求利，而後事變相激不得不生出平準的經過。太史公作〈平準書〉，將古今兩次世風的變化，並列於正文及贊語之中。然後知極盛之天下，亦可因天子一人之多欲，而陵遲至極衰之世，而世風亦隨之敗壞。因此天子之「多欲」，正是造成世風之「反是」的最根本原因。而〈平準書〉結以「烹弘羊，天乃雨」，表面明示天下對桑弘羊聚斂之舉的痛恨。然則「平準」乃武帝以爲然而許之，其財亦天子一人用之〔註3〕，故其聚斂攘奪，實與暴秦無二。而全篇無一字直書武帝之惡，先歸罪富商大賈，再歸罪列國封君，三歸罪逐利之徒，四歸罪盜鑄吏民，五歸罪博游子弟，最後則言「犯者眾，吏不能盡誅取」、「佈告天下，天下莫應」。於是此時上自列國諸侯，下至天下吏民，莫不有罪也。殷周之世，先本絀末，故曰：「萬方有罪，罪在朕躬」〔註4〕；武帝之世，去本趨末，故平準書若曰「天子無罪，罪在萬方」，以深刺之。此與世家體之末〈三王世家〉全錄奏議，史公不著一辭之作法，

〔註 1〕　《史記‧樂書》：「揖讓而治天下者，禮樂之謂也」；《史記‧五帝本紀》：「伯夷主禮，上下咸讓」。

〔註 2〕　此據吳齊賢之用語，轉引自《史記評林補標》卷三十（台北：地球，1994 年），頁1080。

〔註 3〕　《史記‧平準書》：「於是天子北至朔方，東到太山，巡海上，並北邊以歸。所過賞賜，用帛百餘萬匹，錢金以巨萬計，皆取足大農」

〔註 4〕　《論語‧堯曰》。

實有異曲同工之妙，皆隱含譏刺武帝之意。

世家之首為〈吳太伯世家〉，盛贊太伯讓國與季札讓德，其有「崇讓」之意甚明〔註5〕。世家體之末為〈三王世家〉，太史公之所以採取編列公文書之作法，來作〈三王世家〉，並非不能直敘其事，而是欲採武帝及群臣「自供之詞」，以彰武帝讓虛促實、好欲爭利之心。史公於正文內不發一言，正可襯托出武帝君臣文辭之「爛然可觀」，又何言哉！其譏諷之意，尤深於〈河渠書〉中的「瓠子之詩」。首末一正一反，互為對照。太史公於世家體之首末，寓崇讓譏欲之深意，於是而明矣。

本紀體之首為〈五帝本紀〉，所言皆五帝盛德及堯舜禪讓之事，寓有崇德貴讓之旨。而本紀體之末則為〈今上本紀〉，此篇今雖亡佚，然由《史記》各篇與武帝相關之材料，則不難明太史公之意。從〈敘目〉所言：「漢興五世，隆在建元，外攘夷狄，內脩法度，封禪，改正朔，易服色」各點來看，太史公在《史記》一書中，實以秦始皇來譏刺漢武帝。而由〈今上本紀〉亡佚的相關史料來看，此篇極可能為漢廷所刪削，如無譏刺，何必削之？故可略推〈今上本紀〉之作意，必與譏刺武帝有關。故日後《史記・今上本紀》與《漢書・武帝紀》一亡一存，實乃其來有自。

表體之首為〈三代世表〉，有非爭貴讓之意。表體之末則為〈漢興以來將相名臣年表〉，此表之最大特色，在於表中之倒書。對此倒書，歷代學者多有研討，或曰便於觀覽〔註6〕，或曰此乃未完成稿之跡〔註7〕，然皆不能合理解釋倒書之義〔註8〕。事實上，表中之倒書深含筆削微旨。對於此點，近代學者如施丁、張大可等已多有提及。如施丁認為倒書之微旨，在於強調「丞相的可悲下場、太尉之置廢無常、御史大夫之吉少凶多，而且表明景武之世日益嚴重」〔註9〕；張大可認為倒書之義，在彰顯「擇任將相關係國家興亡，而武帝用人賞輕罰重，親親疏賢，順我者昌，逆我者亡，將相多危，非明聖之君也」〔註10〕。其實要明白倒書的意義，應該更進一步結合表中的「大事記」來看。如表中的第一條倒書為「周苛守滎陽死」，周苛於楚

〔註5〕 詳見阮芝生，〈論吳太伯與季札讓國〉，《國立臺灣大學歷史學系學報》第18期，頁1～38。

〔註6〕 汪越，《讀史記十表》，收於《史記漢書諸表訂補十種》，北京：中華書局，1982年。

〔註7〕 李解民，〈《史記》表中的倒文〉，收入《學林漫錄》第三集，北京：中華書局，1981年，頁118～126。

〔註8〕 此乃張大可先生之分析，見〈試述將相表之結構與倒書〉，收入氏著《史記研究》，蘭州：甘肅人民出版社，1985年，頁319～337。

〔註9〕 施丁，〈試讀《史記》將相表之「倒書」〉，收入《古籍整理論文集》，蘭州：甘肅人民出版社，1984年，頁175～194。

〔註10〕 張大可，〈試述將相表之結構與倒書〉，收入氏著《史記研究》，蘭州：甘肅人民出版社，1985年，頁319～337。

漢相爭之時，城破爲項羽所擒，項羽以上將軍封三萬戶誘之，周苛絲毫不爲所動，以致被烹殺而死。如此忠心耿耿，而其子至高祖九年方才封侯，然高祖之昆弟於高祖七年之前便已盡封〔註11〕。對待昆弟如此之厚，而對待功臣如此之薄，豈不令人齒冷！其他倒書如御史大夫趙堯之無罪被殺、太尉官之置廢無常、群臣之不得善終，在在說明漢家對待這些賣命功臣的態度。反之，在群臣流血流汗之際，「大事記」一欄中則大書「尊太公爲太上皇」、「劉仲爲代王」、「未央宮成，置酒前殿，太上皇輦上坐，帝奉玉巵上壽曰：『始常以臣不如仲力，今臣功孰與仲多？』太上皇笑，殿上稱萬歲」、「太上皇崩」、「爲高祖立廟於沛，置歌兒一百二十人」，此皆不知與天下國家何干，得稱之爲「大事」乎？故太史公作〈將相表〉，實以「大事記」譏刺漢家以天下爲其一己之私產，而以「倒書」悲群臣之不得其死。故吳見思言：

> 自古之待功臣者，每以漢高爲口實，將如淮陰之鐘室，布越之菹醢，相如蕭相國之謹飭，而上林一請，不免於下吏。噫，亦薄甚矣！故子孫習之，而申屠嘉不免於嘔血，周亞夫不免於餓死。至孝武之事，丞相多至自殺，而將帥以坐法抵罪失侯者，往往而有。此史公〈年表〉之所以作也。史公生於此時，目擊心慨，未免言之過甚，故後人削之，而序論之所以闕乎。嗚呼，孔子《春秋》皆口授，而定、哀之間多微辭，豈無故哉。（《史記論文・漢興以來將相名臣年表》）

故知太史公作〈漢興以來將相名臣年表〉，實有譏刺「漢家德薄私天下」（借用資蛙師語）之微旨。

列傳體之首是〈伯夷列傳〉，列傳體之末是〈貨殖列傳〉。而〈貨殖列傳〉不僅是列傳體之末，它同時也是《史記》全書之末。對於其置於傳末篇終的微旨，阮芝生先生曾作以下的精闢分析：

> 前人多言〈貨殖傳〉與〈平準書〉相表裡；列傳終於〈貨殖〉，猶如八書終於〈平準〉，皆非偶然。趙汸說：「〈平準書〉是譏人臣橫斂以佐人主之欲，〈貨殖傳〉是譏人主好貨，使四方皆變其俗趨利。」前者譏上之失政，後者譏下之末俗，二者有相應之處。……〈貨殖傳〉是列傳之末，列傳之首爲〈伯夷傳〉，而史公〈敘目〉云：「末世爭利，唯彼奔義，作伯夷列傳第一。」劉光蕡說：「伯夷傳是欲義之極，此傳是欲利之極。」奔義與爭利，正是要與〈貨殖傳〉對照首末。〈貨殖傳〉是全書之終，而全書之首

〔註11〕《史記・楚元王世家》：「及高祖爲帝，封昆弟。而伯子獨不得封。……於是乃封其子爲羹頡侯。」《集解》：「徐廣曰：『羹頡侯以高祖七年封。』」既曰「獨不得封」，可知最晚至高祖七年，其昆弟便已封盡。

> 爲〈五帝本紀〉，五帝見治不見亂，全篇言五帝之「德」，尤重堯舜之禪讓，
> 〈敘目〉曰：「維昔黃帝，法天則地，四聖遵序，各成法度，唐堯遜位，
> 虞舜不台，厥美帝功，萬事載之，作五帝本紀第一。」是五帝皆法天則地，
> 所貴在德，尤重禪讓。此篇與〈貨殖〉首末，隱示「德、讓」與「利、爭」
> 之對比與成效，亦猶〈大學〉所示貴德賤貨之意。〔註12〕

故知太史公作《史記》，實有貴德崇讓、賤利譏爭之意。此意不僅列傳體首末有之，就連全書首末亦有此寓意。

總括來看，《史記》五體之首無一不含崇讓之意，而《史記》五體之末無一不含譏刺之意。〈今上本紀〉譏刺漢武之過；〈漢興以來將相名臣年表〉以大事記及倒書對照，以諷漢家之德薄私天下；〈平準書〉列三十七變，以明武帝之聚斂攘奪，實與暴秦無二；〈三王世家〉錄君臣之自供，不言而彰武帝虛讓實欲之心；最後全書以〈貨殖列傳〉結末，言「人主好貨，使四方皆變俗趨利」。更進一步說，其譏刺的對象正是人主之私欲，其以天下爲一人之私產，功臣不得其死，子弟皆可封王，傾天下之資財而不足饜其欲，集海內之令名猶不能盡其意，外貪仁義之名，內縱嗜欲之心。故元帝時貢禹曾上書痛言之：

> 武帝始臨天下，尊賢用士，闢地廣境數千里，自見功大威行，遂從奢欲，
> 用度不足，乃行壹切之變，使犯法者贖罪，入穀者補吏，是以天下奢侈，
> 官亂民貧，盜賊並起，亡命者眾。郡國恐伏其誅，則擇便巧史書習於計簿
> 能欺上府者，以爲右職；姦軌不勝，則取勇猛能操切百姓者，以苛暴威服
> 下者，使居大位。故亡義而有財者顯於世，欺謾而善書者尊於朝，誖逆而
> 勇猛者貴於官。故俗皆曰：「何以孝弟爲？財多而光榮。何以禮義爲？史
> 書而仕宦。何以謹慎爲？勇猛而臨官。」故黥劓而髡鉗者猶復攘臂爲政於
> 世，行雖犬彘，家富勢足，目指氣使，是爲賢耳。故謂居官而置富者爲雄
> 桀，處姦而得利者爲壯士，兄勸其弟，父勉其子，俗之壞敗，乃至於是。
> （《漢書·貢禹傳》）

太史公於〈禮書〉引荀子之言曰：「人生有欲，欲而不得，則不能無忿。忿而無度量則爭，爭則亂」。蓋世亂之因在於爭利，而爭利之原出於人主之欲。太史公所寫的武帝是一個多欲之人，他可以因私欲而產業天下，可以因私欲而聚斂百姓，可以因私欲而默允大位，可以因私欲而封立王侯，故諸侯也可以因私欲而妄行不法〔註13〕，

〔註12〕 阮芝生，〈貨殖與禮義——《史記·貨殖列傳》析論〉，《國立臺灣大學歷史學系學報》第19期，頁24。
〔註13〕 《史記·漢興以來諸侯王年表》序：「漢定百年之閒，親屬益疏，諸侯或驕奢，忕邪

天下人也可以因私欲而好貨爭利。上下交征利，則天下豈有不亂之理？故〈十二諸侯年表〉序有云：「亂自京師始」，以明「末世爭利」之根源。「爭」的反面是「讓」，故太史公於《史記》五體之首皆推言「貴禮崇讓」之旨，於五體之末則皆暗寓「賤利譏爭」之義，其深意就在「以讓化爭」，防世亂於未然之前。

　　上世崇讓，末世爭利，此乃千古世變之極。而世變之端，實繫於人主之心。人主「廣恩博施」〔註14〕、「謙讓未成」〔註15〕，則「人人自愛而重犯法，先行義而後紲恥辱焉」；若人主「內多欲」〔註16〕且「遂縱嗜欲」〔註17〕，縱然「法嚴令具」「慘急刻深」，亦必「選舉陵遲，廉恥相冒」。懲惡，則「犯者眾，吏不能盡誅取」；勸善，則「天下莫應」〔註18〕。世風至此，則天下豈有不亂之理？故太史公於《史記》中曾三次廢書而嘆。一為〈十二諸侯年表〉序曰「太史公讀春秋曆譜諜，至周厲王，未嘗不廢書而歎也」；二為〈孟荀列傳〉之「太史公曰」云「余讀孟子書，至梁惠王問何以利吾國，未嘗不廢書而歎也」；三為〈儒林列傳〉之「太史公曰」言「余讀功令，至於廣厲學官之路，未嘗不廢書而歎也」。包世臣於是而言〔註19〕：

> 紲禮尚法以爭利，秦治也，漢初因之。至孝武興禮重儒，顧專飾玉帛鐘鼓以欺世，而嚴刑嗜利反甚於高惠文景之世，遂使利操大權，而人心趨之如鶩，是天意欲變古今之局。故史公發憤而作，全書言廢書而嘆者三，一屬王好利，惡聞己過，一孟子言王何必曰利，一公孫厲學官之路，其義類可見。

周厲王專利，梁惠王好利，公孫弘則以利祿誘儒生入仕途，故世風一變而天下之人莫不趨利。太史公觀世風之變，心有所痛，於是曰「嗟乎，利誠亂之始也」〔註20〕。故於《史記》五體之末寓「賤利譏爭」之微旨，以明世亂之根源。

　　然《史記》一書之目的，並不僅止於「譏刺」而已。太史公在〈太史公自序〉中曾述《史記》之作意曰：

> 先人有言：「自周公卒五百歲而有孔子，孔子卒後至於今五百歲，有能紹明世，正《易》傳，繼《春秋》，本《詩》、《書》、《禮》、《樂》之際？」

　　　臣計謀為淫亂，大者叛逆，小者不軌於法。」
〔註14〕《史記‧孝文本紀》之敘目。
〔註15〕《史記‧孝文本紀》之贊語。
〔註16〕《史記‧汲鄭列傳》之汲黯言。
〔註17〕《後漢書‧貢禹傳》。
〔註18〕以上五句引文，皆見於《史記‧平準書》。
〔註19〕《安吳四種》卷九〈論史記六國表序〉。
〔註20〕《史記‧孟荀列傳》。

意在斯乎！意在斯乎！小子何敢讓焉。

故《史記》一書，乃為「繼《春秋》」而作，〈自序〉曰「《春秋》采善貶惡，推三代之德，褒周室，非獨譏刺而已也」，又曰「撥亂世，反之正，莫近於《春秋》」。所以《史記》不僅是一部史書，更重要的在上繼《春秋》「撥亂反正」之志。史公既知利為亂始，則撥亂反正之法，惟有「以義紲利」、「以讓化爭」，也就是禮書及平準書一再提及的「以禮義防於利」的觀念〔註21〕。此觀念不僅散見於《史記》全書各處，太史公更於五體及全書首末各篇寓此深旨：以〈五帝〉之公讓，明〈今上〉之私欲；以〈三代〉之非爭貴讓，刺〈漢興〉之德薄私天下；以〈禮書〉之盡性通王，防〈平準〉之爭利無已；以〈吳太伯〉之口不言讓而讓心真誠，譏〈三王〉之讓讓不已而心實欲之；以〈伯夷〉之奔義，諷〈貨殖〉之爭利。《史記》五體之首，其作意在於崇「禮讓」；而《史記》五體之末，其作意在於譏「利爭」。禮讓因於德，讓德之至，則天下國家無不可讓，故能以德化民，使「百姓昭明，合和萬國」〔註22〕，此即《史記》全書首〈五帝本紀〉之意。反之，利爭出於欲，爭欲之極，則「天子將患貧而與民爭利，自為商賈，導民於爭，激成末俗」〔註23〕，此即《史記》全書末〈貨殖列傳〉之意。故《史記》乃為「論治」而作，後人不知此深意，僅以《史記》為一史書，於是失其為「論治之書」、「百王大法」〔註24〕之特質，豈不辜負太史公之深意！太史公於全書之首〈五帝本紀〉之「太史公曰」，開宗明義即言：「非好學深思，心知其意，固難為淺見寡聞道也」，豈虛言哉！

〔註21〕請參考阮芝生，〈《史記》的特質〉，《中國學報》29期，韓國中國學會，漢城，1989年6月，頁69。

〔註22〕《史記·五帝本紀》。

〔註23〕阮芝生，〈貨殖與禮義——《史記·貨殖列傳》析論〉，《國立臺灣大學歷史學系學報》第19期，頁26。

〔註24〕同注429，頁63。

徵引書目

一、傳統文獻

1. 《十三經注疏》，臺北：啓明書局影清阮元刻本，1959 年。

2. 〔漢〕司馬遷，《史記》，南宋初覆刻北宋景佑監本，現藏中央研究院歷史語言研究所。

3. 〔漢〕司馬遷，《史記》，北京：文學古籍刊行社景印北京圖書館藏南宋紹興初杭州刻本，1955 年。

4. 〔漢〕司馬遷，《史記》，南宋慶元黃善夫本，現藏臺灣大學圖書館。

5. 〔漢〕司馬遷，《史記》，北京：中華書局點校本，1959 年。

6. 〔周〕管仲撰，（清）戴望校正，《管子校正》，臺北：世界書局，1958 年。

7. 〔周〕莊周撰，郭慶藩集釋，《莊子集釋》，臺北：世界書局，1963 年。

8. 〔周〕尹文，《尹文子》，上海：上海書店影本，1989 年。

9. 〔周〕呂不韋撰，陳奇猷校釋，《呂氏春秋校釋》，上海：學林，1984 年。

10. 〔漢〕桓寬撰，王貞岷注譯，王利器審訂，《鹽鐵論譯注》，長春：吉林文史，1995 年。

11. 〔漢〕班固，《漢書》，北京：中華書局點校本，1962 年。

12. 〔漢〕王充，《論衡》，臺北：臺灣中華書局據明刻校刊本影印，1966 年。

13. 〔漢〕許慎，《說文解字》，北京：中華書局影本，1963 年。

14. 〔漢〕蔡邕，《獨斷》，臺北：商務印書館影四部叢刊本，1981 年。

15. 〔晉〕陳壽，《三國志》，北京：中華書局，1963 年。

16. 〔晉〕葛洪編纂，成林、程章燦譯注，《西京雜記》，臺北：地球排印本，1994 年。

17. 〔南朝宋〕范曄，《後漢書》，北京：中華書局點校本，1965 年。

18. 〔梁〕蕭統選、〔唐〕李善注，《文選》，北京：中華書局影北京圖書館藏宋淳

熙八年刻本，1974年。

19. 〔唐〕房玄齡，《晉書》，臺北：臺灣商務印書館景印文淵閣四庫全書，1983年。

20. 〔唐〕魏徵，《隋書》，北京：中華書局點校本，1973年。

21. 〔唐〕歐陽詢，《藝文類聚》，臺北：新興書局影本，1973年。

22. 〔唐〕劉知幾撰，浦起龍釋，《史通通釋》，臺北：里仁書局排印本，1980年。

23. 〔唐〕張懷瓘，《書斷》，臺北：藝文印書館影宋咸淳左圭輯刊本，1967年。

24. 〔唐〕杜佑，《通典》，北京：中華書局影本，1988年。

25. 〔宋〕司馬光撰，〔元〕胡三省音注，《資治通鑑》，北京：中華書局點校本，1956年。

26. 〔宋〕司馬光，《資治通鑑考異》，臺北：臺灣商務印書館景印四部叢刊本，1979年。

27. 〔宋〕沈括，《夢溪筆談》，臺北：臺灣商務印書館排印本，1956年。

28. 〔宋〕沈括，《補筆談》，臺北：藝文印書館景印清嘉慶張海鵬輯刊本。

29. 〔宋〕鄭樵，《通志》，臺北：臺灣商務印書館景印文淵閣四庫全書，1983年。

30. 〔宋〕陸遊，《老學庵筆記》，北京：中華書局排印本，1985年。

31. 〔宋〕呂祖謙，《東萊呂太史別集》，臺北：藝文印書館景印本，1972年。

32. 〔宋〕呂祖謙，《大事記‧解題》，臺北：臺灣商務印書館景印文淵閣四庫全書，1983年。

33. 〔宋〕眞德秀編，《文章正宗》，臺北：臺灣商務印書館影本，1975年。

34. 〔宋〕黃震，《黃氏日抄》，清乾隆三十二年新安汪氏校宋刊本。

35. 〔宋〕黃震，《古今紀要》，臺北：臺灣商務印書館景印文淵閣四庫全書，1983年。

36. 〔宋〕王應麟纂，《玉海》，南京：江蘇古籍據清光緒九年浙江書局刊本影印，1987年。

37. 〔元〕馬端臨，《文獻通考》，臺北：臺灣商務印書館景印文淵閣四庫全書，1983年。

38. 〔明〕何喬新，《何文蕭公文集》，臺北：偉文圖書公司影本，1976年。

39. 〔明〕凌稚隆輯校，〔明〕李光縉增補，〔日〕有井範平補標，《史記評林補標》，臺北：地球影本，1992年。

40. 〔明〕茅坤輯，《史記鈔》，臺南：莊嚴影本，1996年。

41. 〔明〕王夫之，《讀通鑑論》，船山全書編輯委員會編校，長沙：嶽麓書社，1988年。

42. 〔明〕徐枋，《居易堂集》，上海：商務印書館據涵芬樓影印固安劉氏藏原刊影本，1936年。

43. 〔明〕萬斯同，《群書疑辯》，清嘉慶丙子（二十一）年甬上水氏供石亭刊本。

44. 〔清〕方苞，《史記注補正》，收於《二十五史三編》，張舜徽主編，長沙：岳麓書社影本，1994 年。

45. 〔清〕汪越，《讀史記十表》，收於《史記漢書諸表訂補十種》，北京：中華書局點校本，1982 年。

46. 〔清〕盧文弨，《續漢書志注補》，收入二十五史刊行委員會編《二十五史補編》，臺北：臺灣開明書局影本，1959 年。

47. 〔清〕王鳴盛，《十七史商榷》，臺北：廣文書局影本，1958 年。

48. 〔清〕趙翼，《廿二史箚記》，臺北：鼎文書局點校本，1975 年。

49. 〔清〕段玉裁，《說文解字注》，臺北：黎明文化事業公司影經韻樓版，1974 年。

50. 〔清〕章學誠，《文史通義》，上海：上海古籍影民國十一年（1922 年）劉氏嘉業堂刻章氏遺書本，1997 年。

51. 〔清〕梁玉繩，《史記志疑》，臺北：學生書局影本，1970 年。

52. 〔清〕梁玉繩等撰，《史記漢書諸表訂補十種》，北京：中華書局點校本，1982 年。

53. 〔清〕阮元，《詁經精舍文集》，北京：中華書局排印本，1985 年。

54. 〔清〕周濟，《求志堂存稿彙編》，清光緒十八年周恭壽刊本。

55. 〔清〕王筠，《說文解字句讀》，北京：中華書局影本，1988 年。

56. 〔清〕朱駿聲，《說文通訓定聲》，臺北：宏業書局影本，1974 年。

57. 〔清〕孫星衍等輯，周天游點校，《漢官六種》，北京：中華書局點校本，1990 年。

58. 〔清〕包世臣，《安吳四種》，道光廿六年白門倦游閣刊本。

59. 〔清〕曾國藩，《求闕齋讀書錄》，臺北：廣文書局影本，1969 年。

60. 〔清〕阮葵生，《茶餘客話》，北京：中華書局排印本，1985 年。

61. 〔清〕王國維，《海寧王靜安先生遺書》，臺北：臺灣商務印書館影手稿本，1976 年。

62. 〔清〕崔適，《史記探源》，北京：中華書局點校本，1986 年。

63. 〔漢〕司馬遷撰，〔日〕瀧川資言考證，《史記會注考證》，臺北：宏業書局影本，1990 年。

二、近人專著及論文

1. 羅根澤，《管子探源》，上海：中華書局，1931 年。

2. 施之勉，《漢史辨疑》，臺北：中央文物供應社，1954 年。

3. 郭嵩燾，《史記札記》，上海：商務印書館，1957

4. 朱東潤，《史記考索》，臺北：臺灣開明書局，1957 年。

5. 張心澂編著，《偽書通考》，上海：商務印書館，1957 年。

6. 陳直,《兩漢經濟史料論叢》,西安:陝西人民,1958 年。

7. 勞榦,《居延漢簡考證》,台北:中央研究院歷史語言研究所,1959 年。

8. 余嘉錫,《余嘉錫論學雜著》,北京:中華書局點校本,1963 年。

9. 彭信威,《中國貨幣史》,上海:上海人民,1965 年。

10. 梁啓超主編,《庸言》,臺北:文海影本,1971 年。

11. 吳福助,《史漢關係》,台中:曾文,1975 年。

12. 孫德謙,《太史公書義法》,臺北:鼎文書局排印本,1976 年。

13. 劉咸炘,《四史知意》,臺北:鼎文書局點校本,1976 年。

14. 陳直,《史記新證》,天津:天津人民,1979 年。

15. 安作璋,《班固與漢書》,濟南:山東人民,1979 年。

16. 馬非百,《管子輕重篇新詮》,北京:中華書局,1979 年。

17. 陳直,《漢書新證》,天津:天津人民,1979 年。

18. 陳夢家,《漢簡綴述》,北京:中華書局,1980 年。

19. 中國社會科學院考古研究所編,《居延漢簡甲乙編》,北京:中華書局,1980 年。

20. 中國社會科學院考古研究所、河北省文物管理處,《滿城漢墓發掘報告》,北京:文物,1980 年。

21. 施丁、陳可青編著,《司馬遷研究新論》,鄭州:河南人民,1982 年。

22. 王叔岷,《史記斠證》,臺北:中央研究院歷史語言研究所,1983 年。

23. 白尚恕注釋,《九章算術注釋》,北京:科學,1983 年。

24. 熊十力,《讀經示要》,臺北:明文書局,1984 年。

25. 安作璋、熊鐵基,《秦漢官制史稿》,濟南:齊魯書社,1984 年。

26. 施丁,《古籍整理論文集》,蘭州:甘肅人民出版社,1984 年。

27. 張大可,《史記研究》,蘭州:甘肅人民,1985 年。

28. 楊燕起、陳長青、賴長揚編,《歷代名家評史記》,北京師範大學,1986 年。

29. 金少英集釋,李慶善整理,《漢書食貨志集釋》,北京:中華書局,1986 年。

30. 王明通,《漢書導論》,臺北:康橋,1987 年。

31. 邢義田,《秦漢史論稿》,臺北:東大圖書公司,1987 年。

32. 李慶善,《史記注譯·平準書》,北京:新華書店,1988 年。

33. 陳直,《文史考古論叢》,天津:天津古籍,1988 年。

34. 王利器注譯,《史記注譯》,北京:新華書店,1988 年。

35. 曾棗莊、劉琳主編,《全宋文》,成都:巴蜀書社,1988 年。

36. 范韌庵、李志賢編著,《書法辭典》,南京:江蘇古籍,1989 年。

37. 陳連慶,《中國古代史研究》,長春:吉林文史,1991 年。

38. 甘肅省文物考古研究所編，《敦煌漢簡》，北京：中華書局，1991 年。

39. 甘肅省文物考古研究所、甘肅省博物館、文化部古文獻研究室、中國社會科學院歷史研究所編，《居延新簡：甲渠候官》，北京：中華書局，1994 年。

40. 宋杰，《《九章算術》與漢代社會經濟》，北京：首都師範大學，1994 年。

41. 朴宰雨，《「史記」「漢書」比較研究》，北京：中國文學，1994 年。

42. 李慈銘，《漢書札記》，長沙：岳麓書社，1994 年。

43. 徐蘋芳，《中國歷史考古學論叢》，臺北：允晨文化，1995 年。

44. 李長之，《司馬遷之人格與風格》，臺北：里仁書局，1997 年。

45. 蔣若是，《秦漢錢幣研究》，北京：中華書局，1997 年。

46. 汪桂海，《漢代官文書制度》，南寧：廣西教育，1999 年。

47. 〔日〕加藤繁，《《史記‧平準書》、《漢書‧食貨志》譯注》，東京：岩波文庫，1942 年。

48. 〔日〕加藤繁，《中國經濟史考證》，北京：商務印書館，1959 年。

49. 〔日〕中井積德，《史記雕題》，大阪：大阪大學懷德堂文庫復刻叢書本，1991 年。

50. 蒙文通，〈漢代之經濟政策〉，《說文月刊》第 4 期，1944 年。

51. 李齊方，〈漢武帝的新經濟政策〉，《史地叢刊》第 1 期，1947 年。

52. 嚴耕望，〈秦漢郎吏制度考〉，《中央研究院歷史語言研究所集刊》23 冊上，1951 年。

53. 曲潁生，〈史記八書存亡真僞疏辨〉，《大陸雜誌》9 卷 12 期，1954 年。

54. 李祖德，〈論西漢的貨幣改制——兼論西漢的「重農抑商」政策〉，《歷史研究》1965 年 3 期。

55. 施之勉，〈讀《史記會注考證》札記——〈封禪書〉第六、〈河渠書〉第七、〈平準書〉第八〉，《大陸雜誌》41 卷 3 期，1970 年。

56. 阮芝生，〈司馬遷的心〉，《國立臺灣大學文史哲學報》23 期，1974 年。

57. 阮芝生，〈試論司馬遷所說的「通古今之變」〉，收入《沈剛伯先生八秩榮慶論文集》，臺北：聯經，1976 年。

58. 甘肅居延考古隊，〈居延漢代遺址的發掘和新出土的簡冊文物〉，《文物》1978 年第 1 期。

59. 施丁，〈司馬遷寫當代史〉，《歷史研究》1979 年第 7 期。

60. 阮芝生，〈論《史記》五體及「太史公曰」的述與作〉，《國立臺灣大學歷史學系學報》第 6 期，1979 年。

61. 侯家駒，〈均輸平準小考〉，《大陸雜誌》58 卷 4 期，1979 年。

62. 阮芝生，〈論《史記》五體的體系關連〉，《國立臺灣大學歷史學系學報》第 7 期，1980 年。

63. 金惠，〈漢武帝經濟措施的前因後果〉，《東方雜誌》14 卷 5 期，1980 年。

64. 阮芝生，〈〈伯夷列傳〉析論〉，《大陸雜誌》63 卷 3 期，1981 年。

65. 阮芝生，〈〈伯夷列傳〉發微〉，《國立臺灣大學文史哲學報》第 34 期，1981 年。

66. 李解民，〈《史記》表中的倒文〉，收入《學林漫錄》第三集，北京：中華書局，1981 年。

67. 施丁，〈司馬遷寫「今上（漢武帝）」〉，收入施丁、陳可青編《司馬遷研究新論》，鄭州：河南人民，1982 年。

68. 張大可，《史記》殘缺與補篡考辨〉，蘭州大學學報（社會科學版），1982 年第 3 期。

69. 金惠，〈漢武帝的理財重臣：桑弘羊〉，《東方雜誌》15 卷 7 期，1982 年。

70. 劉澤根，〈《史記·平準書》大觀及若干經濟史實〉，《陝西財經學院學報》，1985 年。

71. 阮芝生，〈《史記》的特質〉，《中國學報》29 期，漢城：韓國中國學會，1989 年。

72. 阮芝生，〈《史記·河渠書》析論〉，《國立臺灣大學歷史學系學報》15 期，1990 年。

73. 姜樹，〈試論司馬遷關於農工商虞的整體構思：讀〈平準書〉和〈貨殖列傳〉〉，《齊齊哈爾社會科學》1991 年第 3 期

74. 逯耀東，〈漢武帝封禪與史記封禪書〉，收入《第二屆史學史國際研討會論文集》，台中：青峰，1991 年。

75. 逯耀東，〈論司馬遷「成一家之言」的兩個層次——〈太史公自序〉的「拾遺補藝」〉，《國立臺灣大學歷史學系學報》第 17 期，1992 年。

76. 彭清深，〈司馬遷經濟思想準則：《史記·平準書·貨殖列傳》學習札記〉，《青海民族學院學報》1992 年第 4 期。

77. 逯耀東，〈司馬遷「通古今之變」的「今」之開端〉，《輔仁歷史學報》第 5 期，1993 年。

78. 逯耀東，〈司馬遷對匈奴問題處理的限制〉，《輔仁歷史學報》第 6 期，1994 年。

79. 阮芝生，〈論吳太伯與季札讓國〉，《國立臺灣大學歷史學系學報》第 18 期，1994 年。

80. 袁傳璋，〈《史記·三王世家》「太子少傅臣安行宗正事」為劉安國考〉，《大陸雜誌》八十九卷第一期，1994 年。

81. 逯耀東，〈《史記》〈匈奴列傳〉的次第問題〉，《中國歷史學會史學會刊》第 27 期，1995 年。

82. 廖伯源，〈秦漢朝廷之論議制度〉，《中國文化研究所學報》新第四期，香港中文大學，1995 年。

83. 袁傳璋，〈從書體演變角度論「索隱」、「正義」的十年之差——兼為司馬遷生於武帝建元六年說補證〉，《大陸雜誌》90 卷 4 期，1995 年。

84. 袁傳璋，〈太史公「二十歲前在故鄉耕讀説」商酌〉，《大陸雜誌》91 卷 6 期，1995 年。

85. 易平，〈劉向班固所見《太史公書》考〉，《大陸雜誌》91 卷第 5 期，1995 年。

86. 阮芝生，〈貨殖與禮義──《史記·貨殖列傳》析論〉，《國立臺灣大學歷史學系學報》第 19 期，1996 年。

87. 阮芝生，〈三司馬與漢武帝封禪〉，《國立臺灣大學歷史學系學報》第 20 期，1996 年。

88. 崔在容，〈西漢京畿制度的特徵〉，《歷史研究》1996 年 4 期。

89. 易平，〈楊惲與《太史公書》〉，《大陸雜誌》93 卷第 1 期，1997 年。

90. 易平，〈張晏《史記》亡篇説之新檢討〉，《臺大歷史學報》第 23 期，1999 年。

91. 易平，〈褚少孫補《史》新考〉，《臺大歷史學報》第 25 期，2000 年。

92. 〔日〕穗積文雄，〈史記平準書に見はれたる經濟思想〉，《經濟論叢》49 卷 3 期，1939 年。

93. 〔日〕穗積文雄，〈史記·平準書にあらはれたる貨幣思想〉，《經濟論叢》55 卷 6 期，1942 年。

94. 〔日〕中村嘉弘，〈《史記·平準書》の考察──司馬遷の武帝時代に對する批判について〉，《漢文學會會報》21，1962 年。

95. 〔日〕藤井宏，〈漢代鹽鐵專賣の實態──《史記·平準書》の記載〉1、2，《史學雜誌》79 卷 2、3 期，1970 年。